ÉTICA

DOS FUNDAMENTOS ÀS PRÁTICAS

ÉTICA

DOS FUNDAMENTOS ÀS PRÁTICAS

COORDENAÇÃO
MARIA DO CÉU PATRÃO NEVES

Título original:
Ética: Dos Fundamentos às Práticas

© Os autores dos textos e Edições 70, 2016

Capa: FBA

Depósito Legal n.º 417447/16

Biblioteca Nacional de Portugal – Catalogação na Publicação

ÉTICA

Ética : dos fundamentos às práticas / coord.
Maria do Céu Patrão Neves. – (Ética aplicada)
ISBN 978-972-44-1898-8

I – NEVES, Maria do Céu Patrão

CDU 17

Paginação:
MA

Impressão e acabamento:
ARTIPOL - ARTES TIPOGRÁFICAS, LDA.
para
EDIÇÕES 70

1.ª edição: novembro, 2016
abril, 2017
Todos os direitos reservados

EDIÇÕES 70, uma chancela de Edições Almedina, S.A.
Avenida Engenheiro Arantes e Oliveira, n.º 11 – 3.º C – 1900-221 Lisboa / Portugal
e-mail: geral@edicoes70.pt

www.edicoes70.pt

Esta obra está protegida pela lei. Não pode ser reproduzida,
no todo ou em parte, qualquer que seja o modo utilizado,
incluindo fotocópia e xerocópia, sem prévia autorização do Editor.
Qualquer transgressão à lei dos Direitos de Autor será passível
de procedimento judicial.

Índice

Na senda da inquietude
(nota introdutória)
Maria do Céu Patrão Neves 11

Um ponto de vista sobre a Filosofia hoje
António Manuel Martins 25

A Filosofia no mundo atual
Ricardo Vélez Rodríguez 33

I
CONCEITOS FUNDAMENTAIS

A Teoria da Acção
Isabel Renaud e Michel Renaud 45

Racionalidade prática
Carlos Morujão 63

Conceitos que pensam a acção
João Cardoso Rosas 83

Ingredientes da vida moral
Manuel J. do Carmo Ferreira 99

II
CONSTITUIÇÃO DA ORDEM ÉTICA OCIDENTAL

A evolução histórica da Ética
Michel Renaud 123

La Deliberación como método de la Ética
Diego Gracia 145

Éticas de Princípios e a Abordagem Particularista
Pedro Galvão 165

Relativismo Cultural e Universalismo Ético
Acílio da Silva Estanqueiro Rocha 183

Racionalidade hermenêutica e éticas aplicadas no mundo contemporâneo
Maria Luísa Portocarrero 211

III
RELAÇÃO DA ÉTICA COM OUTROS SABERES

Ética e Educação
Maria Pereira Coutinho 225

A Ética no contexto das Ciências Humanas
Cassiano Reimão 245

A Ética no contexto das Ciências da Natureza
Maria Manuel Araújo Jorge 263

Ética Geral e Éticas Aplicadas
José Henrique Silveira de Brito 285

Na senda da inquietude
(nota introdutória)

Maria do Céu Patrão Neves

Universidade dos Açores

Ética: Dos Fundamentos às Práticas fala-nos da inquietude. É uma narrativa do homem perante a sua acção, hesitando, duvidando, questionando, procurando, aspirando, reflectindo, ponderando, deliberando, decidindo... acerca da melhor forma de agir. É uma narrativa acerca da inquietude do homem perante a acção, na tomada de consciência do que faz, na fruição da liberdade do que quer fazer, na assunção da responsabilidade do que fez ou deixou por fazer. Uma inquietude perante um agir que ora fica aquém do pensar, ora se precipita em o ultrapassar, e sempre, em qualquer dos casos, constituindo o seu ser, cinzelando a sua identidade. É uma obra acerca do desconforto que impede o homem de se acomodar no seu agir, acerca do desassossego que impele o homem a agir melhor ou, numa palavra, acerca da inquietude.

E há toda uma longa história, a perder de vista, a montante e a jusante, sobre esta inquietude inerente a uma acção, que não mera reacção, ao acto que tem em si o seu princípio ou razão de ser, na rejeição de uma determinação extrínseca. Uma história anterior à própria história do homem, que remonta ao processo de hominização, que recupera um tempo difuso em que os instintos, que decidem a sobrevivência dos animais, se começam a esbater e em que o homem que vai emergindo, cada vez mais desamparado de comportamentos espontâneos, mecânicos, estereotipados, se depara com a aventura de traçar o seu próprio rumo. Perdida a segurança de um comportamento pré-estabelecido, necessário e universal, o homem descobre-se entregue a si próprio sem poder recusar optar pela sua acção, agora imprevista, contingente e singular – até porque a não-acção é ainda uma forma de agir.

É neste processo que ganha expressão aquela inquietude, essa preocupação, esse ensejo por bem agir, como invariável antropológica. Manifesta-se como angústia, pela incerteza do que será bom, mas também como impulso, na ponderação do que será o melhor, sem que mesmo o bálsamo da convicção de bem agir a possa exaurir na inevitabilidade de novas situações, na impreteribilidade de novas opções, na implacabilidade de novas consequências...

A jusante, a inquietude projecta-se infinita... Quanto mais rasgada a liberdade que vamos conquistando no seio de sociedades democráticas pluralistas e em relação a todos os géneros de condicionalismos, internos e externos, por via do conhecimento como pelo domínio de técnicas, tanto mais se multiplicam as variáveis e as possibilidades de acção, tanto mais se complexifica o processo de tomada de decisão, mas também tanto melhor nos compete agir. Numa inquietude, indelével e indeclinável, que não se esgota... mas que se serena no percurso de reflexão a que obriga e que aqui, em Ética: dos fundamentos às práticas, vários autores foram construindo, peça por peça, por princípios e normas, valores e virtudes, deveres e direitos, por teorias e métodos, temas e problemas, relações entre teoria e prática e entre saberes.

O declínio da metafísica e o consequente apagamento dos universais éticos, que a fundamentação racional kantiana não logrou assegurar, obrigou ao questionamento da validade da reflexão ética e desencadeou uma crise de valores, terreno fértil para o desenvolvimento de um relativismo moral que, numa tendência hegemónica, apenas logra conduzir a um niilismo axiológico. A desconfiança em relação a qualquer ponderação ética instala-se ao mesmo tempo que este ambiente intelectual provoca também um afã ímpar na procura de normativas morais a que esta obra procura responder começando por negar a morte anunciada, há já cerca de dois séculos, da Filosofia como da Ética, começando por evidenciar a vitalidade e diversidade de ambas através de uma dupla reflexão sobre a Filosofia *hic et nunc*: uma centrada no pensamento filosófico ocidental, outra evidenciando a diversidade de abordagens a que a Filosofia inspira e as quais vão, afinal, constituindo também o seu desenvolvimento, a sua história e a sua identidade.

Assim, em «Um ponto de vista sobre a Filosofia hoje», António Manuel Martins, sublinhando a fragmentação extrema da filosofia – nomeadamente no que se refere à distinção entre filosofia analítica e filosofia continental e as suas perspectivas sobre a filosofia moral –, questiona a pertinência de a referir no singular, para vir a aconselhar o jovem aprendiz de filosofia a, não obstante dever aprofundar um domínio de especialização, não abdicar de uma visão abrangente dos vários modos de filosofar. Afinal, *a filosofia contemporânea, nas suas diferentes configurações, quando informada, trabalha com textos de toda a tradição filosófica* – um trabalho complexo, afirma o autor, mas também enriquecedor do seu património intangível, afirmaremos nós, legado para o presente e para o futuro do pensar.

O autor brasileiro Ricardo Vélez Rodríguez, em «A Filosofia no mundo atual» conduz-nos a um pensamento filosófico que, adoptando estruturas e categorias da filosofia ocidental, se desenvolve a partir de pensadores sul-americanos os quais procuram responder a questões das sociedades em que se integram, numa incontornável preocupação moral. A filosofia reveste-se assim de uma assinalável diversidade sociocultural. Entretanto – sublinha o autor – as noções de «totalidade», «integração» e «libertação», que protagonizam os principais problemas da filosofia na América Latina, não deixam de se reportar à tríade dos ideais da Revolução Francesa, respectivamente, aos de «igualdade», «fraternidade» e «liberdade», no que acrescentaríamos poder ser perspectivado como um traço da unidade e universalidade da filosofia na sua diversidade e especificidade.

Negada a crise da filosofia contemporânea, garantida a sua vitalidade particularmente evidenciada por uma filosofia moral importa recuperar a sua genealogia através dos «conceitos fundamentais» que traçam o seu domínio próprio e definem o seu modo particular de trabalhar.

E uma disciplina constitui-se necessariamente a partir da identificação de um objecto de estudo específico e de um método adequado. No caso da Ética, o objecto é a «acção» a cuja explicitação Isabel Renaud e Michel Renaud se dedicam em «A Teoria da Acção»: partindo de Aristóteles, como o primeiro filósofo que a tematiza numa conceptualização que se mantém pertinente, até ao debate contemporâneo que separa uma fenomenologia do sujeito, na sua valorização da relação entre a acção e o agente (numa atenção a aspectos mentais como a intenção), da filosofia analítica na primordialidade atribuída a uma semântica da acção (focada no rigor dos conceitos). E a *teoria da acção* – numa sua ampla concepção – *abre pelo menos seis janelas sobre campos de investigação*, como sejam o: da finitude da acção humana sobretudo no contexto da liberdade; da existência de um «facto primitivo» da acção como possibilitador de todo o agir; da omissão da acção como forma ainda de agir; da acção colectiva na sua multiplicidade de agentes; da constituição de uma trajectória de vida através do encadeamento das acções; e da finalidade da acção na assunção de um sentido ético.

Uma vez considerado o objecto da ética importa considerar também o seu método de estudo a que Carlos Morujão se dedica em a «Racionalidade prática», evidenciando a especificidade do exercício prático da razão (plano da acção) em relação ao teorético (plano cognitivo) a partir da enunciação de três factores principais: o conjunto de conhecimentos de que se dispõe para se conseguir resolver situações, e o qual não se confunde com um conhecimento especializado; a responsabilidade inerente a toda a acção não apenas na eleição dos fins mas também nos meios implementados; e o tempo acompanhado pela expectativa que os objectivos da acção sejam por esta alcançados. Não enjeitando as emoções ou os desejos, o que torna a acção humana é ser orientada pela razão e *uma acção é racional se resulta de uma escolha de fins desejáveis e de uma deliberação sobre os meios mais eficazes para os atingir (...). A racionalidade de uma escolha traduz-se ainda no facto de alguém reconhecer que orientar a sua acção em função de tais fins constitui uma forma de construir a sua própria identidade de acordo com padrões aceitáveis.*

Impõe-se seguidamente a abordagem dos diferentes «Conceitos que pensam a acção» a que João Cardoso Rosas se aplica apresentando o âmbito e esclarecendo a natureza da «ética» e da «moral» – no que se aproximam e no que se distanciam quando, em alternativa à mais comum sinonímia, se procura distingui-las – e da «religião» e do «direito» – no que se relacionam com a ética, que pode recorrer a fontes de cariz religioso, e no que se mantêm à margem, estando a ética isenta de sanções civis e penais, ainda que não do remorso ou da censura social. Destaca também as noções de «bem» e de «dever», como estruturantes de diferentes racionalidades da acção – uma ética do bem e das virtudes e as éticas do dever –, para se centrar depois nas diferenças entre as perspectivas deontológicas e consequencialistas sobre o dever, respectivamente, mais focadas no agente e nas suas intenções ou mais focadas nos afectados pelas acções realizadas. Outras orientações da acção humana, como sejam o egoísmo, o contratualismo, o cuidado, são analisadas nos desafios contemporâneos que apresentam; e perspectivas como a axiológica, a ética normativa, a metaética e a ética aplicada são comparativamente identificadas como conceitos hoje comuns no pensar sobre o agir.

Segue-se necessariamente uma reflexão sobre os constituintes ou «Ingredientes da vida moral» desenvolvida por Manuel J. do Carmo Ferreira, que parte da exigência de um critério de orientação prática para mostrar como, ao longo da história da filosofia, se sedimentaram vários conceitos para a justificação racional do que se faz ou se não faz, numa multiplicidade de significados que hoje exige o delineamento do que de essencial representam. Eis o desafio na abordagem a: «princípio», «norma», «máxima», «regra», «preceito», «mandamento» – expressões da «lei moral» no plano ora reflexivo, ora sapiencial, cuja significação, peso moral e inter-relação variam conforme a doutrina considerada; «valor», como critério objectivo de aferição das preferências, sujeito ao debate sobre o estatuto ideal/real dos valores e a sua hierarquização; «virtude», como excelência do agir não menos exigente do que o «dever» e o rigor da sua norma; «direitos», numa reivindicação cada vez mais forte, intensificando o individualismo e a atomização da vida social, eventualmente equilibrados pelo reconhecimento dos «deveres» ou obrigações que assistem a cada um. Mantêm-se em aberto *as mediações entre a recta razão e a singularidade dos actos* – que David Ross aponta –, *entre o exercício da liberdade que (…) não dispensa o ter de decidir por si, insubstituivelmente, sem delegação possível numa autoridade legisladora.*

A riqueza conceptual da ética foi-se construindo ao longo dos séculos, na estruturação de diversas doutrinas e como resposta a diferentes problemas pelo que no nosso percurso «dos fundamentos às práticas» importa passar pelos diferentes momentos de «Constituição da ordem ética ocidental» – um trabalho sistematizado por Michel Renaud em «A evolução histórica da Ética». Aqui se traça a sucessão dos temas e problemas mais marcantes da reflexão ética os quais, mantendo-se actuais, convidam também a uma sua reinterpretação: o «bem» e a «felicidade» na filosofia grega, protagonizando *uma ética virada para a finalidade (telos)* e *modelo de uma «ética teleológica»*; a ética teocêntrica na dupla problemática da relação entre *a ética filosófica e a problemática filosófica de Deus* e da relação entre a *fé e a razão filosófica*; a ética racional, segundo Kant e Hegel e a *sua diferente compreensão da liberdade*, respectivamente transcendental e histórica; a corrente utilitarista e a *sua possibilidade de verificação* das consequências da acção, na maximização do bem-estar. E, cada vez mais dentro da contemporaneidade: a revolução da ética nas «filosofias da suspeita», no colocar *em questão o domínio que a subjectividade humana tem sobre si própria*; a orientação analítica anglo-saxónica e o empenho no estudo linguístico dos enunciados morais; a ética da discussão e a procura das condições para um diálogo *sobre os valores éticos e o bem da acção*; a ética da atestação e atestação ética do outro, através de Levinas e de Ricœur, sempre no reconhecimento do ser humano na sua alteridade. «*Todas as teorias éticas (...) trouxeram um contributo inestimável à humanidade do ser humano.*»

«La Deliberación como método de la Ética» constitui um tema originário, axial e perene da reflexão ética, cujo estudo Diego Gracia faz anteceder de uma clarificação acerca do que é um conflito moral e pela referência aos vários tipos de conflitos, nomeadamente: de factos (que exclui de entre os morais), de valores e de deveres (apenas estes últimos especificamente morais). Esta tríade é retomada no âmbito da deliberação a qual incide, necessária e sucessivamente, sobre os factos, que descrevem a realidade sob apreciação, sobre os valores, que se apresentam em conflito no problema a resolver, e sobre os deveres adstritos aos protagonistas. É neste plano que se desenrola especificamente a deliberação moral num processo que o autor sistematiza em onze etapas, sendo que a última é a da verificação da consistência da opção realizada através de três provas: da legalidade (a decisão não pode ser ilegal), da divulgação (a decisão deve poder ser justificada publicamente) e do tempo (a mesma decisão seria igualmente tomada se se deixasse passar algum tempo). *Se uma decisão resiste ao confronto com estas três provas, podemos estar razoavelmente seguros de que é prudente.*

Na constituição da ordem ética ocidental contemporânea, a formulação de princípios e o debate em torno dos seus enunciados têm sido axiais. Daí a importância da reflexão de Pedro Galvão sobre as «Éticas de Princípios e a Abordagem Particularista» em que define os princípios éticos na sua generalidade – sublinhando a sua forma universal – e os especifica também nos seus diferentes tipos, nomeadamente, os «deônticos», que determinam o que é certo ou errado, em contraposição aos «axiológicos», que se reportam ao que vale ou não vale intrinsecamente; mas também, no que se refere à sua força, os absolutos – que enunciam obrigações a cumprir sempre, sem admitir excepções – e os *prima facie* – que enunciam obrigações susceptíveis de serem ultrapassadas por outras, em circunstâncias concretas, de determinação superior. Fixa-se depois na caracterização das «éticas de princípios» – de perfil generalista na enunciação de uma multitude de deveres (David Ross), e de perfil consequencialista (utilitarista) ou deontológico, na adopção de um único princípio fundamental (Kant, contratualistas) –, contrapondo-lhes seguidamente uma abordagem particularista que considera que o *bom agente moral* é aquele que, *dispensando o recurso a princípios, consegue avaliar os casos particulares com uma grande «sensibilidade» ao seu contexto e peculiaridades.*

Acílio Estanqueiro Rocha aprofunda a temática do «Relativismo Cultural e Universalismo Ético» que se reconhece hoje de charneira na reflexão ética uma vez que a evocação do relativismo cultural como justificativo de uma panóplia de acções de moralidade questionável, e por vezes mesmo violadoras dos direitos humanos, instala um relativismo axiológico crónico de que se resvala facilmente para um niilismo de valores. O autor desenvolve esta problemática considerando o confronto entre a justiça como um bem universalizável – bem representada pelo liberalismo, em particular o de John Rawls –, e os bens singulares que não precisam de ser comummente reconhecidos – que os diversos comunitarismos, multiculturalistas, representam. Com efeito, no contexto filosófico originário, esta problemática é analisada a partir das trajectórias plurais dos comunitaristas, que partilham o reconhecimento da importância da comunidade em relação ao indivíduo, e as modelações consensualistas em sociedades multiculturais que procuram precisamente conciliar o princípio da autonomia individual e os valores comunitários, *dos valores próprios de um espaço ou de uma época e, concomitantemente, dos valores universais,* (...) *já não tanto de «multiculturalismo», mas de «interculturalismo»,* também num progressivo deslocamento da esfera moral para a política.

E percorrendo uma primeira via da transição de uma ética filosófica para as éticas aplicadas, na *necessidade de deixar o mundo da teoria e de dar uma resposta séria a problemas éticos concretos*, Maria Luísa Portocarrero reflecte sobre «Racionalidade hermenêutica e éticas aplicadas no mundo contemporâneo», identificando a filosofia hermenêutica, na linha desenvolvida por Hans-Georg Gadamer e Paul Ricœur, como a que melhor acompanha ou assiste àquela transição, na sua atenção dedicada à práxis: Gadamer sublinha que a práxis *nada tem a ver com a pura aplicação das teorias e resultados da ciência*; Ricœur acentua a necessidade de *mediação prudente entre a norma e a situação concreta*; e ambos evidenciam que a ética da deliberação, em que as éticas aplicadas de facto consistem, que uma deliberação prudente, não é *nem exclusivamente dedutiva nem indutiva é fundamentalmente hermenêutica (...) mediada, dialogada e razoável.* A sabedoria do juízo prudente, que procede à mediação entre a universalidade das normas e a singularidade das situações concretas, é de ordem hermenêutica.

Fica assim também aberto o caminho para o aprofundamento da relação da ética com outros saberes na sua intervenção cada vez mais preponderante no mundo contemporâneo. Neste âmbito alargado, destaca-se a relação da ética com a educação, já que *todo o projecto educativo, para ser autêntico, deve corresponder a um projecto ético* – afirma Maria Pereira Coutinho precisamente em «Ética e Educação». A autora considera que, não obstante a problemática da ética remontar já à Grécia antiga de Sófocles e Aristóteles, nunca foi chamada com tanta insistência a intervir em tão diversos domínios como hoje. Tal deve-se sobretudo aos numerosos e complexos problemas que se vivem no plano sociocultural, nomeadamente o da situação de crise da educação, de crise de sentido para o ser humano, *exigindo-se, por isso, uma chamada da ética, convocando à responsabilização todos os saberes e, particularmente, o saber educativo*. A reflexão centra-se então na noção de «educação», destacando a sua intimidade com a cultura – *a educação é reflexo de uma cultura*, nas palavras de Manuel Antunes –, e consubstancializando-a com esta e outras pertinentes evocações filosóficas, e sempre numa referência incontornável a um modelo de homem em que a indissociabilidade entre ética e educação se evidencia: a educação como processo de optimização integral do homem como pessoa.

Destaca-se depois «A Ética no contexto das Ciências Humanas», de Cassiano Reimão, que parte da caracterização da sociedade contemporânea como uma civilização do desejo, individualista, em que domina um hedonismo sem ideologias de referência. *Nesta conjectura, só um sistema coerente de valores éticos pode garantir uma correcta unidade e funcionalidade à vida social.* Urge pois – defende o autor – focar a necessidade e a urgência da presença da ética nas ciências humanas, incitar as ciências humanas a procurarem identificar a sua ética e a desenvolverem-na *no reconhecimento de um outro* (sujeito), *de uma unidade do homem e de uma comunidade humana,* e do *primado da autonomia da pessoa e do papel estruturante da intersubjectividade* na aferição das pressões colectivas. Apenas esta via evitará a redução do homem a um objecto ou produto do conhecimento e privilegiará a sua realização como pessoa. *Sem uma ética humanizante, a ciência e a vida não fazem sentido; e, sem sentido, não há finalidade para os saberes; e, sem uma finalidade, os saberes deixarão de ser sábios e úteis para se tornarem apenas úteis.*

Segue-se «A Ética no contexto das Ciências da Natureza», de Maria Manuel Jorge, em que se traça uma genealogia do relacionamento entre ciência e ética desde o ideal moderno de uma ciência objectiva, factual e, por isso, pura ou livre de quaisquer considerações éticas, valores ou implicações sociais, desde a *ideia de neutralidade moral da ciência* até um presente em que a ética está necessariamente associada ao progresso e inovação científicas, indelével no caso das ciências biológicas, e em que a questão decisiva não é mais se ética e ciência se devem relacionar mas antes a da cronologia dessa relação. Pergunta-se então se a ética tece considerações sobre a ciência feita ou se traça orientações sobre a ciência a fazer. Numa *relação temporal clássica* a ética encontrava-se com a ciência no termo do processo de produção desta, intervindo então não com o investigador mas com a sociedade; numa *relação temporal actual* o tempo de entrada da ética altera-se e, em vários domínios, particularmente no das ciências da vida, procura-se *um acompanhamento ético, sincronizado com cada passo da investigação e sua relação com a sociedade* permitindo *assim mecanismos internos de ajustamento.*

Por fim, «Ética Geral e Éticas Aplicadas», de José Henrique Silveira de Brito, estabelece a transição entre a presente obra Ética: dos fundamentos às práticas, eminentemente filosófica, no respeito pela ética como disciplina filosófica que é, e os demais volumes desta colecção dedicada à Ética Aplicada. Assim, uma vez justificadas as normas morais que nos orientam, por uma «ética anterior» ou fundamental – na designação de Paul Ricœur –, importa avançar para uma «ética posterior», ou de aplicação da anterior, a situações concretas sempre singulares, o que coloca dificuldades complexas e exige uma metodologia adequada. O autor, apoiando-se em Adela Cortina, enuncia então quatro métodos essenciais: o da casuística I, *dominada pelo ideal dedutivo*, de aplicação dos princípios éticos universais às situações concretas singulares; o da casuística II, *uma proposta indutiva* e procedimental que, na afirmação da preponderância de um pluralismo, investe na construção de consensos; o de Apel que, através da dimensão comunicativa característica da prática democrática, procura estabelecer uma ética dos mínimos; por fim, o modelo da própria Cortina, da ética aplicada como hermenêutica crítica que, reconhecendo a existência de um princípio universal o procura modelar na atenção às especificidades de cada domínio como, afinal, se vai também desenvolvendo a presente publicação.

Ética: dos Fundamentos às Práticas é o primeiro volume da colecção *Ética Aplicada* a qual se estende a 11 domínios de diferente natureza académico-científica e socioprofissional, no reconhecimento de que cada um coloca problemas específicos mas cuja abordagem de todos eles remete para um mesmo universo axiológico de inteligibilidade da acção.

Eis por que *Ética: dos Fundamentos às Práticas* apresenta: um amplo, rigoroso e sólido núcleo de conceitos, que estabelece uma terminologia comum e adequada ao estudo da acção; um conjunto de teorias diferentemente estruturadas, enquadrando diferentes perspectivas e partindo ou visando diferentes intencionalidades ou princípios, que oferecem sistemas explicativos unitários e coerentes para uma pluralidade de modos de agir; uma diversidade de metodologias que, seguindo distintas estratégias, convergem na procura de uma harmoniosa articulação entre o plano teórico, de reflexão, e plano prático, da acção efectiva, eventualmente percorrida nos dois sentidos; e também uma panóplia de temas e problemas candentes na contemporaneidade cujas abordagens comuns tendem, por vezes, a condicionar a própria reflexão ética; além de um articulado de relações com saberes plurais, todos eles, afinal, produção do espírito humano, o mesmo espírito que, inquieto, se afadiga no empenho por bem agir...

É esta sintonia entre um quadro teórico de inteligibilidade e uma prática cada vez mais diversificada, que almeja uma finalidade e sentido superiores ao imediatismo luxado do quotidiano, que se prolonga deste primeiro volume de *Ética Aplicada* aos destacados domínios da actividade profissional, social, de cidadania, privilegiados nos demais volumes. Por isso, *Ética: dos Fundamentos às Práticas* é um livro que acompanha – contextualizando, explicitando e complementando – a leitura dos 11 volumes que introduz, não deixando de ser uma obra completa no seu desiderato de disponibilização de um quadro teórico, amplo e diversificado, para reflectir sobre a acção humana no mundo de hoje.

Um ponto de vista sobre a Filosofia hoje

António Manuel Martins
Universidade de Coimbra

Sempre foi difícil falar da situação da filosofia no singular pelos problemas de identidade bem conhecidos. A fragmentação atingiu tal nível de extensão e radicalidade que muitos se interrogam acerca da razoabilidade de incluir empreendimentos e práticas tão diversas sob uma mesma designação. Se é verdade que a crítica e a diferenciação de posições parece ser o mais comum entre os praticantes da disciplina, não se deve perder de vista o facto de existirem muitos traços comuns e pressupostos partilhados. A impossibilidade prática de encontrar uma taxonomia que permita classificar de modo minimamente satisfatório os múltiplos modos de filosofar e respectiva produção filosófica faz com que se continue a usar uma classificação que todos reconhecem inadequada mas tem a eficácia (e os perigos) dos esquemas simples e agregadores. A distinção entre filosofia analítica e filosofia continental tem problemas conhecidos que aconselhariam evitar o uso destas designações para eliminar confusões e mal-entendidos associados a cada um destes rótulos. Sabendo que as distinções não são geográficas mas profissionais e passam pela compreensão da identidade da própria filosofia, vamos continuar a usar estas designações e introduzir uma outra não menos problemática: história da filosofia. É a tríade usada num polémico mas estimulante artigo de Kevin Mulligan, Peter Simons e Barry Smith, publicado em 2006, sobre a situação de crise da filosofia contemporânea[1]. A caracterização de cada uma destas três configurações é mais sugestiva do que rigorosa. Mas o que se pretende neste tipo de caracterizações sumárias é induzir alguma reflexão sobre o passado recente e o futuro que se espera. Neste contexto surge uma constatação que já se tornou um lugar-comum: os heróis do passado recente – chamem-se eles Russell, Wittgenstein, Popper, Carnap, Davidson, Lewis ou Husserl, Heidegger, Sartre, Gadamer, Ricœur, Derrida (para citarmos apenas alguns) – parece não terem sucessores claros. É a conhecida síndrome da perda das grandes figuras que é agravada pela massificação da profissão e pela crescente especialização que tornam praticamente impossível acompanhar a literatura especializada mesmo que a pessoa se limite às três línguas tradicionalmente consideradas prioritárias no campo da filosofia: inglês, francês e alemão. O domínio avassalador do inglês como língua franca dos nossos dias tem consequências importantes para a profissão em países como Portugal, Espanha e Itália. Sem negar a importância de usar o inglês na comunicação oral e nas publicações, tal preocupação não deve eliminar a produção na língua materna e a leitura da produção filosófica nas línguas mais próximas (no nosso caso, em espanhol e em italiano, além do francês). É a única maneira de compensar um inevitável empobrecimento associado ao monolinguismo.

A filosofia analítica, como toda a filosofia, tem uma história que ajuda a compreender alguns dos seus traços. Está muito

---

[1] MULLIGAN, Kevin; SIMONS, Peter; SMITH, Barry, «What's Wrong with Contemporary Philosophy?», *Topoi*, 25: 63-67, 2006.

ligada às obras de Frege, Russell e George Edward Moore com uma influência significativa do primeiro Wittgenstein e do programa filosófico do Circulo de Viena. Nesta primeira fase e nos autores contemporâneos que ainda defendem posições próximas, era possível falar de um conjunto de filosofemas característicos e de critérios de demarcação relativamente rígidos que permitiam distinguir quem pertencia e quem não pertencia a esta tradição. Nos últimos desenvolvimentos esbateram-se as diferenças de tal modo que podemos encontrar filósofos que se consideram «analíticos» publicando sobre praticamente todos os temas da filosofia, incluindo a tão suspeita e vilipendiada metafísica e/ou ontologia. Assistimos ainda a uma certa apropriação do método por parte de filósofos que defendem outro tipo de filosofias com forte componente doutrinal. Estamos a pensar, por exemplo, no tomismo analítico e no marxismo analítico. Poderíamos sempre fazer uma caracterização genérica da filosofia analítica indicando os seguintes traços gerais: primazia da análise conceptual e linguística com frequente e intenso recurso à lógica; um certo ideal de clareza argumentativa e de transparência discursiva que lhe permitem reclamar que conseguem obter certos resultados e algum progresso intelectual mesmo quando não se consegue um consenso; resultados que são um trabalho minucioso que exige o domínio de certas ferramentas e a concentração em problemas e quebra-cabeças. Muitos filósofos analíticos creem que as virtudes associadas à sua prática não diferem muito das do cientista, embora muitos deles não acreditem que a filosofia é uma ciência mesmo quando trabalham em campos muito próximos da ciência actual, como é o caso da filosofia mais ligada às ciências da cognição e da linguagem ou filosofia da física, IA, por exemplo. Este ideal de cientificidade, supondo que está afastado o cientismo puro e duro, coloca desafios muito exigentes à filosofia que a filosofia analítica nem sempre tem conseguido resolver, pois está dominada por uma abordagem muito centrada nos problemas e casos polémicos que vão estando na ordem do dia numa sucessão que não corresponde a um progresso cumulativo. Este ideal de rigor teórico não é fácil de manter nos domínios da filosofia moral e política. Existe uma tensão frequentemente mal resolvida entre o ideal de rigor, nas diversas configurações contemporâneas da filosofia analítica, do qual não parece razoável abdicar e as potencialidades oferecidas pela tradição filosófica. A concentração excessiva em questões de meta-filosofia, designadamente no âmbito da ética e da filosofia política, no período que se seguiu à Segunda Guerra Mundial, ilustram bem o perigo de ensimesmamento e potencial irrelevância desse tipo de produção filosófica. Nessa época a filosofia política foi declarada uma disciplina filosófica morta e George Edward Moore Anscombe podia escrever em 1958 algo que, não sendo uma certidão de óbito da disciplina, equivalia, no mínimo, ao diagnóstico de uma doença grave sem tratamento conhecido. Lembremos a primeira e a terceira das três teses defendidas por Anscombe nesse célebre artigo programático: a) que não era proveitoso fazer filosofia moral; esta tarefa deveria ficar adiada até dispormos de uma adequada filosofia da psicologia; b) que as diferenças entre os autores ingleses mais conhecidos que escreveram sobre filosofia moral desde Sidgwick são insignificantes[2]. A primeira tese compreender-se-á melhor se a enquadrarmos num contexto de desencanto e frustração perante os magros resultados da filosofia britânica no domínio da ética começando em George Edward Moore, autor fundacional da filosofia analítica numa das narrativas mais correntes, e terminando na obra daquele que seria um dos grandes expoentes da filosofia moral analítica, Richard Hare que já tinha publicado a obra importante *The Language of Morals* (1952). Isto sem falar de toda a obra dos intuicionistas britânicos

---

[2] ANSCOMBE, Gertrude Elizabeth Margaret, «Modern Moral Philosophy», *Philosophy*, 33: 1-19, 1958.

(Harold Arthur Prichard, William David Ross). Anscombe parece igualmente desconhecer ou menorizar a obra de um filósofo inglês que publicou justamente nesse ano de 1958 o texto que o tornou um dos fundadores da teoria da argumentação, Stephen Toulmin. Para a discussão da ética tem particular interesse a obra que resultou da sua tese de doutoramento em Cambridge onde seguiu as lições de Wittgenstein, John Wisdom e George Edward Moore: *Uma análise do lugar da razão em Ética* (1950)[3]. Num ambiente dominado pelo não-cognitivismo, Toulmin faz uma crítica severa das abordagens meta-éticas dominantes na época, propondo como alternativa uma aproximação contextualizada e baseada em «boas razões». No mesmo ano em que Anscombe publica o seu «manifesto», aparecem dois artigos da sua colega de Oxford Philippa Foot sobre argumentos morais e convicções morais que constituem o início de uma reabilitação programática de uma ética das virtudes que, no seu caso, vai adquirir progressivamente uma feição naturalista[4]. O filósofo escocês Alasdair MacIntyre irá desenvolver mais tarde um tipo de ética das virtudes que se aproxima mais da matriz seguida por Anscombe muito influenciada por Aristóteles e Tomás de Aquino. Porém, na década de 50 do século XX, MacIntyre era ainda um marxista convicto de que perseguia o projecto de construir uma ética marxista crítica. O artigo «What Morality is not» é um ataque direto ao prescritivismo de Hare. O artigo de Anscombe densificou uma insatisfação com as doutrinas éticas dominantes na filosofia anglo-americana. A reabilitação da ética das virtudes foi lenta e nem toda se deu no contexto de um regresso a uma inspiração aristotélica ou tomista. Outras configurações recentes da ética das virtudes, no âmbito da filosofia analítica, apontam para outros autores de referência: Hume, Martineau, Nietzsche. O artigo de Anscombe ignora ainda o

---

[3] TOULMIN, Stephen Edelston, *An Examination of the Place of Reason in Ethics*, Cambridge, Cambridge University Press, 1950.
[4] FOOT, Philippa, *Natural Goodness*, Oxford, Clarendon Press, 2001.

desenvolvimento, já desde o início de 1950, de uma nova abordagem que iria revitalizar a filosofia moral e política de feição analítica. Estamos a referir-nos à teoria da justiça de John Rawls (1971) que já estava em embrião nos ensaios seminais daquela década: «Outline of a decision procedure for ethics» (1951) e «Justice as fairness» (1958). A obra de Rawls é importante não só pelas conclusões mas também pelo modo como chegou a essas conclusões e pelos inúmeros escritos a que deu origem. Rawls defende uma concepção não-utilitarista da justiça inspirada na moral kantiana. Reconhecendo a força e o carácter sistemático do utilitarismo, Rawls propõe um objectivo mais modesto do que o de alguns críticos do utilitarismo (incluindo os intuicionistas que ele também critica): não se trata de provar que o utilitarismo está errado mas, antes de mais, que é possível construir uma moral e uma filosofia política alternativa cuja inspiração principal é Kant. A sua obra constitui, sem dúvida, o trabalho mais sistemático no domínio da ética e filosofia política das últimas décadas. Apesar disso e do enorme esforço de integração de intuições básicas da história da filosofia moral e política, as suas posições teóricas suscitaram, desde a primeira hora, vivas reacções de adesão e de rejeição dos mais diversos quadrantes da academia. A relação da ética e política com a metafísica, o construtivismo *versus* naturalismo ou objectivismo, para além de muitos outros tópicos, continuam ainda no centro de muitas discussões.

Tal como Anscombe, Bernard A. O. Williams foi um crítico lúcido da filosofia moral na tradição analítica, independentemente da sua inspiração ou orientação teórica. Para além dos textos mais conhecidos importa ler com atenção a sua obra *A Ética e os Limites da Filosofia* onde se colocam interrogações que não podem / devem ignorar mesmo os que, em última análise, não concordarem com o seu diagnóstico[5]. Convida a

---

[5] WILLIAMS, B. A. O., *Ethics and the Limits of Philosophy*, Londres, Fontana, 1985. É uma pena que este livro não esteja traduzido em português apesar de já estar traduzido em espanhol, italiano, francês e alemão.

reflectir sobre a natureza das questões éticas e da compreensão de racionalidade complicada. Não esquecendo as relações da ética com a política e o direito importa ver os detalhes no contexto da vida das pessoas e suas relações.

No campo da «filosofia continental» encontramos, tal como na «filosofia analítica», inúmeras configurações, cada uma com a sua matriz disciplinar característica. Se exceptuarmos o marxismo e algumas franjas de neo-kantismo, podemos dizer que a maior parte dos autores da filosofia continental se caracteriza por uma atitude claramente anti-teoria. Isto é mais claro nos filósofos influenciados pela fenomenologia e hermenêutica de Heidegger e Gadamer. Neste contexto também se assistiu a partir dos anos 60 do século XX a uma reabilitação da filosofia prática de Aristóteles que, num primeiro momento, não conduziu a uma ética das virtudes. Mas este tipo de ética tem uma longa tradição e foi cultivada em França, entre outros, por V. Jankélévitch que publicou em 1949 o monumental *Tratado das Virtudes* depois de uma polémica com Sarte sobre o sentido e urgência do agir moral[6]. As grandes figuras da filosofia continental, na Europa ocidental, foram influenciadas pela fenomenologia de Husserl: Heidegger, Gadamer, Merleau-Ponty, Emmanuel Levinas, Paul Ricœur e Jacques Derrida. Jean-Luc Nancy acompanha a desconstrução de Derrida e, entre outros contributos, publica vários textos para ajudar a repensar o político. Ainda no quadro da filosofia política, em sentido amplo, se insere a actividade de alguma filosofia italiana mais recente que visa um público mais vasto do que o universitário. A fenomenologia também é cultivada hoje um pouco por todo o mundo e em diversas configurações. Autores como Alain Badiou, Foucault e Deleuze contam-se entre os pensadores franceses contemporâneos mais influentes.

A história da filosofia é praticada quer no campo da filosofia analítica quer no da filosofia continental.

---

[6] VLADIMIR JANKÉLÉVITCH, *Traité des vertus*, Paris, Bordas, 847 pp., 1949. Duas reedições, em três tomos, nos anos 60 e 80.

A afirmação de Mulligan *et al.* de que na Europa continental, com a excepção da Escandinávia e da Polónia, a filosofia que se pratica é história da filosofia não se pode aceitar sem reserva, até porque a filosofia analítica é dominante hoje em muitos departamentos de Filosofia de países como Portugal, Espanha, Itália e Alemanha. Mesmo em França, onde a resistência à difusão da filosofia analítica foi mais forte, já se pode observar, desde o final do século passado, um crescente número de centros universitários onde a filosofia analítica é cultivada. As questões envolvidas na relação entre a filosofia com a sua história são demasiado complexas para serem aqui abordadas. Também ela se pode equacionar de forma muito diversa. Uma distinção que pode ser útil neste contexto, apesar de muito genérica, é a que distingue história da filosofia da história das ideias. Quem faz história das ideias não faz filosofia, em rigor. Já quem faz história da filosofia está a fazer filosofia na medida em que esse trabalho «histórico» pretende acrescentar algo à filosofia e não propriamente à história. Se o exercício dessa actividade for acompanhado de uma atitude céptica que leve a uma sistemática suspensão do juízo, então, estamos perante uma opção filosófica genuína e que deve ser avaliada como tal. Aliás, o cepticismo, em múltiplas formas, nem sempre consequentes, está mais difundido do que pode parecer ser o caso depois de uma leitura superficial da literatura filosófica mais recente.

A filosofia contemporânea, nas suas diferentes configurações, quando informada, trabalha com textos de toda a tradição filosófica, desde Platão aos nossos dias. A complexificação e fragmentação da filosofia hoje tornam ainda mais difícil o trabalho filosófico.

Um conselho sensato que se poderia dar aos jovens recomendaria que escolhessem um domínio claro de especialização mas não deixassem de acompanhar, pelo menos nas grandes linhas, aquilo que se faz em outros domínios.

A Filosofia no mundo atual

Ricardo Vélez Rodríguez
Faculdade Arthur Thomas de Londrina, Brasil

A criação filosófica, no Ocidente, deu-se em três planos: «formulação de perspetivas», «construção de sistemas» e «discussão de problemas». Esses planos estão entrelaçados. As perspetivas são como panos de fundo sobre os quais se desenvolve o conhecimento, enquanto a construção de sistemas, que pressupõe esses panos de fundo, ocorre a partir da discussão de determinados problemas que capitalizaram a atenção dos homens em diferentes épocas da história, a partir de determinada Ideia matriz.

Os sistemas filosóficos foram elaborados ao longo da Idade Média (nos séculos XII e XIII) e na Modernidade (nos séculos XVII, XVIII e XIX). No século XX, em decorrência da extraordinária explosão do pensamento científico (que fez com que, nos primeiros sessenta anos, as descobertas científicas superassem em número as efetivadas ao longo dos dezanove séculos anteriores), a Filosofia passou a ser tematizada como «discussão de problemas». A dimensão problemática da Filosofia na contemporaneidade foi destacada notadamente por Nicolai

Hartmann (1882-1950), Rodolfo Mondolfo (1877-1976) e Miguel Reale (1910-2006).

Um panorama da Filosofia Contemporânea na América Latina deve, portanto, elencar os principais problemas debatidos ao longo dos séculos XX e XXI. Os três problemas fundamentais ao redor dos quais tem sido pensada a filosofia na América Latina são: a Totalidade; a Integração; e a Libertação. Esses itens, curiosamente, acompanham a tríade de ideais que deram ensejo à Revolução Francesa: «Igualdade» (Totalidade), «Fraternidade» (Integração) e «Liberdade» (Libertação). Indicarei, a seguir, as principais manifestações dessa reflexão.

1. A problemática da Totalidade

Três autores debruçaram-se sobre a problemática em apreço: Octavio Paz (1914-1998), Vicente Ferreira da Silva (1916-1963) e Roque Spencer Maciel de Barros (1927-1999).

Para Octavio Paz (Prêmio Nobel de Literatura, 1990), a totalidade ameríndia do México é sintetizada no sincretismo entre o catolicismo peninsular e a religião ameríndia (Nueva España: orfandad y legitimidad, 1979). Essa síntese encontra a sua expressão, no século XVII, no duplo processo de identificação de Quetzaltcóatl com o Apóstolo São Tomé e de Tontantzin com a Virgem de Guadalupe. O mito de Quetzaltcóatl/São Tomé exprime a universalidade da Nova Espanha, a sua renovação perante a ordem antiga e a sua legitimidade. O mito de Tontantzin/Guadalupe conferiu ao povo mexicano a sua legitimidade primordial no seio da Mãe/Montanha. A este respeito frisa:

> O característico do caso mexicano não é que as supervivências pré-colombianas se apresentem mascaradas, mas que é impossível separar a máscara do rosto: fundiram-se. O homem hispano-americano não pode ser entendido sem referência a esse pano de fundo sincrético e totalizante.

O filósofo brasileiro Vicente Ferreira da Silva (que se inspira em Heidegger, Schelling, Walter Otto, Karl Kerényi e Mircea Eliade) considera que no inconsciente dos povos preexiste uma realidade inaugural constituída pelo «Fascinator» e que se revela na Mitologia. A fundação da cultura é um acontecimento primordial, de caráter meta-histórico. A expressão mito-poética é, no seio das culturas, a melhor forma para apreender a sua alma. À luz dos mitos ameríndios seria possível resgatar a originalidade do filosofar latino-americano, preservando a ideia de cultura como totalidade e incorporando a mitologia judaico-cristã, à luz da qual se forma a ideia da história como progresso. No estudo das mitologias ancestrais seria possível formular uma «moral lúdica», contraposta às éticas utilitaristas de desencantamento do mundo (*Ideias para um novo conceito de homem*, 1951).

O pensador brasileiro Roque Spencer Maciel de Barros entende que a realização humana, nos terrenos econômico, cultural e político, deve ser aprofundada do ângulo da natureza do homem. Porque nesta residem as possibilidades da liberdade e do totalitarismo (*O fenômeno totalitário*, 1990). Tal fenômeno tornou-se realidade no século xx, em decorrência do avanço das ciências ao serviço dos Estados. Mas as suas raízes aprofundam-se na tradição filosófica ocidental, desde Platão, passando por Rousseau e chegando até a contemporaneidade. O totalitarismo nega tanto a realização do indivíduo quanto da comunidade. A melhor forma de prevenir esse risco consiste em conhecer o fenômeno totalitário na sua inteireza. Nas culturas ibero-americanas, herdeiras do absolutismo ibérico pós-feudal, há sementes de totalitarismo, na medida em que a questão da liberdade dos indivíduos e das comunidades é deixada em segundo plano, em aras de um populismo autoritário. Na tentativa em prol de constituir a comunidade, o homem latino-americano deve levar em consideração, especialmente, a questão da liberdade individual, sem a qual não haverá verdadeira comunidade. Isso deve ser levado em consideração no terreno educacional, a fim de que o sistema de ensino seja uma autêntica educação para a liberdade, não para a servidão.

2. A problemática da Integração

Três autores privilegiaram, na sua reflexão, a temática da Integração: José Vasconcelos (1882-1959), Francisco Romero (1891-1962) e Otto Morales Benítez (1920-2015).

O filósofo mexicano José Vasconcelos, na sua obra Indología (1926), considerava que a essência da realidade, a «energia», só poderia ser apreendida mediante a «intuição estética» (primeira faculdade da alma), não pelo caminho da razão discursiva. Os povos europeus, caducos, afastaram-se, em decorrência do materialismo e do racionalismo, do caminho da «intuição estética». Aos povos ibero-americanos herdeiros da «mestiçagem universal» cabe a missão de apreender o cerne da realidade (a «energia») e, a partir dela, regenerar as caducas sociedades ocidentais. A capital da cultura estaria situada na cidade de «Universópolis», a ser construída na região amazônica. Esta cidade seria expressão do terceiro estado da Humanidade (o «estético»), que ensejaria a superação dos imperfeitos estados anteriores (o «material» ou guerreiro e o «intelectual», ou político). A integração ibero-americana ocorreria por força do élan criador da «raça integral» ou «raça cósmica», que teria como missão conduzir a Humanidade até a sua plenitude.

O pensador argentino Francisco Romero na sua obra *Sobre la filosofía en Iberoamérica* (1952) alicerçava a sua concepção da integração latino-americana numa filosofia de inspiração anti-positivista e espiritualista, polarizada ao redor de dois pontos: a axiologia e o personalismo. Para ele, o espírito reveste-se de um valor absoluto ao se tornar presente na pessoa. Romero considerava que a América Latina seria uma grande Nação, em cujo seio conviveriam todos os povos latino-americanos. A possibilidade de que esse ideal se concretize depende do desenvolvimento da consciência acerca dos valores comuns, que fundamentam a cultura latino-americana. Essa consciência se desenvolve no seio da meditação filosófica. Em face dessa grandiosa perspetiva, os pensadores têm um «dever moral»: criar os elos de comunicação entre os diversos países, superando, no diálogo intelectual desinteressado e aberto, os tacanhos particularismos. Esse exemplo será a base cultural sobre o qual se formará a «consciência comum», que constituirá a base da integração.

Para o pensador e ensaísta colombiano Otto Morales Benítez a integração latino-americana, que constituía o grande ideal de Bolívar, não é uma realidade simples. Esse ideal deve ser equacionado em várias frentes: o cultural, o político e o económico. No entanto, a ação no terreno da cultura é a que deve abrir o caminho para as outras variáveis. O escritor desenvolve as suas teses a respeito dessa ação integradora no plano cultural, no ensaio *El mestizo y el barroco* (2009). Dois aspetos são desenvolvidos por Morales Benítez nessa tarefa de integração ao redor da cultura: o ético-jurídico e o historiográfico. No terreno ético e jurídico da integração, as bases devem ser os imperativos categóricos da «liberdade» e da «justiça social». A filosofia política liberal, na linha social de Tocqueville e Keynes, é o ponto de inspiração de Morales Benítez. No terreno estritamente jurídico, deve ser estruturado o «direito agrário», a fim de criar as instituições necessárias para o equacionamento do ideal da justiça social no campo. No que tange à reflexão historiográfica sobre a integração, Morales Benítez considera que é importante pesquisar, na História latino-americana, a parte correspondente aos ideais integracionistas, desde os ancestrais aborígenes, passando por Bolívar e chegando até a contemporaneidade. Sem conhecermos os ideais e as lutas dos que pensaram essa realidade, a atual geração não poderá equacionar a contento o ideal da integração continental (*Propuestas para examinar la historia con criterios indoamericanos,* 1988).

3. A problemática da liberdade e da libertação

Quatro autores se debruçaram sobre esta temática: do ângulo marxista, Camilo Torres Restrepo (1929-1966) e Enrique Dussel (1934); do ângulo da filosofia política liberal-conservadora, José Osvaldo de Meira Penna (1917) e Enrique Krauze (1947). A primeira versão precursora da Teologia da Libertação na América Latina foi obra do ex-sacerdote Camilo Torres Restrepo, formado na Universidade Católica de Louvain, que, junto com a Escola de Frankfurt, representou um dos polos escolhidos pela União Soviética para a divulgação do marxismo nos meios acadêmico e político na Europa, nos anos 60 do século passado. A respeito da sua opção revolucionária, este pensador adotou uma posição semelhante à assumida, no início do século XX, por Rosa Luxemburgo. Efetivamente, Camilo Torres afirmava, juntando na mesma opção cristianismo, revolução e técnica, num clima de messianismo político que faz lembrar o «Novo Cristianismo» saint-simoniano:

> Soy revolucionario como colombiano, como sociólogo, como cristiano y como sacerdote. Como colombiano, porque no puedo ser ajeno a las luchas del Pueblo. Como sociólogo, porque gracias al conocimiento científico que tengo de la realidad, he llegado al conocimiento de que las soluciones técnicas y eficaces no se logran sin una revolución. Como cristiano, porque la esencia del cristianismo es el amor al prójimo y solamente con la revolución puede lograrse el bien de la mayoría. Como sacerdote, porque la entrega al prójimo que exige la revolución es un requisito de caridad fraterna, indispensable para realizar el sacrificio de la misa, que no es una ofrenda indi-

vidual, sino de todo el pueblo de Dios por intermedio de Cristo (*Mensaje a los Cristianos*, 1965).

Para o filósofo argentino Enrique Dussel (1934), que leciona na Universidade Autónoma do México, a forma libertadora de refletir formula

(...) uma metafísica exigida pela *praxis* revolucionária e pela *poiêsis* tecnológica. Esta metafísica da libertação será formulada a partir da formação social periférica, que se estrutura em modos de produção completamente entrelaçados. É necessário, para isso, descrever o sentido da *praxis* da libertação, que somente é revelada pelo oprimido que luta para sair da opressão. Os críticos pós-hegelianos de esquerda europeus somente vislumbraram de forma parcial essa *praxis* libertadora (*Filosofia da Libertação*, 1996).

Para o pensador e diplomata brasileiro José Osvaldo de Meira Penna, o tema da Libertação é central na filosofia. Ao ensejo da fecundação do Helenismo pela tradição judaico-cristã, esse tema ganhou a dimensão de uma filosofia da Pessoa Humana, pensada, primeiro, no contexto da metafísica cristã de Santo Agostinho e de S. Tomás de Aquino e, na modernidade, no seio de ontologias de inspiração personalista (Mounier, Maritain, Lavelle, etc.). A temática da Libertação, do ângulo do personalismo cristão, implica levar em consideração três variáveis: responsabilidade individual, democracia e liberdade. A grande falha da Teologia da Libertação, na forma promulgada na América Latina à sombra do marxismo, no final do século XX, decorre do fato de que coloca a libertação num contexto puramente econômico e determinístico, sem levar em consideração a dinâmica espiritual da pessoa. Somente um liberalismo democrático, como o proposto por Tocqueville na sua Democracia na América, será capaz de reinterpretar, de um ângulo verdadeiramente humanista, os anseios de libertação e democracia que percorrem de norte a sul o Continente Latino-americano. Para divulgar essa proposta, Meira Penna fundou, em 1989, no Rio de Janeiro, com outros pensadores liberais, a «Sociedade Tocqueville». Em duas obras este pensador deixou sintetizada a sua proposta: *Opção preferencial pela riqueza* (1991) e *O espírito das revoluções* (1997).

O pensador mexicano Enrique Krauze, herdeiro da tradição liberal sedimentada por Daniel Cosío Villegas e Octavio Paz, realizou crítica análise da Teologia da Libertação na agressiva manifestação do chavismo na Venezuela. A respeito escreve, destacando o papel dos historiadores na erradicação desse mito:

(...) Terrível e fascinante ao mesmo tempo. Chávez (...) procura apoderar-se da verdade histórica, e não só reescrevê-la, mas reencarná-la. Seu regime extrai sua legitimidade de uma interpretação mítica da história que fala através dele, que converge nele, que se encarna nele. Só os historiadores podem refutá-lo, só eles podem restaurar a verdade dos fatos e a historicidade dos processos (...). Na Venezuela, a disputa do passado é a disputa do futuro (*El poder y el delirio*, 2008).

A criação filosófica efetivou-se, pois, no Ocidente, em três planos: formulação de perspectivas, construção de sistemas e discussão de problemas. Ao passo que as duas primeiras modalidades prevaleceram até finais do século xix, a terceira modalidade (que enfatiza a criação filosófica como discussão de problemas) sobrepôs-se às duas primeiras, nos séculos xx e xxi, em decorrência da complexidade crescente do saber no universo científico e tecnológico. Uma visão da Filosofia no Mundo Atual no contexto latino-americano deve, portanto, elencar os principais problemas trazidos à baila pela meditação filosófica. Tais problemas são três: a Totalidade, a Integração e a Libertação.

Leituras recomendadas

BARROS, Roque Spencer Maciel de, *O fenômeno totalitário*, São Paulo, 1990.

DUSSEL, Enrique, *Filosofia da libertação*, Bogotá, 1996.

HARTMANN, Nicolai, *Autoexposición sistemática (Systematische Selbsdarstellung)*, Berlim, 1935.

KRAUZE, Enrique, *El poder y el delirio*, Ciudad de México, 2008.

LUXEMBURGO, Rosa, *O socialismo e as igrejas: o comunismo dos primeiros cristãos*, Cracovia, 1905.

MONDOLFO, Rodolfo, *Problemas e métodos de investigação em história da filosofia*, São Paulo, 1969.

MORALES BENÍTEZ, Otto, *El mestizo y el barroco*. (Publicado na *Antología América Latina – Integración por la cultura*), Madrid, 2009.

MORALES BENÍTEZ, Otto, *Propuestas para examinar la historia con criterios indoamericanos*, Bogotá, 1988.

PAZ, Octavio, *Nueva España: orfandad y legitimidad*, Ciudad de México, 1979.

PENNA, José Osvaldo de Meira, *O espírito das revoluções*, Rio de Janeiro, 1997.

PENNA, José Osvaldo de Meira, *Opção preferencial pela riqueza*, Rio de Janeiro, 1991.

REALE, Miguel, *Experiência e cultura*, São Paulo, 1977.

ROMERO, Francisco, *Sobre la filosofía en Iberoamérica*, Buenos Aires, 1952.

SILVA, Vicente Ferreira da, *Ideias para um novo conceito de homem*, São Paulo, 1951.

SILVA, Vicente Ferreira da, *Instrumentos, coisas e cultura*, São Paulo, 1958.

TOCQUEVILLE, Alexis de, *De la démocratie en Amérique*, Paris, 1835/1840.

TORRES RESTREPO, Camilo, *Mensaje a los Cristianos*, Bogotá, 1965.

VASCONCELOS, José, *Indología*, Ciudad de México, 1926.

VASCONCELOS, José, *La raza cósmica – Misión de la raza iberoamericana*, Ciudad de México, 1925.

I

CONCEITOS FUNDAMENTAIS

A Teoria da Acção

Isabel Renaud e Michel Renaud

Universidade Nova de Lisboa

À primeira vista não deve ser muito complicado dizer o que é a acção. Não será o que fazemos ou realizamos todos os dias? Profissionalmente somos chamados a agir na linha das nossas competências. Mas uma vez proferida esta resposta, que parece simplista, surge imediatamente uma floresta de interrogações. Quando dizemos que agimos, será que este agir é a mesma coisa que a acção de um remédio no nosso corpo? E os elementos naturais, será que também agem? A água molha, o sol aquece. Assim, também o cão parece agir, podendo ladrar e morder. Do mesmo modo, será correcto falar da «acção» de um remédio? Quanto ao rosto humano, ele pode ser simpático ou antipático, tranquilo ou nervoso, sereno ou tenso, preocupado, irritado, etc.; será a expressão humana uma forma de acção? Neste caso, o agir seria primordialmente espontâneo, quase subtraído à nossa consciência explícita. Outra questão que ocorre: será fazer e agir a mesma coisa? Quando uma criancinha mexe em todos os botões dos aparelhos que a rodeiam, ela «faz» coisas; será isso a sua acção? Ela não sabe o que faz, mas sabe à sua maneira aquilo que tende a fazer, porque deixa de mexer nos botões se sente uma reprovação com ameaça de um castigo. Além disso, falamos de acções colectivas; mas sobre quem recairá a atribuição da responsabilidade? Enfim, será a omissão, o facto de não fazer nada, também uma forma de acção?

As perguntas sobre a acção e o agir começam a surgir em cascata e já não vemos claramente como nos orientar neste emaranhado de questões. Não é por acaso que a análise da acção é uma questão primordialmente filosófica, mas que interessa também a psicologia assim como a neurofisiologia, a sociologia, o direito, a economia, a ética, a bioética, a religião, para não citar senão alguns campos de disciplinas. Contudo, a presente análise situa-se unicamente ao nível da teoria do agir, aquém de toda a problemática ética; com efeito, antes de falar das questão do bom, do preferível e do obrigatório é preciso clarificar os conceitos com os quais falamos da acção, deixando para outras análises a introdução da dimensão ética. Neste sentido, a «teoria da acção» entende que a acção é especificamente humana, embora o termo possa ser exportado de modo meramente metafórico para caracterizar outras formas de causalidade. É a tarefa da presente análise apresentar o fundamento desta tese.

1. A conceptualização aristotélica da acção

Aristóteles é o primeiro filósofo cuja conceptualização da acção ainda tem grande pertinência. No primeiro «livro» da sua *Ética a Nicómaco*, apresenta uma teoria da acção que se pode considerar como pre-ética, no sentido em que precede uma análise ética do agir orientada para os valores e as virtudes. Reter-se-á apenas alguns elementos da sua teoria, uma vez que não se pretende aqui analisar todas as raízes da problemática.

O primeiro binómio que importa salientar é a acção feita de bom grado ou de mau grado. De bom grado significa que o princípio da acção está dentro do agente; trata-se, diz Aristóteles, de um acto cujo princípio está no interior do sujeito e de um sujeito que conhece as condições de facto nas quais a sua acção se desenrola (1111, a3). A acção foi conscientemente posta, contrariamente à acção feita «de mau grado», isto é, realizada por constrangimento externo ou por ignorância. Aristóteles evoca então as acções mistas; por exemplo, se realizamos um determinado acto que não queremos fazer, mas que fazemos sob pena de prejudicar reféns, parece ser uma acção voluntária, feita «de bom grado», mas não o é totalmente apesar das aparências. Em suma, diremos que, em geral, existem acções realizadas voluntariamente e outras involuntariamente (embora esta maneira de falar não seja rigorosamente aristotélica, porque o conceito de vontade, tal como o entendemos, só apareceu cerca de mil anos depois do Estagirita).

Uma outra distinção que nos vem de Aristóteles consiste no binómio *praxis* e *poiêsis*. Na verdade a acção pode ser ao mesmo tempo *praxis* e *poiêsis*. Trata-se de modalidades sob as quais o agir é contemplado e analisado: enquanto *praxis*, o agir é considerado na pessoa do agente. Com efeito, o agir transforma interiormente quem o pratica; esta transformação é susceptível de ser descrita como o refluxo da acção sobre o agente. Noutros termos, a *praxis* consiste numa autotransformação do próprio agente sob o impacto do seu agir. De modo geral, a *praxis* é o que, no agir, «aperfeiçoa» o agente, transformando-o. Na linguagem aristotélica, a *praxis* «actualiza» o agente, não no sentido em que o torna presente, mas porque lhe confere uma realidade «em acto» e não apenas possível ou «em potência».

É preciso repetir que a distinção entre *praxis* e *poiêsis* está aquém de toda a consideração moral, embora seja enquanto *praxis* que o agir recebe esta qualificação, na medida em que torna o sujeito bom ou mau, melhor ou pior. Por outro lado, o agir como *poiêsis* é dito transitivo, porque é considerado como tendo passado (daí o sentido de «transitivo») para dentro do objecto realizado. Assim, a construção de uma casa acaba quando a casa, uma vez construída, existe por si mesma, sem necessidade de lembrar a relação com o arquitecto e empreiteiro que a realizaram. Na *poiêsis*, pergunta-se pela natureza do objecto produzido, ou pelo serviço prestado, qualquer que seja o modo – moral ou imoral – como aquele que o pagou tinha adquirido os seus meios financeiros. A distinção entre auto-transformação do agente pelo *praxis* enquanto tal e a produção de algo pelo agir enquanto *poiêsis*, está na base da distinção entre «ética» (como agir-*praxis*) e «técnica» (ou agir-*poiêsis* ou agir «transitivo»). Esta distinção tem ainda a sua validade global na teoria actual do agir; contudo, não se pode ignorar a sua dimensão formal, dado que agir é ao mesmo tempo operação do agente e produção de um efeito no mundo.

A este respeito, convém lembrar que, segundo Hannah Arendt[1], é necessário distinguir os três seguintes conceitos: o de «trabalho», conceito próximo da *poiêsis*, dado que é transitivo, passando no produto realizado; o conceito de «obra», que, pelo facto de deixar socialmente a sua marca, é formadora da cultura no horizonte da qual se inscreve (este sentido da obra não faz parte da definição aristotélica); e o de «acção», que pede para ser narrada, discutida e avaliada (sentido que abrange apenas parcialmente o de *praxis*).

Um dos conceitos mais importantes da teoria da acção é a «finalidade». Em Aristóteles encontra-se de modo explícito também na discussão da deliberação que precede a escolha. Com efeito, acerca das finalidades da acção existe uma deliberação (*boulêsis*, com o verbo correspondente *bouleuomai*).

---

[1] ARENDT, Hannah, *The Human Condition*, Chicago, Chicago University Press, 5º cap., 1958.

A TEORIA DA ACÇÃO | 49

Trata-se das relações entre meios e fim do ponto de vista da deliberação (cf. *Ética a Nicómaco*, 1112 a 18, e seguintes). O Estagirita pergunta então se é possível deliberar sobre tudo e responde: a deliberação incide apenas nos meios de alcançar o fim e não sobre o fim. Começa-se, aliás, por eliminar tudo aquilo que não pode ser objecto de deliberação, isto é, a necessidade, o cosmos, o acaso, as coisas imutáveis e eternas, as verdades da matemática («o diâmetro e o lado do quadrado», 1112 a 21), antes de afirmar que, no agir, não se delibera sobre o fim mas unicamente sobre os meios. Esta afirmação necessita alguma clarificação, que o autor traz logo a seguir, com os exemplos do médico e do político: o médico tem o fim de curar; o orador, o de persuadir; o político, o de assegurar a ordem. Neste campo, não há escolha nem deliberação e, deste modo, diríamos que não há discussão. A discussão ou deliberação surge quando se trata de analisar os meios de, respectivamente, curar, persuadir e assegurar a ordem.

À sua maneira Aristóteles tem razão, dado que pressupõe uma finalidade por assim dizer objectiva, natural e obtida por definição; faz efectivamente parte do trabalho do médico tentar curar e sobre isso não há deliberação. Portanto, notaremos que o enunciado do fim da acção consiste num enunciado teórico, baseado numa definição regida pelo verdadeiro e pelo falso (por exemplo, a frase «o que é um médico»?). Todavia, diferentemente de Aristóteles, seria possível recuar ainda mais no raciocínio e transformá-lo num enunciado pertencendo à razão prática: porquê é que se escolheu a profissão de médico ou de político?

Voltando a Aristóteles, reconhece-se que a deliberação prática depende, como foi dito, de uma premissa teórica não susceptível de deliberação; esta consiste em analisar os meios em vista à realização de um determinado objectivo previamente estabelecido. Neste sentido, a deliberação incide efectivamente nos meios e não nos fins. Mas esta tese aristotélica não parecerá suficiente quando se entrar na hierarquização das finalidades.

2. Primeira abordagem dos conceitos do agir

Além dos conceitos já introduzidos por Aristóteles, novas problemáticas surgiram. Em primeiro lugar e no prolongamento imediato da diferença entre o voluntário e o involuntário, é preciso referir a distinção entre iniciativa e acontecimento. Se não for constrangida ou realizada por ignorância, a iniciativa marca o começo, por parte de um agente consciente, de uma intervenção voluntária. Esta produz efeitos, quer na interioridade do agente, quer na exterioridade do mundo ou – na maior parte dos casos – nos dois lados. Na medida em que são apreendidos por pessoas diferentes do agente, estes efeitos externos, surgem como acontecimentos. Por exemplo, se o ministro de um país assina um documento legal, este documento, uma vez promulgado, produz os seus efeitos, os quais, sendo a consequência de uma iniciativa, surgem como acontecimentos para os cidadãos que os recebem. A existir, a reacção dos cidadãos constitui uma nova iniciativa que é acolhida por todos como um acontecimento. Esta diferença entre iniciativa e acontecimento é fundamental na teoria da acção: entre o que acontece e o que se faz tece-se uma complexa rede de significações, ainda antes de entrar na questão da ética, na qual a questão da responsabilidade pelos efeitos do agir se apoiará no binómio da iniciativa e do acontecimento.

Qual é o «objecto» do agir humano? Noutros termos, o que realiza o agir? Esta pergunta consiste em pedir a resposta à questão «o quê?» acerca do agir. Porém, perfila-se uma outra questão, intimamente ligada à primeira: qual é o objectivo da acção?, pergunta que corresponde ao seu «porquê?». Os objectivos constituem as metas do agir. Na verdade, o termo «objectivo» é linguisticamente bastante impreciso, porque evoca, por um lado, o «objecto» do agir, o que se quer fazer e o que se faz efectivamente, e, por outro, o «objectivo» no sentido da meta do agir. Em termos rigorosos, falar de objectivo da acção consiste em antecipar mentalmente a realização da acção indicando o que ela tenciona realizar. Este binómio do objecto e do objectivo mostra a proximidade das questões «o quê» e «porquê» acerca da acção.

Próximo do «objectivo» e talvez mais adequado aparece o conceito de «finalidade», de que já se tratou na perspectiva aristotélica. Este conceito, tão importante na filosofia da acção, contém o termo «fim». Ora, o «fim» é uma palavra complexa, igualmente como a de «princípio». Com efeito, os dois termos, fim e princípio, têm primordialmente uma conotação cronológica: o «fim» é em primeiro lugar o acabamento de uma determinada duração temporal, tal como o «princípio» é o seu começo. Quando a filosofia ganhou a sua conceitualidade contra as histórias míticas e a sua respectiva «cronologia», princípio e fim tornaram-se conceitos filosóficos, pelo facto de serem subtraídos à sua inserção no tempo. Deste modo, a finalidade da acção ultrapassa o acabamento temporal desta, ainda que possa coincidir temporalmente com ela, e passou a designar o que ela visa em último lugar.

A finalidade inclui, portanto, o objectivo ou os objectivos parciais da acção. Por exemplo, um aluno que se inscreve numa universidade tem a finalidade de completar os seus estudos, o que se poderá alcançar apenas em vários anos. Os seus objectivos são múltiplos; um deles será, por exemplo, ter êxito nas disciplinas do primeiro semestre lectivo. Um objectivo subordinado a este consistirá na frequentação das aulas ministradas nessas disciplinas[2]. Os objectivos parciais inscrevem-se na linha

---

[2] Tomás de Aquino já reconhecia que na acção, *primum in intentione [est] ultimum in executione et primum in executione ultimum in intentione*; o que é primeiro na intenção é a última coisa (que se alcança) ao nível da realização, ao passo que a primeira coisa que se realiza é a última na intenção. Por exemplo, antes de começar um estudo universitário, a intenção primordial é o diploma, mas isto é o que se obtém em último lugar, ao passo que a inscrição no curso é a primeira coisa que se deve «executar», mas que, do ponto de vista da finalidade última, parece a mais remota na intenção global.

da finalidade global da acção. Assim, pode existir uma certa confusão entre objectivo e finalidade, embora a finalidade chegue a abranger muitas vezes, tal como acaba de ser referido, um conjunto mais vasto de objectivos.

Segue-se que cada acção se deixa decompor numa multiplicidade de acções subordinadas. Por exemplo, deslocar-se para ir ao cinema implica, por exemplo, que se pegue no carro, que se o estacione no devido lugar, etc. Mas a própria finalidade de «ir ao cinema» pode também ser um objectivo abrangido por uma finalidade mais larga, tal como divertir-se ou preparar uma conferência sobre a matéria do filme. A jusante da finalidade encontram-se, portanto, outras finalidades que poderiam de certo modo transformar a primeira finalidade em objectivo subordinado a uma finalidade mais remota e importante. Por sua vez, cada objectivo pode ser decomposto em objectivos parciais, os quais se enquadram no desenrolar da acção global.

Surge então uma dificuldade: será que em último lugar existe uma diferença entre o objecto da acção e o seu objectivo? Se o objecto do agir corresponde à questão «o quê?» e se o objectivo evoca o seu «porquê?», então o que se deve explicar é a relação entre o «o quê?» e o «porquê?». Porém, não será que a primeira questão a colocar deveria ser «quem?» a propósito da acção que foi realizada, que se está a realizar ou que se tenciona executar? Assim, não seria mais útil entrar imediatamente na problemática do agir pela busca do autor da acção, isto é, do agente? A esse respeito abriu-se um debate incontornável de que não podemos omitir os principais lineamentos.

3. O debate entre a teoria analítica da acção e a fenomenologia do sujeito agente

A filosofia analítica do mundo anglo-saxónico privilegiou uma teoria semântica da acção. Trata-se nela de definir o sentido exacto dos termos aos quais recorremos para falarmos do agir. Preocupada com o rigor dos conceitos, a corrente analítica não parte dos aspectos mentais que precedem ou acompanham o agir, mas está atenta ao sentido do referente empírico e objectivamente verificável dos conceitos da linguagem corrente. Por isso mesmo, a relação da acção com o seu autor, isto é, com o agente, é analisada em segundo lugar, após a clarificação dos conceitos que se situam por assim dizer num registo independente da pessoa do agente. É precisamente este pressuposto que será objecto de crítica por parte da descrição fenomenológica.

Uma primeira questão reside na relação entre motivação e causalidade. Será a motivação da acção uma forma de causalidade? Nesta problemática tomaremos como guia os dois capítulos que, na sua obra *Soi-même comme un autre*[3], Paul Ricœur reservou à análise dos conceitos implicados na teoria da acção.

Comecemos pelo conceito de motivação, dado que interessa a ambas as teorias. Na perspectiva analítica, a motivação é considerada não enquanto residindo na interioridade do agente, mas tal como pode ser compreendida por alguém que a analisa de fora. Ela é então descrita como uma «razão de» fazer tal ou tal coisa. Ora, existe, diz-se, uma ligação lógica, um nexo lógico entre a «a razão de» e a efectuação da acção. Uma «razão de» fazer algo sem a sua efectuação não é uma verdadeira «razão». Com efeito, o nexo lógico inerente à motivação significa que não há agir humano sem motivação e reciprocamente. Em função desta ligação, a motivação é apreensível a partir da acção, eventualmente explicada, sem recurso à subjectividade da pessoa que age. Esta ligação lógica permite partir da acção já posta para descobrir a sua motivação. Se não há nada mais nas razões

---

[3] Ricœur, Paul, *Soi-même comme un autre*, Paris, Seuil, 1990, «Terceiro Estudo: Uma semântica da acção sem agente», pp. 73-108, e «Quarto Estudo: Da acção até ao agente», pp. 108-136.

de agir do que no próprio agir; «aquilo que a acção faz» identifica-se com o «porquê?» da mesma. Noutros termos, o «porquê» da acção está presente no seu «o quê», no seu objecto. Contudo, ao pensar-se desta maneira, a acção aparece, antes de mais nada, não como a iniciativa de uma pessoa concreta, mas como um acontecimento exteriormente contemplado e que inclui adequadamente a sua motivação. Noutros termos, o conceito de acontecimento tornou-se primordial relativamente ao de iniciativa.

Se a iniciativa é um «fazer acontecer», pode-se concluir, na linha da argumentação analítica, que falar de motivação ou de causalidade corresponde a dois «jogos» de linguagem, a dois níveis de linguagem diferentes, mas que acabam por exprimir a mesma coisa. Contudo, a conclusão é uma subtil assimilação da motivação à causalidade. Ora, a causalidade acontece nos fenómenos da natureza em virtude de uma ligação que não é de tipo lógico: por exemplo, não há um nexo lógico, mas casual, entre o tijolo que cai e a morte de um homem assim provocada. Porém, uma vez aceite esta diferença de estatuto lógico entre motivação e causalidade, a motivação é, na teoria analítica, entendida como uma forma de causalidade, precisamente porque é analisada sem a referência à pessoa específica que age.

É esta assimilação que a fenomenologia da motivação critica; segundo Ricœur, não se pode falar de um nexo lógico entre motivação e acção. A compreensão da motivação exige que se responda não apenas à questão «porquê» em relação à acção, mas à questão «quem» é o agente. A ligação entre o agente e a sua motivação escapa a uma análise puramente lógica, tal como se pode verificar nas vicissitudes da deliberação que precedem a passagem para a acção, nas hesitações que marcam o tempo subjectivo inerente à formação da decisão. A espécie de negociação com os desejos que se apresentam como possíveis motivações pessoais mostra que a motivação não é puramente lógica nem pode ser analisada sem a referência à subjectividade da pessoa que age. Por isso mesmo, a motivação é outra coisa que a causalidade. Somente no caso das acções passadas o esquema analítico parece parcialmente aplicável; por exemplo quando se pergunta pelas «causas» de uma guerra, eventualmente a resposta não terá de referir motivações concretas, mas determinados factores e acontecimentos.

É o que verifica também a noção de intenção; esta está na subjectividade do agente. A sua análise necessita todavia da distinção entre um acto do passado feito «intencionalmente» (note-se a presença do advérbio), um acto do presente – cuja intenção não é necessariamente totalmente transparente para o próprio agente (fala-se então, com o substantivo, da «intenção» presente, subjacente ao acto – e da intenção de um acto futuro – cuja execução ainda falta (trata-se então de uma «intenção de...»). Temporalmente distintos, estes três casos precisam de uma análise específica. Por exemplo, uma acção passada pode, para o analista, revelar-se ter sido intencionalmente feita sem que se saiba quem a fez, o que não teria sentido para os dois outros casos.

O problema que permanece contudo no pano de fundo da «causalidade» é o duplo uso deste conceito. Em geral, do ponto de vista científico, a causalidade indica uma regularidade empírica e natural entre a causa e o efeito, tal como se vê nas ciências da natureza. Além disso, toda a causa é efeito de outra causa, de tal modo que, à primeira vista, se pode remontar indefinidamente na linha das causas que são ao mesmo tempo efeitos de causas mais remotas. Não há, do ponto de vista científico, uma primeira causa que não seja efeito.

Contudo, no registo do agir humano a liberdade constitui um início absoluto, no sentido em que faz surgir eventos que não teriam tido lugar sem a sua intervenção. Esta situação significa que o acto livre é um começo que, na esfera da liberdade, não é precedido por nada, mas que não deixa de se inscrever no registo da causalidade natural. Existem deste modo dois usos da causalidade: a causalidade livre face à causalidade natural. Segundo Paul Ricœur, é a ideia de intervenção ou de iniciativa que permite tornar compatíveis estes dois usos da causalidade[4]. Por um lado, pela sua iniciativa, a liberdade faz advir eventos e situações, os quais, por outro, se inserem no tecido da causalidade das leis da natureza; por exemplo, o acto de apanhar o comboio para ir proferir uma conferência é o resultado de uma decisão, mas que produz os seus efeitos na causalidade natural (a existência do meio do transporte, a velocidade possível do comboio, etc.). Falar de liberdade pessoal exige portanto que o acto se inscreva no mundo natural, em conformidade com o determinismo das regras físicas.

É preciso acrescentar, contudo, um dado importante; a minha liberdade cruza a liberdade dos outros, os quais também tomam livremente iniciativas que interferem com os meus actos. Portanto, ao conhecer-se livre, a minha liberdade é levada a reconhecer também a liberdade dos outros, cuja actividade interfere com a minha.

Em conclusão deste debate apresentado sobre os conceitos do agir humano diremos que não se pode prescindir de uma descrição fenomenológica da pessoa do agente. Motivação e intenção exprimem o conteúdo mental que preside ao exercício desta causalidade livre, a qual não se deve confundir com a causalidade nas leis empíricas do mundo natural.

Como especificar mais pormenorizadamente esta relação do agir com o seu agente? Três conceitos apresentam-se para este efeito. Em primeiro lugar, a «ascrição»[5], que de modo preético

---

[4] Na linha da Kant, Ricœur reconcilia assim as duas vertentes da «terceira antinomia da razão pura», Idem, p. 125 e ss.

[5] Neologismo que provém do verbo inglês *to ascribe*, habitualmente traduzido por atribuir. A ascrição opõe-se à descrição, dado que, do ponto de vista da teoria «pragmática», atribuir uma acção a alguém contém uma força ilocutiva diferente daquilo que a descrição «faz».

indica que a teoria da acção implica a resposta à questão «quem? (fez, faz ou fará isso). A «ascrição» consiste em atribuir o acto a uma pessoa. Por outro lado, próximo da ascrição, o conceito de «imputação» pode ser considerado como a atribuição (ou ascrição) de um acto ao seu autor, mas apenas com a conotação jurídica ou ética. Na verdade, a imputação foi o conceito que desde a antiguidade exprimiu o que hoje em dia o termo «responsabilidade»[6] significa. Pode-se acrescentar contudo que a imputação se reveste primordialmente de um sentido ético-jurídico orientado para um acto já feito, de que se procura o grau de responsabilidade. Todavia, a própria noção de responsabilidade muda de sentido quando se transita da responsabilidade por uma acção já realizada para a responsabilidade por uma acção futura. Neste último caso a responsabilidade consiste na assunção de um compromisso para o futuro, o que exige uma análise ética mais apurada, além da sua dimensão jurídica.

4. A abertura da teoria da acção

Na última parte da presente análise a teoria da acção abre pelo menos seis janelas sobre campos de investigação que merecem uma atenção cuidadosa na medida em que dilatam o espaço de validade desta teoria. Em primeiro lugar, a questão do consentimento à própria finitude aparece como um dever da liberdade humana. Já em 1950, no seu primeiro grande livro *Le volontaire et l'involontaire*, Paul Ricœur intitulava a terceira parte «Consentir. O consentimento e a necessidade». A liberdade humana encontra efectivamente a cada passo a sua finitude; esta situação exige uma tomada de posição ética,

---

[6] Cf. o estudo de RICŒUR, Paul, «Le concept de responsabilité. Essai d'analyse sémantique», in: *Le juste 1*, Paris, Éditions Esprit, p. 29-40 (Trad. portuguesa: *O Justo*, Lisboa, Piaget, p. 35-60, 1997).

mas ao mesmo tempo supera a ética ao penetrar no pórtico da ontologia. Com efeito, a finitude afecta tanto o ser como o agir do homem; as limitações devidas a factores involuntários envolvem-nos de todas as partes, limitações físicas, psicológicas, sociais, económicas, políticas e espirituais, entre outras. Ninguém decidiu nascer nem escolheu a cultura na qual veio à luz. A teoria da acção abre-se à ética do consentimento sob pena da cair ou numa resignação paralisadora, ou na revolta ou no desespero. Por múltiplos lados a teoria da acção remete para a necessidade de uma ética e de uma ontologia, mas um dos principais lados reside sem dúvida na finitude do agir humano. Esta finitude já estava implicada naquilo que nos apareceu na mútua inserção das duas formas de causalidade, a causalidade livre e a causalidade do mundo natural.

A teoria da acção remete-nos para uma outra questão. Será que existe um «facto primitivo» no campo da razão prática? Por facto primitivo entende-se aqui uma «acção de base» que estaria presente como condição de possibilidade de todo o agir. Esta questão veio também à superfície no diálogo que Paul Ricœur manteve com a teoria analítica da acção, na obra de Artur Danto. Será que este «facto primitivo» reside na capacidade de mover o próprio corpo humano, como se todo o agir se apresentasse em primeiro lugar como o domínio sobre o corpo subjectivo? Esta resposta, que estaria mais na linha dos trabalhos do Ricœur de 1950, tem uma resposta mais radical no livro já evocado *Soi--même comme un autre* (1990). O facto primitivo da razão prática reside «na segurança que o agente tem de poder fazer, isto é, de poder produzir mudanças no mundo»[7]. Talvez a primeira mudança acessível seja a segurança de podermos, nem que seja na expressão do rosto, mover o corpo próprio.

---

[7] *Soi-même comme un autre, op. cit.,* p. 136. Este momento fundamental da razão prática corresponde ao papel da evidência na razão teórica (Idem, p. 126).

A terceira janela orienta-nos para a ausência de intervenção, isto é, para a omissão de uma acção. Por exemplo, quando se assiste sem reagir a uma cena de violência dirigida contra uma criança, que poderia ser facilmente salva, não será a omissão também uma forma de acção? Na verdade, esta questão remete para a teoria ética, dado que se trata de ausência de uma acção juridicamente ou moralmente «devida» e não realizada. Esta questão acaba apenas por mostrar a necessidade de abrir a teoria pré-ética da acção para uma avaliação ética.

Em quarto lugar, a acção colectiva coloca novos problemas, pelo facto de o agente ser um grupo, como é o caso numa «Comissão de Ética», ou uma colectividade, por exemplo, no caso das eleições. Não há dúvida que a acção colectiva, em virtude da multiplicidade dos «agentes», levanta questões específicas. Na teoria exposta, o agente é sempre uma pessoa humana em carne e ossos. Como caracterizar uma pessoa jurídica que age à maneira de uma pessoa humana? Esta questão diz respeito à teoria da acção na medida em que implica a relação da acção ao agente, mas tem ainda mais implicações jurídicas e principalmente éticas, ultrapassando assim o nível de uma mera teoria da acção. Será o sujeito de uma acção colectiva um «quase-sujeito»? Esta questão interessa também directamente a epistemologia do conhecimento histórico, a propósito das decisões tomadas por e em nome de países independentes.

Mais importante ainda é a integração das acções em séries de acções que se encadeiam até formar uma trajectória de vida. Qual é a apreensão possível de uma cadeia de acções que suscitam uma história? Apenas mediante a linguagem; só a linguagem pode descrever os elos de ligação entre acções particulares e conferir-lhes um sentido. Este aspecto foi longamente analisado por Ricœur[8]. Aquilo a que chamamos trajectórias de vida

---

[8] Além da obra referida na nota anterior, cf. RICŒUR, Paul, *O tempo narrado*, terceiro volume (1985) da sua trilogia *Tempo e narrativa*, Paris, Seuil, 1983,1984, 1985.

pode também aplicar-se não apenas a pessoas individuais, mas a estilos de vida, por exemplo de natureza profissional, assim como a configurações existenciais mais globais que abrem a via à análise de práticas éticas. Pertencerá à ética desenvolver este aspecto, embora a narratividade, enquanto descrição de cadeias de acções, se situe ainda aquém da intervenção da ética. Em sentido contrário, cada acção pode ser vista como a conjunção de segmentos de acções que a compõem. Onde se opera a cesura entre acções diferentes que em conjunto determinam a acção global de uma vida ou de um percurso existencial? Esta questão é pré-ética, mas terá uma incidência sobre toda a avaliação ética dos actos.

Em último lugar, a questão da finalidade da acção suscita uma questão semelhante. As finalidades podem encaixar-se umas nas outras e configurar deste modo um destino pessoal. Entre uma acção singular e uma trajectória pessoal instaura-se então uma dialéctica de vai-e-vem, que deve ter em linha de conta todos os efeitos não previstos das acções postas, estes efeitos que escapam à liberdade e que foram caracterizados como dependentes da causalidade natural e dos imprevistos provindo do cruzamento das nossas acções com as dos outros. Estamos então na linha tangente da teoria da acção com a ética, porque é difícil discernir o sentido de uma trajectória de vida sem reconhecer e avaliar o seu alcance ético.

A teoria da acção é complexa; tal como fez Aristóteles, é preciso traçar as suas múltiplas linhas que não deixam de se entrecruzar e deixar-lhe a sua autonomia metodológica sob pena de prejudicar a entrada na esfera da ética. No seu momento terminal, a teoria da acção deve ser assumida pela ética, bem como por todas as disciplinas que tratam do agir. Esta integração apenas será feita com proveito se for previamente respeitada a sua especificidade metodológica.

Leituras recomendadas

ANSCOMBE, Elizabeth, *Intention*, Oxford, Basic Blackwell, 1979.

ARCHER, Luís, BISCAIA, Jorge, OSSWALD, Walter, RENAUD, Michel, *Novos Desafios à Bioética*, Porto, Porto Editora, 2001.

ARENDT, Hannah, *The Human Condition*, Chicago, Chicago University Press, 1958.

ARISTÓTELES, *Ética a Nicómaco*. Trad. e notas: António Caeiro; *Éthique à Nicomaque*. Lisboa, Quetzal Editores, 2004. Trad. e comentário: René Antoine Gauthier e Jean Yves Jolif, Louvain, Publications Universitaires de Louvain, Paris, Béatrice Nauwelaerts, 1958.

DANTO, Arthur, *Analytical Philosophy of Action*, Cambridge University Press, 1973.

DAVIDSON, Donald, *Essays on Actions and Events*, Oxford, Clarendon Press, 1980.

Dupuy, Jean-Pierre, *Éthique et philosophie de l'action*, Paris, Ellipses, 1999.

KANT, Immanuel, *Kritik der reinen Vernunft*, em Kant Werke, t. 3 e 4, Darmstadt, Insel-Verlag, 1968 (Trad. *Crítica da Razão Pura*, Lisboa, Gulbenkian, 1987).

LADRIÈRE, Jean, *L'éthique dans l'univers de la rationalité*, Namur e Québec, Artel e Fides, 1997.

NEVES, Maria do Céu Patrão; OSSWALD, Walter, *Bioética Simples*, Lisboa, Verbo, 2007 (1ª ed.; 2ª ed. Revista e completada, 2014)

PETIT, Jean-Luc, *L'action dans la philosophie analytique*, Paris, PUF, 1991.

RICŒUR, Paul, *Le volontaire et l'involontaire*, Paris, Aubier, 1950.

RICŒUR, Paul, *Temps et récit* (3 vol.), Paris, Seuil, 1983,1984, 1985.

RICŒUR, Paul, *Soi-même comme un autre*, Paris, Seuil, 1990.

RICŒUR, Paul, *Le juste 1*, Paris, Éditions Esprit, 1995 (1ª ed.; trad. portuguesa: *O justo*, Lisboa, Instituto Piaget, 1997).

Racionalidade prática

Carlos Morujão
Universidade Católica Portuguesa, Lisboa

O reconhecimento de que existe uma diferença entre a actividade prática e a actividade teorética é quase tão antigo quanto a própria filosofia. Esta diferença, porém, não se baseia apenas na constatação de que a prática não é a teoria – ou de que a primeira, como muitas vezes se diz, aplica a segunda e, eventualmente, permite corrigi-la –, mas, antes de mais, no reconhecimento de que o exercício da actividade racional não obedece exactamente aos mesmos princípios num caso e no outro. Este âmbito da razão prática alargou-se consideravelmente nos últimos tempos, mas a consciência da sua especificidade podemos encontrá-la já num célebre diálogo de Platão, intitulado *Górgias*. De facto, contra a opinião de Sócrates que afirma que apenas o médico tem um saber que é útil para um corpo doente, o sofista, cujo nome deu o título a este diálogo, argumenta que tal saber é inútil para um doente que recuse o tratamento[1].

---

[1] PLATÃO, *Górgias*, 476 b e segs: *Muitas vezes – diz Górgias – acompanhei o meu irmão e outros médicos a casa de alguns dos seus doentes que se recusavam a beber uma*

O que Górgias quer dizer é que se não se convencer o doente de que a arte do médico é eficaz, de que a saúde é preferível à doença, ou de que os medicamentos – por desagradáveis que os seus efeitos possam ser, no imediato – contribuem para a cura, o simples saber teorético de que o médico dispõe não encontra forma de se aplicar. Hoje em dia, na formação de qualquer profissional de cuidados de saúde, esta dimensão, que Górgias oportunamente recorda, está obrigatoriamente presente.

Quanto a este assunto, é provável que Platão não tenha sido totalmente fiel aos ensinamentos do seu mestre Sócrates. Pois, tal como Platão no-lo apresenta nos seus primeiros diálogos, e tal como o apresentam também outros testemunhos da época, Sócrates não separava a busca de uma correcta definição dos conceitos – sobretudo no âmbito da moral – da constituição de uma sabedoria prática que permitisse orientarmo-nos na vida. Nisso, Sócrates mantinha-se ainda fiel a uma velha tradição grega, que reservava o nome de sábio, não só para aqueles homens dotados de grandes conhecimentos teóricos, mas também (e, muitas vezes, sobretudo) para os que sabiam aconselhar os outros na difícil arte de viver.

É uma ideia errada a tese de que a razão prática é uma mera aplicação da razão teórica. Pode, em alguns casos, parecer que assim é, mas o exemplo de Górgias, que foi referido mais acima, permitir-nos-á uma apreensão do problema mais correcta. Górgias, que não era médico, não se propunha aplicar o saber do médico. Há, de facto, uma aplicação, pelos médicos, deste saber (que, como qualquer outro saber, possui um carácter mais ou menos genérico) ao caso concreto de um doente, mas não é, em primeiro lugar, nisso que falamos quando pensamos em racionalidade prática. Certamente que um médico pode sentir a necessidade de adaptar ao caso particular de um doente – à

---

poção, ou a deixar-se amputar ou cauterizar pelo médico. Ora, ao passo que este não conseguia persuadi-los, eu conseguia-o apenas com a arte da retórica.

sua idade, às características do seu organismo, etc. – um tipo geral de tratamento válido para todos os casos idênticos. Estará, nesta situação, a dar mostras de uma sabedoria prática de que a arte da medicina carece em todas as circunstâncias. Mas não é bem disto que queremos falar ao falarmos de racionalidade prática. Vamos, então, tentar uma mais clara delimitação do âmbito da nossa questão.

1. O âmbito da racionalidade prática

Em filosofia, a noção de prática – e do seu equivalente de origem grega: *praxis* – remetia habitualmente para os âmbitos da moral e da política. Era assim em Aristóteles, por exemplo, que, na sua *Ética a Nicómaco*, definia a prática como um tipo especial de actividade cujo resultado revertia, em primeiro lugar, em benefício daquele que a realizava[2]. É assim, por exemplo, que ainda hoje existe a convicção de que um acto bom torna bom aquele que o pratica (ou reforça a sua bondade); tal acto tem, por isso, um valor intrínseco, mesmo que o seu objectivo seja o benefício de outra pessoa. Esta antiga ideia é ainda visível no título e no conteúdo de uma conhecida obra do filósofo alemão Immanuel Kant, *Crítica da Razão Prática*, que trata dos princípios que devem reger a acção humana, ou seja, da legitimação das normas da conduta, para que a vontade seja pura e não determinada por motivos de carácter empírico.

Esta orientação «maximalista» da antiga filosofia prática é, nos dias de hoje, frequentemente substituída por uma orientação «minimalista», sobretudo em filósofos ligados à Filosofia Analítica. Nestes autores (embora não em todos), uma reflexão

---

[2] Cf. ARISTÓTELES, *Ética a Nicómaco*, 1140 b 6-7: *A finalidade da produção é distinta da produção, mas a finalidade da acção não o pode ser.*

sobre o Bem ou sobre as Virtudes – que tem no seu horizonte aquilo que Aristóteles designava por «vida boa» – dá normalmente lugar a uma análise, que se pretende axiologicamente neutra, das proposições morais mais relevantes. Tais análises, por vezes acompanhadas por um aparato formal complexo, pretendem esclarecer o sentido de proposições em que se expressam intenções, desejos, promessas ou outros compromissos éticos do mesmo tipo.

Todavia, tanto estas questões como aquelas que Aristóteles ou Kant abordavam nas suas obras, parecem ainda muito afastadas das preocupações comuns dos homens, que estão, certamente, preocupados em agir bem, mas, igualmente, em viver bem. É até duvidoso que alguém comece a agir bem apenas porque leu obras de grandes filósofos que tratam do assunto. Mas há aqui um problema: o viver bem não decorre necessariamente do agir bem e, excepto no caso de pensadores que desenvolveram argumentações muito sofisticadas sobre este assunto (de que um exemplo é o filósofo holandês do século XVII Baruch Espinosa, na sua *Ética*), tão-pouco com ele se identifica. Certamente que os dois problemas não são totalmente independentes e a ideia de senso comum de que há algo de escandaloso na impunidade de que pode gozar um homem moralmente mau, mas que vive bem, confirma este facto.

Há também qualquer coisa, talvez não tanto de escandaloso, quanto de incómodo ou desconfortável, numa vida em que as preocupações éticas são apenas proclamadas, por vezes com grande desenvoltura, para efeitos de prestígio social, ao passo que a existência segue o seu curso cinicamente despreocupado ou indiferente. O escritor francês Albert Camus, num dos seus mais perfeitos romances, *La Chute*, descreveu maravilhosamente esta situação. Um advogado parisiense, Jean-Baptiste Clamence, é conhecido pelas causas nobres que defende nos tribunais e que proclama entre os seus colegas de profissão, o que não constitui senão o modo de patentear uma virtude que não possui e lhe permite uma existência sem compromissos, entregue ao divertimento fútil. Até que, certa noite, ao regressar a casa, uma jovem se suicida afogando-se nas águas geladas do Sena e Clamence, o nobre defensor dos indefesos, indiferente aos pedidos de socorro e tentando convencer-se de que os ruídos que ouvia não eram os da jovem que se debatia com as águas, segue indiferente o seu caminho para casa.

Veremos, no ponto 5 deste texto, que agir é relacionar-se com o mundo exterior. Mas esta situação implica que cada agente se torna responsável pelos efeitos da sua acção relativamente aos outros homens, assim como relativamente a todos os seres que são mais ou menos implicados por ela. Como é sabido, nos últimos 100 anos a capacidade de agir e, por conseguinte, de produzir efeitos foi substancialmente incrementada, mesmo em termos estrictamente individuais, graças ao desenvolvimento da ciência e da técnica. Pequenas acções podem provocar largos efeitos, muitos deles imprevisíveis e indesejáveis, sobre muita gente, incluindo as gerações futuras. Parece exigir-se, nestas situações, algo de semelhante ao que o sociólogo alemão Max Weber chamava a «ética da responsabilidade», que contrapunha à simples «ética da convicção»; caracteriza a primeira – ao invés do que acontece com a segunda – o facto de não retirar indicações para a acção de princípios abstractos, que não sejam mediados pela *praxis* humana concreta. Embora este conceito de Weber servisse inicialmente para caracterizar um certo tipo de conduta política, a sua aplicação alargou-se, ao longo do século XX, muito para lá do seu âmbito inicial. O seu âmbito, hoje, situa-se preferencialmente nas relações entre o desenvolvimento científico e tecnológico e a preservação da natureza: uma avaliação destas relações levou o filósofo Hans Jonas a formular a tese de que só é legítima uma acção se, nas suas consequências, as condições de uma vida humana autêntica puderem ser preservadas para as gerações futuras[3]. Nos últimos anos, a distinção weberiana entre convicção e responsabilidade – embora com outra designação – assumiu também um particular relevo nas discussões entre as éticas deontológicas (orientadas para o respeito pelas regras e normas) e as éticas consequencialistas (orientadas para os efeitos da acção).

2. Constructos no pensamento de senso comum e normatividade prática

O pensamento de senso comum implica já uma estrutura mental de grande complexidade, apta a identificar os objectos, as pessoas ou os acontecimentos. Todos eles nos aparecem como estendendo-se no espaço e no tempo, para lá do momento em que os observamos ou em que com eles lidamos, mostrando algumas das suas características e, em simultâneo, ocultando outras, suscitando hipóteses interpretativas (quanto ao que são, quanto ao que exigem de nós, quanto ao seu comportamento futuro) que a experiência se encarregará de validar ou de infirmar. Sobre estes aspectos da experiência de senso comum – que rapidamente se sedimentam e se constituem como hábitos – constrói-se uma sabedoria prática que funciona como esquema de orientação. Algumas correntes da filosofia alemã, desde meados do século XX, procuraram, na base de uma investigação da natureza desta sabedoria prática, por meio da sua retomada reflexiva pela filosofia, proceder a uma determinação das condições de um discurso racional prático capaz de resultar no estabelecimento de normas de orientação para a vida social que sejam intersubjectivamente válidas.

---

[3] Por consequência, seria possível dizer-se que o desenvolvimento científico e técnico dos últimos cinquenta anos confrontou povos e culturas pertencentes a tradições muito diferentes, com problemas éticos muito semelhantes.

Autores como Karl-Otto Apel ou Jürgen Habermas podem ser considerados representativos desta tendência[4].

A orientação que seguiremos neste capítulo tem por base pressupostos ligeiramente diferentes, embora chegue a conclusões largamente coincidentes com as de Apel. Os complexos processos de pensamento que uma corrente filosófica como a fenomenologia descreve sob as designações de «generalização», «formalização» ou «ideação» caracterizam tanto o senso comum como a actividade científica. Como é óbvio, não funcionam do mesmo modo num e noutro lado. A nossa tendência natural é dizer que os segundos – ou seja, os processos que têm lugar no âmbito da actividade científica – são mais exactos do que os primeiros. Esta tese supõe que a exactidão de uns e de outros é comparável, embora o resultado da comparação seja favorável aos segundos. Provavelmente, não será assim: tanto os primeiros como os segundos dão-nos a conhecer certos aspectos da realidade em função do tipo de interesse que lhes é subjacente. Esta relação entre os processos de pensamento e um determinado tipo de interesses foi fortemente posta em relevo pela fenomenologia de Edmund Husserl, sobretudo na sua filosofia do «mundo da vida», sendo muitas vezes esquecida por outras correntes filosóficas dos séculos XX e XXI. Este esquecimento teve consequências fatais, conduzindo à tese de que só no âmbito das ciências formais ou das ciências físico-matemáticas seriam possíveis formas de argumentação intersubjectivamente válidas. Em consequência, o saber prático era relegado para o âmbito das decisões subjectivas e irracionais.

Podemos, então, afirmar que nos encontramos na presença de dois tipos distintos de constructos mentais: um válido para

---

[4] Cf. APEL, Karl-Otto, «Das Apriori des kommunikationsgemeinschaft und die Grundlagen der Ethik», *Transformation der Philosophie*, Frankfurt am Main, Suhrkamp, Band 2: 358-435, 1993. Cf. igualmente HABERMAS, Jürgen, «Erkenntnis und Interesse», *Technik und Wissenschaft als Ideologie*, Frankfurt am Main, Suhrkamp, 146-168, 1969.

o senso comum, o outro válido para o conhecimento científico. Mas existe uma peculiar relação entre os dois que convém esclarecer quando – por oposição à experiência quotidiana do mundo – falamos de ciências sociais. O cientista social não pode evitar tomar por objecto das suas investigações – que realiza com o auxílio dos constructos de segundo tipo que mencionámos acima – constructos sociais do primeiro tipo, que têm um determinado significado para os grupos humanos em que eles se encontram vigentes. Isto quer dizer que existem agentes que se orientam, na sua vida quotidiana, por tais constructos do primeiro tipo, seja para consciente ou inconscientemente os legitimar, seja para os contestar.

Alguns sistemas de ética, especialmente desde o século XVIII, pensaram que sobre tais constructos sociais do primeiro tipo nada de eticamente relevante se poderia fundar. A ética de Kant é talvez o mais grandioso exemplo deste tipo de atitude, embora Kant não se mostrasse insensível, bem pelo contrário, ao altíssimo valor pedagógico (do ponto de vista da educação moral, bem entendido) de instituições e formas de vida regidas por normas moralmente e juridicamente justas. De facto, a sua teoria da história da humanidade assenta, em boa medida, numa reflexão sobre o valor moral das instituições e no progresso que o seu aperfeiçoamento ao longo dos tempos patenteia. Aquela posição de Kant originou um debate entre os seus sucessores, que se prolongou quase até aos nossos dias. Hegel, por exemplo, na 3.ª Parte da sua *Enciclopédia das Ciências Filosóficas*, critica fortemente a moralidade kantiana[5], julgando-a apenas fundada em princípios de uma razão supostamente legisladora no plano moral, mas desligada da vida ética concreta dos homens, onde os princípios morais recebem, em primeiro lugar, o seu conteúdo e a sua legitimação.

---

[5] HEGEL, G.W.F., *Enzyclopädie der philosophischen Wissenschaften*, §§ 503-512, in *Werke III*, Frankfurt am Main, Suhrkamp, pp. 312-317, 1983.

3. O conhecimento do mundo próprio do senso comum. Os tipos

Vejamos agora de que forma nos orientamos no mundo, na nossa experiência quotidiana. Suponhamos que percepciono o objecto X pela primeira vez e reparo que possui várias características que o assemelham aos objectos A, B, C e D que percepcionara anteriormente e que, graças às características que possuíam em comum, por assim dizer, «arrumei» num tipo, que passei, desde então, a identificar pelo algarismo 1. O meu conhecimento de X, por um lado (apesar das suas características individualizadoras, que o tornam diferente de A, de B, de C e de D), enriqueceu o meu conhecimento do tipo 1; por outro, obrigou-me a rever, mesmo que numa proporção mínima, as minhas expectativas em relação a 1, bem como aos modos como pensava poder reagir sempre que algo pertencente a 1 entrasse no meu campo de experiência; por fim, é possível ainda que a minha experiência de X me obrigue a criar, no interior de 1, dois subtipos: um constituído pelos objectos A, B, C e D (e por outros suficientemente parecidos com eles para os incluir no mesmo subtipo), e outro onde agora incluirei X, mas que, no futuro, poderá incluir outros (Y, Z) que venha a conhecer e que com ele se assemelhem.

Todavia, isto seria ainda descrever a nossa experiência do mundo de uma forma demasiado abstracta. Certamente que X é um elemento de um tipo, o tipo 1, a que atribuo um certo número de características gerais; mas na minha relação com X interessar-me-ão mais, muito provavelmente, as suas características individualizadoras do que aquelas que o transformam em representante de um certo tipo geral. Estabeleço com X – ou tenho a intenção de estabelecer – uma relação de fiabilidade ou desconfiança que tem por base aquilo que o individualiza. É também óbvio que todos os elementos do subtipo a que pertence X, bem como todos os elementos do seu tipo, estarão, de alguma forma, envolvidos na relação que tenho com ele. Poderão, eventualmente, constituir o seu horizonte externo imediato, embora, muitas vezes, a sua relevância para a relação que tenho ou pretendo ter com X não seja muito grande. Dissemos atrás que, na experiência de senso comum, temos a natural tendência para «arrumar» objectos (mas o mesmo vale para acontecimentos ou pessoas) num mesmo tipo, sempre que deparamos em todos eles com um conjunto de características idênticas[6]. Este procedimento pode parecer muito imperfeito à luz de outras formas de conhecimento em que se exige um maior grau de rigor. Mas o que aqui defendemos é que, não só esta forma de proceder é perfeitamente racional tendo em conta o nível de experiência em que se situa, como ainda as imperfeições que possa conter são irrelevantes – e, muitas vezes, facilmente corrigíveis – para as finalidades a que se destina. Não podemos comparar os critérios de relevância que permitem proceder à referida «arrumação», com aqueles que caracterizam, por exemplo, o conhecimento científico ou filosófico.

4. A intersubjectividade do conhecimento de senso comum

O mundo em que agimos é um mundo de pessoas e coisas dotadas de significado. Mas a descrição que realizámos da secção anterior é ainda demasiado genérica. Não nos relacionamos com os outros homens enquanto elementos da espécie *Homo Sapiens*, dotados de determinadas características que

---

[6] Sobre este assunto, muito complexo para ser aqui totalmente desenvolvido, cf. HUSSERL, Edmund, *Die Krisis der europäischen Wissenschaften und die transzendentale Phänomenologie*, § 34, Husserliana, Band VI, Den Haag, Martinus Nijhoff, pp. 126 e segs, 1954 (Trad. port., *A Crise das Ciências Europeias e a Fenomenologia Transcendental*, Lisboa, Centro de Filosofia da Universidade de Lisboa, pp. 138 e segs, 2008).

foram obtidas ao longo de um complicado processo evolutivo: eles são, em primeiro lugar, familiares ou amigos, chefes ou subordinados, pessoas que amamos ou odiamos, ou simplesmente indiferentes. Da mesma forma, os restantes seres vivos não nos aparecem em função da espécie zoológica ou vegetal a que pertencem, mas, por exemplo, como animal doméstico (o «meu cão») ou selvagem, como planta comestível ou simplesmente agradável à vista, etc. Igualmente, com os objectos inertes, estabelecemos uma relação de familiaridade (são «utensílios» de que nos servimos) ou de indiferença, antes de os vermos como simples objectos espácio-temporais, compostos por uma matéria específica ou dotados de certa estrutura molecular.

Um mundo dotado de significado é um mundo de cultura. E essa cultura, que determina e organiza as nossas primeiras classificações e distinções conceptuais – anterior às distinções que as ciências operam, embora não totalmente independente delas –, é algo que nos precede, ou seja, de que não somos os autores e que começamos por assimilar a partir do momento em que chegamos ao mundo. Esta cultura, que começamos por absorver de forma mais ou menos passiva pela educação (num processo em que a linguagem desempenha um papel fundamental), aparece-nos com três características distintas, mas complementares: 1) é compartilhada por nós e pela maioria dos nossos contemporâneos; 2) herdámo-la, nós e eles, dos nossos antecessores; 3) legá-la-emos, de forma mais ou menos modificada, às gerações que nos sucederem.

Em consequência, todos os elementos que compõem a nossa cultura só adquirem significado por referência à totalidade dos sujeitos que estiveram envolvidos na sua criação e no seu uso. Esta referência confere-lhes um tipo de existência particular: por um lado, são objectivos, na medida em que o seu significado – ou a perda do seu significado – não está dependente da opinião particular de cada indivíduo; por outro são subjectivos, na medida em que sem os sujeitos envolvidos na sua criação e no seu uso não teriam chegado sequer a existir. Foi à investigação desta dupla característica que o filósofo Edmund Husserl chamou «análise intencional», quer dizer, análise dos actos de consciência constitutivos do significado das realidades que compõem o mundo em que vivemos em conjunto com outros seres racionais. Esta análise – que pode ser levada a cabo em todos os âmbitos da actividade humana – é muito importante do ponto de vista da filosofia prática. Ela explica-nos por que motivos o sentido dos objectos tem sempre um carácter «ideal», quer dizer, em simultâneo, referido à actividade racional que o estabeleceu e independente das flutuações a que a subjectividade empírica de cada um o possa querer submeter.

Um exemplo simples permite-nos perceber isto. Um martelo não é um saca-rolhas, mesmo que, num acesso de raiva (ou na falta de um saca-rolhas), partamos com um martelo o gargalo de uma garrafa fechada. De facto, martelo e saca-rolhas foram constituídos de forma diferente (quer dizer: pensados, fabricados, confirmados na sua relevância para o fim que nos propomos obter com eles), com o objectivo de contribuírem de forma diferente para a realização da nossa relação com o mundo.

5. O curso da acção e a interacção social

Agir é relacionar-se com o mundo exterior. Não chamamos agir ao processo que conduz à resolução de um problema matemático, mesmo que possa envolver algumas acções corporais, como, por exemplo, as de agarrar com os dedos uma caneta e movimentar a mão para traçar no papel números e outro tipo de sinais. Quando começamos a resolver um problema matemático podemos imaginar o resultado final dos cálculos que iremos realizar, mas isto não se parece com a imaginação do estado futuro do mundo que resultará de uma acção realizada e bem-sucedida, por muito pequena que seja a modificação efectuada. É claro que num ponto parece haver uma semelhança e ela é importante. Quanto maior for o número de problemas matemáticos idênticos que saibamos resolver, tanto maior será a facilidade com que resolveremos problemas novos; da mesma forma, quanto mais tivermos a experiência de resolver certas situações no mundo real, tanto mais – graças aos hábitos contraídos – saberemos responder eficazmente a novas situações do mesmo tipo. Tudo isto merece um aprofundamento, a que procederemos socorrendo-nos do fenomenólogo Alfred Schutz[7]. Nas linhas que se seguem utilizaremos as letras A, C e como siglas para acção, circunstância e estado de coisas, respectivamete. Atentemos, então, no esquema seguinte:

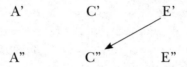

A acção A' tem lugar na circunstância C' e resulta no estado de coisas E'. O mesmo indivíduo pode, em condições normais, realizar uma segunda acção idêntica à primeira, a que, no nosso esquema acima corresponde a letra A''. Mas a circunstância já não será C', não apenas porque C' pertence a um tempo passado (aquele, justamente, em que a acção A' teve lugar), mas, sobretudo, porque C' foi modificada, transformando-se, em virtude de A', no estado de coisas E'. E este último que constituirá a circunstância C'' (daí o sentido da nossa seta) em que A'' terá lugar.

---

[7] Cf. SCHUTZ, Alfred, «Common-sense and scientific interpretation of human action», in: *Collected Papers* 1, The Hague, Martinus Nijhoff, pp. 3-47, p. 21, 1962.

Atentemos, porém, na situação seguinte. Quando em C" tenho a intenção de realizar A" interessa-me, em primeiro lugar, a relação entre A e C em geral, ou seja sem os índices que os afectam e que estão representados por ' e por "; da mesma forma, interessa-me E como resultado espectável de A em C. Poderei então dizer que A, C e são encarados como tipos: eles guiam a nossa convicção de que um modo de agir idêntico, em circunstâncias idênticas, produzirá estados de coisas idênticos. Vendo bem, encontramo-nos perante uma situação que tem algumas semelhanças com a situação de quem tem um problema matemático para resolver: um mesmo algoritmo deverá permitir obter resultados idênticos quando aplicado a problemas idênticos.

Atente-se, ainda, na dimensão temporal do processo que descrevemos. A diferença entre C' e C" releva do tempo que E' demorou a produzir-se como resultado de A'. Mas, se pensarmos num certo sujeito S realizando A', o que distingue tal S, na altura em que realizou A', de si mesmo quando agora realiza A", é o tempo que medeia entre o início da primeira acção e o início da segunda; nesse intervalo de tempo – que, em algumas situações, convém que não seja muito dilatado[8] – S enriqueceu-se com a experiência que realizou e com os hábitos que ela lhe permitiu sedimentar, bem como com as interacções que estabeleceu com outros sujeitos.

6. Deliberação e tempo

Seria absurdo falar-se de racionalidade prática se a deliberação e a escolha não fossem possíveis. Uma acção é racional se

---

[8] Dizemos que pode não ser conveniente que esse intervalo seja muito dilatado pelo facto de, a ser assim, o processo de sedimentação, que referimos já a seguir, não se poder realizar. Ora ele é fundamental para que A" possa ser mais bem-sucedida do que A'.

resulta de uma escolha de fins desejáveis e de uma deliberação sobre os meios mais eficazes para os atingir. Provavelmente, não bastará que os fins sejam desejáveis; a racionalidade de uma escolha traduz-se ainda no facto de alguém reconhecer que orientar a sua acção em função de tais fins constitui uma forma de construir a sua própria identidade de acordo com padrões aceitáveis[9]. Um alcoólico que cede a um impulso muito forte para beber não age racionalmente, mesmo que possamos considerar racionais todos os actos que executa no sentido de obter a bebida que procura. Ora, parece haver duas hipóteses que, a confirmarem-se, eliminariam a possibilidade da deliberação e da escolha: (1) o mundo em que agimos encontra-se de tal modo determinado quanto ao seu curso que qualquer intervenção nele, em resultado da nossa liberdade, é impossível; (2) o comportamento humano encontra-se de tal modo determinado por causalidades várias (de ordem psicológica, fisiológica, ou outra) que mesmo quem julga deliberar não está senão a manifestar a dependência relativamente a uma causalidade que desconhece. Da mesma forma, se tais hipóteses se confirmassem, o tempo que medeia entre a deliberação e a acção perderia todo o significado, pois não seria mais do que a forma como uma certa causalidade produz os seus efeitos.

A mera descrição do modo como deliberamos e agimos parece revelar o absurdo intrínseco de tais hipóteses. Kant chegou a considerá-las, na sua *Crítica da Razão Pura*, para concluir que, de um ponto de vista exclusivamente teorético, não era possível provar a sua validade, nem, tão-pouco, a das hipóteses contrárias. Não é necessário seguirmos o raciocínio kantiano sobre este assunto na *Crítica da Razão Prática* para concluirmos que se trata de teses metafisicamente indemonstráveis. De facto, basta atendermos ao curso da acção para verificarmos que

---

[9] Cf. FRANKFURT, Harry G., «Freedom of the Will and the Concept of a Person», *The Journal of Philosophy*, 68: 5-20, p. 8, 1971.

assim é. É com as três observações seguintes que concluiremos a discussão deste assunto:

1. No interior de um mundo cuja existência não questionamos, destacamos a existência de objectos ou de estados-de-coisas que poderiam ser de outra maneira caso agíssemos sobre eles. Ora tais objectos ou estados-de-coisas não possuem sempre a mesma relevância para nós, pois ela depende, antes de mais, do tipo de intervenção que queremos realizar no mundo, tendo em conta o nosso projecto de acção.
2. Para realizar uma acção, vários objectos podem ser utilizados como meios mais ou menos eficazes. Outros, pelo contrário, serão sentidos como impedimentos ou obstáculos. Os primeiros atraem-nos em maior ou menos grau, em função da sua eficácia, ao passo que os segundos nos repelem, também com intensidade variável, dependendo do tipo de obstáculos que nos colocam. Deliberar sobre os meios significa, muitas vezes, saber utilizar da melhor forma os primeiros em ordem a impedir os efeitos indesejáveis dos segundos.
3. As expectativas que depositámos em certos objectos, considerados como meios para a obtenção dos fins desejáveis podem vir a ser frustradas[10]: ou o objecto não é aquilo que julgávamos que ele era, torna-se inutilizável e tem de ser substituído por outro (ou o projecto tem de ser abandonado por não se encontrar outro objecto que esteja disponível para substituir o primeiro); ou torna-se duvidoso que o objecto seja o adequado e, neste caso, a deliberação prossegue, mas no sentido de se chegar a uma decisão sobre se ele pode continuar a ser utilizado ou se não deverá antes ser substituído por outro.

---

[10] Cf. SCHUTZ, Alfred, «Choosing Among Projects of Action», in: *Collected Papers 1*, The Hague, Martinus Nijhoff, pp. 66-96, p. 80, 1962.

7. Conclusão

Ao longo deste texto, procurámos mostrar que o exercício da razão não se confina àquele âmbito de actividade que é, normalmente, designado por teorético, no qual os interesses humanos são de ordem predominantemente cognitiva. Embora no âmbito da acção outras dimensões entrem em jogo para lá da razão no seu sentido estrito – nomeadamente as dimensões que têm a ver com as emoções, os desejos e a vontade –, seria errado, em nosso entender, olhar para os princípios que orientam a acção como relevando de uma ordem que se opõe à da razão. Pelo contrário, aquilo que torna uma acção, justamente, uma acção humana (pelo menos se nos ativermos ao agir que é próprio do indivíduo adulto normal) é o facto de ser uma acção orientada pelo exercício da razão. Como tentámos também mostrar, há factores que entram aqui em jogo e que, ou não estão presentes, ou estão de forma diferente, no exercício da actividade teorética. Três deles assumiram papel de relevo na exposição que fizemos.

O primeiro diz respeito ao *stock* de conhecimentos disponíveis no momento em que iniciamos uma acção. É conhecida a distinção de Aristóteles entre o sábio (*sophos*), ou seja, o especialista versado num domínio particular de conhecimentos, e o homem prudente (*phronimos*), aquele que, mesmo podendo ser especialista em alguma coisa, possui uma sabedoria que lhe permite lidar com os outros homens e resolver as situações difíceis da vida em que muitos costumam falhar. O *stock* de conhecimentos necessários para agir bem – para que o estado do mundo quando acabámos de agir não coincida com o seu estado quando iniciámos a acção – não é, obviamente, o do especialista.

O segundo diz respeito à responsabilidade. Quem age não se compromete, apenas, consigo e com os outros, a fazer certas coisas. Compromete-se, também, a fazê-las de uma certa maneira e a ter em atenção os efeitos da sua acção sobre todos os outros que não se encontram directamente envolvidos naquilo que fez. A sensação, que experimentamos muitas vezes, de que certos fins – mesmo legítimos – não justificam os meios utilizados para os obter é a prova de que não basta uma estratégia acertada em função dos objectivos a alcançar para legitimar uma conduta. Como sujeitos em que considerações de ordem moral intervêm nos processos de legitimação, exigimos não apenas a bondade dos fins mas também a dos meios.

O terceiro, finalmente, é o tempo. Uma acção visa um objectivo que quase sempre só é alcançável ao fim de algum tempo. E este tempo do agir não corresponde exactamente ao tempo que medimos com auxílio dos relógios, embora este último possa ser tido em conta nos cálculos que fazemos ao avaliarmos, por exemplo, as probabilidades de êxito; é um tempo acompanhado pela expectativa de que o objectivo venha a ser alcançado, pela preocupação em ter começado no momento certo, pela sensação de um esforço e de um desgaste, pela decepção ou pela esperança renovada. Aqui, agir racionalmente tanto pode significar corrigir o caminho de início traçado, modificar os objectivos iniciais em função do que vai parecendo razoável alcançar, ou abandoná-los quando se verifica ser impossível obtê-los.

Leituras recomendadas

APEL, Karl-Otto, «Das Apriori des kommunikationsgemeinschaft und die Grundlagen der Ethik», *Transformation der Philosophie*, Frankfurt am Main, Suhrkamp, Band 2: 358-435, 1993.

ARISTÓTELES, *Ética a Nicómaco* (edición bilingüe y traducción por Maria Arujo y Julián Marías), Madrid, Centro de Estudios Constitucionales, 1985.

BURKHART, Holger; SIKORA, Jürgen, *Praktische Philosophie*, Darmstadt, Wissenschaftliche Buchgesellschaft, 2005.

FRANKFURT, Harry G., «Freedom of the Will and the Concept of a Person», *The Journal of Philosophy*, 68: 5-20, 1971.

GADAMER, Hans-Georg, *Wahrheit und Methode*, Tübingen, J. C. B. Mohr (Paul Siebeck), 2.ª ed., 1965. (Trad. cast., *Verdad y Método*, Salamanca, Ediciones Sígueme, 1984.)

HABERMAS, Jürgen, «Erkenntnis und Interesse», *Technik und Wissenschaft als Ideologie*, Frankfurt am Main, Suhrkamp, 146-168, 1969.

HUSSERL, Edmund, *Die Krisis der europäischen Wissenschaften und die transzendentale Phänomenologie*, § 34, Husserliana, Band VI, Den Haag, Martinus Nijhoff, pp. 126 e segs, 1954 (Trad. port., *A Crise das Ciências Europeias e a Fenomenologia Transcendental*, Lisboa, Centro de Filosofia da Universidade de Lisboa, pp. 138 e segs, 2008)

SCHUTZ, Alfred, «Common-sense and scientific interpretation of human action», in: *Collected Papers 1*, The Hague, Martinus Nijhoff, pp. 3-47, 1962.

SCHUTZ, Alfred, «Choosing Among Projects of Action», in: *Collected Papers 1*, The Hague, Martinus Nijhoff, 1962, pp. 66-96.

WEBER, Max, «Politik als Beruf», *Gesammelte politische Schriften* (hrsg. von Johannes Winckelmann), 5. Auflage, Tübingen, J. C. B. Mohr (Paul Siebeck), 1988 (1. Auflage 1921).

Conceitos que pensam a acção

João Cardoso Rosas

Universidade do Minho

Ética e moral

Em termos etimológicos, a distinção entre ética e moral é negligenciável, na medida em que remete para raízes diferentes mas com significados aproximados. A Ética remete para o grego *ethos*, que tem o sentido de «carácter», mas também «modo de ser» ou «costume». A moral deriva do latim *mos*, *mores* no plural, que traduz sobretudo a ideia de «costume», mas pode também acabar por ter as mesmas acepções que *ethos*. No uso que estas palavras adquiriram nas línguas modernas e também na maior parte dos pensadores a moral acaba por ser geralmente do domínio do senso comum, i.e., a moral (costumes, modos de ser, carácter) geralmente aceite, enquanto a Ética – aqui com maiúscula – corresponde à reflexão filosófica sobre a moral nesse sentido. Por isso o mais usual é fazer equivaler Ética a Filosofia Moral. A Ética ou Filosofia Moral reflecte sobre o domínio da moral do senso comum.

No entanto, deve ter-se em conta que se encontra algumas vezes entre os filósofos práticas terminológicas distintas, ou até mesmo contrárias. Assim, por exemplo, existe uma tradição muito associada a Hegel e que considera que a eticidade (como tradução de *sittlichkeit*) corresponde à «vida ética», ao «dado» social e histórico, enquanto a Moral ou Moralidade (*Moralität*) é uma reflexão abstracta sobre esse mesmo «dado», sobre a eticidade, portanto. Aqui, quase se inverte a ordem por nós sugerida acima e que apresenta a Ética como reflexão sobre a moral.

Um outro exemplo de prática linguística alternativa é aquele que se encontra num pensador contemporâneo como Paul Ricœur e que associa a Ética a uma visão teleológica de tipo aristotélico, enquanto reserva a palavra Moral para o ponto de vista deontológico e que considera ser também o de Kant. Mais abaixo veremos o significado destes termos. Por agora, basta constatar que estas fixações terminológicas alternativas, como é o caso de Ricœur ou de autores de tradição hegeliana, são peculiares, constituindo excepções e não a regra. O mais usual nos textos contemporâneos é encontrar uma sinonímia entre Ética e Filosofia Moral, como distintas da moral espontânea.

O domínio da moral comum é uma instituição informal e empiricamente descritível. As sociedades, pelo menos as sociedades humanas, observam conjuntos de regras sobre o que é bom ou mau fazer e sobre o tipo de carácter que é bom ou mau ter. Numa primeira acepção podemos entender o conteúdo dessa «bondade» ou «maldade» como indicando apenas o que é socialmente condenável e o que é alvo de reconhecimento social positivo. No entanto, esse é apenas o ponto de partida da Ética ou Filosofia Moral. Ela parte da instituição da moral do senso comum já existente. Mas procura ir para além da simples aceitação acrítica dessa moralidade e, pelo contrário, encetar um processo de reflexão que confronta a moral do senso comum com as suas contradições e insuficiências.

Não raras vezes, a moral comum faz juízos inconsistentes ou contraditórios, usa conceitos ambíguos e baseia-se em princípios insuficientemente argumentados. A Ética deve assinalar estes problemas, assim como fornecer alternativas intelectualmente mais robustas.

Ética, Religião, Direito

Ao posicionar-se criticamente diante da moral comum, a Ética trata de um determinado tipo de normas sociais que existe previamente nas interacções entre os indivíduos humanos. Mas também a Religião e o Direito, eles próprios domínios normativos, se posicionam diante da moral comum. Por isso iremos de seguida salientar a especificidade da perspectiva Ética face à Religião e ao Direito.

Na sua definição pela História Comparada das Religiões, qualquer religião tenderá a incluir um código dogmático – mais claro nas chamadas Religiões do Livro – e sobretudo um código ritual e um código ético. Mas as éticas ou morais religiosas, às quais será melhor aludir usando minúsculas, diferenciam-se da Ética enquanto Filosofia Moral na medida em que se inserem num paradigma da autoridade do livro e/ou da tradição. Pelo contrário, enquanto domínio filosófico, a Ética remete para o uso da razão humana de forma autónoma ou independentemente dos apelos à autoridade religiosa, quer sob a forma de livros sagrados, quer ainda sob a forma de tradições.

Deve notar-se que não existe nada de errado na possibilidade de a Ética filosófica recorrer a fontes de cariz religioso, bíblicas ou outras, na medida em que nelas se consubstanciam importantes contributos para o pensamento sobre a moral – o que aconteceu muitas vezes ao longo da história. No entanto, terá de fazê-lo sempre mediante a análise do valor próprio dos argumentos aduzidos, independentemente do apelo a qualquer autoridade especial desses textos, a qual apenas pode relevar de um acto de fé e não de uma argumentação autónoma, partilhável independentemente de qualquer adesão fideísta.

A Ética também não deve ser confundida com o Direito, embora este seja igualmente um domínio normativo e encerre orientações para a vida social. Algumas das especificidades do Direito são claras. Assim, as fontes do direito não se restringem à razão autónoma dos indivíduos e englobam a tradição – o direito consuetudinário – e a legislação positiva. Neste aspecto, o Direito é mais extenso do que a Ética e nem tudo o que é legal tem de ser ético. Seguidamente, o Direito não requer a adesão da consciência moral, mas apenas a conformação externa dos indivíduos. Aqui, o Direito é menos extenso do que a Ética porque esta pode considerar impermissíveis muitas acções que aquele não proíbe. Por fim, o Direito inclui sanções civis e penais, enquanto as sanções da moral e que interessam à Ética são diferentes – são as da consciência individual e da censura social.

Em suma: o Direito permite uma regulação normativa da vida social que tem certamente pontos de contacto com a Ética e que não deixa de se posicionar perante a moral comum, mas que se distingue delas, pelo seu carácter histórico e até político, pelo seu ponto de vista externo e pela tipologia sancionatória. As relações entre a Ética e o Direito são complexas. Se este não pode ser subsumido na Ética, esta, por sua vez, pode julgar eticamente alguns aspectos do Direito por considerá-los não conformes (ou conformes) à própria Ética.

O bem e o dever

A Ética ou Filosofia Moral favorece sempre a capacidade que cada um de nós pode ter para se colocar no lugar do outro, para suplantar a visão autocentrada e pensar a acção humana de forma imparcial. Mas tal capacidade pode ser exercida de diversas formas e guiada por diferentes questões.

Em termos esquemáticos, podemos dizer que a Ética Antiga se centra na questão «Como havemos de viver?», enquanto a Ética Moderna coloca sobretudo a questão «O que devemos fazer?». Isso leva a que, no primeiro caso, predomine a noção de bem, enquanto no segundo releve a ideia de dever. Tal não significa que ambos os aspectos não estejam presentes tanto na Antiguidade como na época Moderna, mas o enfoque é diferente. Vejamos como.

A Ética Antiga entende a noção de vida boa como uma vida virtuosa. O tema da virtude, ou das virtudes que é bom possuir, perpassa todo o pensamento antigo, de Sócrates a Aristóteles, passando por Platão – e para além deles.

As virtudes éticas, na acepção aristotélica, são traços de carácter manifestos no agir habitual. Assim, a justiça enquanto qualidade individual, a coragem, a generosidade, a lealdade, a temperança e todas as demais virtudes afirmam-se na prática quotidiana e conduzem à felicidade ou *eudaimonia*. Para os gregos, o homem bom ou virtuoso é também o mais feliz.

Diferentemente, a Ética Moderna centra-se no dever definido independentemente da ideia de vida boa ou das motivações pessoais. Isso aplica-se, por exemplo, à Ética de Kant, na medida em que este considera que devemos agir sempre por puro dever, independentemente dos resultados a atingir ou de desejos empíricos. Mas também a principal alternativa moderna à Ética kantiana, ou seja, a Ética utilitarista desde Bentham e Stuart Mill até aos nossos dias, centrando-se na obrigação de gerar a maior felicidade ou bem-estar de todos os afectados pela nossa acção acaba por vincar a definição do nosso dever (neste caso, em função da maximização do bem-estar), mais do que o cultivo do carácter virtuoso.

Como tem sido notado, se a Ética Antiga é uma ética do cultivo da virtude, ela pode também ser descrita como Ética atractiva. Já a Ética Moderna, ao centrar-se no dever, é sobretudo imperativa. Poderíamos, se aqui tivéssemos espaço para tal, traçar um largo paralelismo histórico entre a Ciência e a Ética na Antiguidade, tal como entre a Ciência e a Ética Modernas. No primeiro caso, predomina uma visão metafísica e teleológica, segundo a qual as causas finais estão presentes na própria natureza e a vida humana é parte integrante desse mundo de finalidades. No segundo caso, a natureza perde o seu encantamento, deixa de ter finalidades ínsitas e de ser um indicador moral para se tornar uma realidade material e mecânica, e a Ética passa a definir o dever de forma independente face ao mundo natural e apenas na base da racionalidade humana.

Deontologia e consequencialismo

Centremo-nos agora em particular na Ética Moderna e nas correntes fundamentais ainda hoje em confronto. No pensamento moderno e contemporâneo generalizou-se a classificação das teorias éticas em deontológicas e consequencialistas.

Assim, as éticas deontológicas caracterizam-se sobretudo por afirmar regras de tipo absoluto ou quase absoluto, certas obrigações positivas ou negativas, sobre o que fazer e o que não fazer, assim como direitos individuais correspondentes às obrigações de carácter mais estrito. A ética de Kant, com a sua ênfase na ideia de imperativo categórico, é muitas vezes apontada como exemplo de deontologia. Mas também o são, por exemplo, as éticas jusnaturalistas que partem da existência de direitos naturais do homem (e correspondentes deveres), ou as éticas que afirmam o primado da justiça social e dos seus quesitos sobre qualquer outra virtude ou maximização do bem-estar.

Pelo contrário, as éticas consequencialistas são aquelas que avaliam a moralidade da acção apenas pelas suas consequências ou efeitos para todos os afectados. As éticas utilitaristas, desde

Bentham e Stuart Mill aos nossos dias, são o melhor exemplo deste tipo de abordagem. Para os utilitaristas não existem deveres, restrições ou direitos de carácter absoluto. O cálculo das consequências da nossa acção é o elemento necessário e suficiente para aferir da sua moralidade.

Uma forma de marcar a distinção entre deontologia e consequencialismo consiste em dizer que, no primeiro caso, estamos centrados no agente que pratica a acção e nas considerações que dizem respeito antes de mais a esse mesmo agente. Pelo contrário, no caso do consequencialismo apenas interessam as considerações que dizem respeito a todos os afectados pela acção e o agente em si mesmo não tem especial relevância. Fazendo uso de uma linguagem mais corrente, pode então dizer-se que para a deontologia as intenções e a boa vontade importam, enquanto esses mesmos aspectos são desprovidos de importância moral para a perspectiva consequencialista.

Assim, a nossa abordagem privilegia a distinção entre, por um lado, como vimos na secção anterior, a ética do bem e das virtudes e as éticas do dever e, por outro lado, entre as perspectivas deontológicas e consequencialistas sobre o dever. Para além do seu carácter analítico, este tipo de distinção tem também uma dimensão histórica, como acima também se referiu. No entanto, o leitor deve atentar no facto de que algumas classificações das teorias éticas optam antes por distinguir entre, por um lado, as teorias deontológicas como a de Kant e, por outro lado, colocar numa mesma categoria de teorias teleológicas tanto o consequencialismo como a Antiga ética das virtudes.[1]

---

[1] Este tipo de classificação acaba por negligenciar a distinção fundamental entre o utilitarismo e a ética das virtudes antiga que advém da vinculação desta última a uma teleologia da natureza, o que não acontece no caso do utilitarismo, onde o aspecto teleológico, a existir, é moral e não naturalista. Assim, teoria teleológica em sentido forte é mais a ética antiga das virtudes, especialmente a aristotélica, do que as éticas consequencialistas modernas.

Egoísmo e contratualismo

O egoísmo pode ser visto como um desafio para as teorias éticas e, mais especificamente, para o problema da motivação para agir com o qual a Ética Moderna, deontológica ou consequencialista, se debate desde há muito. Mas o egoísmo é também uma teoria ética por direito próprio (de tipo consequencialista). Convém distinguir entre o egoísmo descritivo, ou a teoria empírica do egoísmo, e o egoísmo prescritivo, o único que pode ser considerado uma teoria ética. A primeira é uma teoria de inspiração psicológica ou biológica que considera que as nossas motivações são redutíveis à procura do interesse próprio, sem atender aos interesses dos demais. A segunda consiste em defender que a acção humana deve ser guiada exclusivamente pelo interesse próprio de cada indivíduo. Alguns pensadores, como parece ser o caso de Thomas Hobbes, defenderam os dois tipos de egoísmo. Hobbes pensava que os seres humanos eram por natureza maximizadores do interesse próprio, mas também que era isso que o direito natural aconselhava a fazer, pelo menos enquanto os seres humanos vivessem em natureza e fora do estado político que os obriga a desistir do direito natural a todas as coisas.

O caso de Hobbes ilustra também a passagem de uma teoria egotística sobre a moral para uma visão contratualista da moral política. No caso deste autor e de alguns outros contratualistas contemporâneos, a humanidade na sua condição natural só aceita estabelecer um contrato social para viver numa sociedade politicamente organizada na medida em que o cálculo racional do interesse próprio o justifica (por exemplo, para se salvar da morte precoce).

Uma outra vertente da teoria contratualista, bem diferente da hobbesiana, parte de uma visão não egoísta da natureza humana e da moralidade, para depois afirmar a possibilidade de um contrato social já não baseado apenas na racionalidade instrumental dos agentes, mas também na sua razoabilidade moral. É este o caso das teorias contratualistas – e anticonsequencialistas – de Locke a Rawls, passando por Rousseau. Portanto, o contratualismo nem sempre é compaginável com o egoísmo, embora possa sê-lo.

Há também uma outra teoria que, de Mandeville ao pensamento económico da Ilustração, sugere que o comportamento egoísta dos indivíduos é positivo na medida em que produz efeitos agregados benéficos para a sociedade no seu conjunto. É aquilo que por vezes se associa ao pensamento de Adam Smith e à ideia segundo a qual a busca do interesse próprio na esfera do mercado é o melhor caminho para gerar a prosperidade e, assim, também, o bem de todos através de um mecanismo de «mão invisível». No entanto, esta teoria não é propriamente egoísta na medida em que só se interessa pelo interesse próprio no sentido em que ele conduz ao bem comum. O bem comum, portanto, assim como a simpatia entre os indivíduos, afasta claramente esta teoria das visões do egoísmo moral.

O cuidado

Por reacção contra as diversas teorias consequencialistas e deontológicas da ética contemporânea deu-se desde há poucas décadas uma revalorização da ética das virtudes, ainda que geralmente despida da sua roupagem naturalista. Se alguns se concentraram no lamento pela perda da ética antiga das virtudes, outros procuraram adaptar a teoria das virtudes aos novos tempos de predomínio da ciência e da tecnologia. Assim, novo trabalho sobre as virtudes, sobre o seu catálogo e alcance, pode ser profusamente encontrado na Filosofia Moral actual (e.g. Alasdair MacIntyre, Bernard Williams, entre outros).

Mas há ainda uma outra vertente da Ética, que traz consigo uma linguagem também distinta, que se relaciona com a ética das virtudes mas é algo de mais específico. Refiro-me às éticas do cuidado (tradução do inglês «ethics of care», como em Annette Baier, Carol Gilligan, etc.). Mais do que o simples exercício da virtude na actividade prática, a ética do cuidado centra-se na importância das «relações especiais de proximidade». Note-se que as éticas deontológicas e consequencialistas, se estão menos interessadas na virtude do que no dever, ainda menos interessadas estão no eventual peso moral das relações de proximidade. Estas pura e simplesmente não contam para aferir a moralidade de um acto. Ora, é precisamente a essas relações que a ética do cuidado procura conferir peso moral.

Não por acaso, as éticas do cuidado emergem no universo feminista, na reflexão sobre a maternidade e a família, sobre as relações de ajuda e dependência, ou seja, em domínios nos quais a estrita imparcialidade que, de modos diferentes, marca tanto as éticas deontológicas como as consequencialistas, não parece ter curso nem capacidade para dar plenamente conta do tecido moral da vida humana.

Valores éticos e outros valores (Axiologia)

O conceito de valor, muito usado no discurso moral comum e mesmo no ensino da Filosofia, tem a sua origem contemporânea na chamada Axiologia, ou Filosofia dos Valores, que autores como Max Scheler e outros tinham desenvolvido já na transição do século XIX para o século XX, por insatisfação com o formalismo das teorias kantianas e utilitaristas.

Note-se que a Axiologia é bem mais extensa do que a Ética. Os valores ocupam uma esfera própria, distinta da esfera do ser. Entendidos como realidades essenciais que a análise fenomenológica mostra, podem ser de tipo moral, mas também estético, religioso, etc. O sagrado e o divino são valores religiosos, tal como o belo e o sublime são valores estéticos, o bem e o mal valores éticos, etc. Os valores éticos são os que se aplicam à acção humana no domínio da moralidade comum. Examinamos criticamente essa moralidade precisamente quando consideramos que ela não está a actualizar na prática os mais altos valores, ou os valores melhor justificados do ponto de vista da Ética. É o caso, muitas vezes, quando criticamos a conduta de políticos ou agentes económicos, ou ainda o comportamento corrente de alguns dos nossos concidadãos.

Note-se que a Filosofia dos Valores trata de valores objectivos, independentes da vontade individual, e não de valores meramente subjectivos. A Axiologia é avessa ao subjectivismo, que se pode encontrar tanto no senso comum como em algumas teorias metaéticas e que considera que os valores exprimem apenas preferências individuais e que estas não são susceptíveis de uma justificação racional ou objectiva.

Apesar da sua popularidade, a linguagem dos valores é geralmente considerada demasiado difusa e ambígua – e, por isso, é menos usada pelos filósofos profissionais. A própria Filosofia dos Valores não teve seguidores de relevo nos anos mais recentes. Mas o seu legado ao enfatizar a objectividade dos «valores» éticos (ou, se se preferir uma linguagem mais precisa, das virtudes, obrigações, direitos, etc.) mantém-se actual.

Ética Normativa, Metaética e Ética Aplicada

Para terminar esta breve incursão nos conceitos mais frequentes hoje em dia no pensamento ético sobre a acção, convém referir a distinção entre Ética Normativa (ou Teorias Éticas), Metaética e Ética Aplicada (ou Prática). Esta distinção tem a sua origem na Filosofia Analítica, uma corrente centrada na análise semântica da linguagem e na especial ênfase que essa corrente conferiu às questões metaéticas, em detrimento das restantes (veremos já de seguida o que isso significa). Mas hoje em dia a distinção tornou-se mais «neutra», como uma forma de separar diferentes temas e problemas éticos, sem nenhum enfeudamento especial à Filosofia Analítica.

Tradicionalmente, a reflexão ética incide sobretudo na Ética Normativa, ainda que muitas vezes acompanhada de exemplos práticos. A Metaética é uma tendência contemporânea, pelo menos quando assumida enquanto tal. A Ética Aplicada desenvolveu-se sobretudo nas décadas mais recentes, reflectindo importantes mudanças societais.

Assim, a Ética Normativa trata das próprias teorias éticas e das prescrições sobre o que devemos fazer, ou sobre o modo como devemos viver e relacionar com os outros. A Ética Normativa é a parte mais substancial da Ética e dificilmente se pode aceitar a sua substituição pela Metaética, como pretendia a ortodoxia analítica.

A Metaética, como a palavra indica, trata da reflexão de segundo grau sobre a Ética Normativa. Assim, não interessa a questão do dever e do bem, mas antes, por exemplo, a de saber se esses termos correspondem a algo objectivo ou real (objectivismo ou realismo moral) ou são meras expressões subjectivas (subjectivismo), ou ainda a reflexão sobre o cariz racional (intuitivismo racional) ou emotivo (emotivismo) dessas entidades morais.

Mas o debate mais relevante da Metaética e com maior repercussão fora dos círculos filosóficos é sem dúvida o do universalismo *versus* relativismo moral. O que está aqui em causa é a questão de saber se os padrões morais, sejam eles quais forem, são relativos à cultura na qual se desenvolvem ou se, pelo contrário, é possível estabelecer algum tipo de padrão moral universal, como sempre foi a aspiração da Filosofia

Moral, da Antiguidade aos nossos dias. Muitos consideram que o relativismo moral é uma visão que se derrota a si mesma (porque se tudo é relativo, também a própria tese do relativismo moral o é), mas ele não deixa de interpelar em permanência todos aqueles que pensam sobre a moralidade, ainda mais num mundo globalizado e no qual o Ocidente deixou de ser centro único ou predominante. Este tema, pela sua importância, será objecto de um capítulo autónomo mais adiante nesta obra.

Finalmente, a Ética Aplicada consiste no tratamento de casos concretos, mas não numa mera casuística já que ela tem de ser orientada pela Ética Normativa e, em alguns casos, esclarecida pela Metaética. Pela especificidade dos problemas que estuda, a Ética Aplicada é um domínio mais empírico, ou um domínio no qual a informação empírica é mais relevante do que noutras áreas da Ética. No entanto, um dos grandes erros ou perigos da Ética Aplicada consiste em cortar o seu cordão umbilical com a Ética em geral, circunstância na qual a Ética Aplicada corre o risco de deixar a perspectiva crítica para se tornar numa mera legitimação ideológica de costumes e práticas existentes.

Os subdomínios nos quais se desdobra a Ética Aplicada são inúmeros: a Bioética que trata de problemas como o aborto, a reprodução artificial, a eutanásia e o suicídio assistido, etc.; a Ética Ambiental e Animal, que reflecte sobre o estatuto moral de entes como os animais não humanos, a comunidade biótica, os ecossistemas ou a biosfera no seu conjunto; a Ética Política, que se debruça sobre o conflito entre a consciência individual e a acção política, ou ainda sobre temas mais específicos atinentes à acção do Estado, como as relações internacionais, as migrações, o combate à pobreza, e por aí adiante.

É também de relevar, sobretudo nas últimas décadas, o grande desenvolvimento da Ética Profissional, ela própria desdobrada em diversas éticas profissionais em diferentes domínios, desde a ética dos negócios à da comunicação social, da ética na prestação de cuidados de saúde e na educação à ética na academia e na investigação científica. É precisamente nestes contextos que muitas vezes é usada a expressão «ética e deontologia profissional» com o intuito de indicar que existe um conjunto de deveres específicos de cada profissão. Mas este uso do conceito de «deontologia» é mais superficial ou menos fundamental do que o referido acima quando se distinguiu entre perspectivas consequencialistas e deontológicas enquanto visões alternativas sobre o dever. Os códigos de conduta profissional, muitas vezes designados como «códigos deontológicos» podem e devem ser justificados, em última instância, tanto por teorias éticas deontológicas como por teorias consequencialistas.

Face ao extraordinário desenvolvimento tecnológico a que temos assistido nos últimos anos e às mutações sociais a ele associadas, a extensão da Ética Aplicada está em aberto. Ela pode abarcar todos os domínios aos quais se queira aplicar a reflexão racional e autónoma sobre a moralidade comum e o modo como ela lida com práticas e costumes existentes em qualquer sociedade humana, especialmente num contexto de mudança acelerada.

Leituras recomendadas

ARISTÓTELES, *Ética a Nicómaco*, Lisboa, Quetzal, 2004

Hobbes, Thomas, *Leviatã*, Lisboa, INCM, 2009 (1.ª ed. em inglês 1651)

KANT, Immanuel, *Fundamentação da Metafísica dos Costumes*, Lisboa, Ed. 70, 1995 (1.ª ed. em alemão 1785)

MILL, John Stuart, *Utilitarismo*, Porto, Porto Editora, 2005 (1.ª ed em inglês 1861)

LARMORE, Charles, *The Morals of Modernity*, Cambridge, Cambridge University Press, 1996.

Rawls, John, *Uma Teoria da Justiça*, Lisboa, Editorial Presença, 1993 (1.ª ed. em inglês 1971)

SINGER, Peter (ed.), *A Companion to Ethics*, Oxford, Blackwell, 1991

WILLIAMS, Bernhard, *Ethics and the Limits of Philosophy*, Abingdon, Routledge, 2011 (1.ª publ. 1985)

Ingredientes da vida moral

Manuel J. do Carmo Ferreira
Academia das Ciências de Lisboa

Vida ética e experiência moral, a dimensão ética da existência ou a vida na tensão do facto e do dever-ser nascem dos muitos modos de tentar responder a perguntas cruciais: por que preferir a paz à violência, a verdade à mentira, a razão à força, a generosidade e o dom ao egoísmo, a vida à morte? Poder-se-ia dizer que por uma questão de integridade, de inteireza de ser, pois a não adopção dos primeiros termos da alternativa instala em nós como que uma fractura e um desconforto insanáveis.

Trata-se de procurar um critério de orientação (prática, isto é, da ordem da acção, e, simultaneamente, racional e afectiva) na realidade. Dito de outro modo, é a busca de uma justificação no que fazemos ou deixamos de fazer, no que desejamos e queremos, do que para nós é irrecusável, o que se nos impõe sem condições nem reservas, ou, no pólo oposto, nos surge em absoluto como inaceitável em todos os patamares da existência, individual ou grupal, familiar ou social, nos capítulos da economia e da política, ou seja, em todas as modalidades do relacionamento humano, cada uma dessas esferas requerendo o levantamento das suas próprias exigências de justificação para além das suas regras específicas. Numa palavra, como identificar tudo o que nos cumpre fazer simplesmente por sermos humanos e realizá-lo.

A experiência moral, que transporta em si uma pergunta irrecusável – que devemos uns aos outros e a nós próprios? – ou, para nos socorrermos da síntese de Paul Ricœur, como viver bem, com os outros, em instituições justas? – carece de coordenadas que lhe confiram coerência e consistência, de um quadro de categorias que a esclareçam e permitam um procedimento de avaliação, ao mesmo tempo que o estabelecimento das condições que a viabilizam na sua autenticidade.

O intento de encontrar a ordem das razões que justificam a conduta acompanhou desde sempre a humanidade, primeiro em registo religioso e sapiencial, depois em trabalho reflexivo: essa procura de uma justificação do que é preciso fazer ou deixar de fazer pode constituir mesmo a diferença antropológica essencial, um salto qualitativo radical na cadeia evolutiva dos seres vivos como assinalava Charles Darwin [em *The Descent of Man*, 1874]: «a pedra de base da moralidade – fazer bem aos outros – fazer aos outros como eles nos deveriam fazer a nós», jogando com os sentimentos, quase instintos, de «simpatia», «fidelidade» e «coragem», acompanhados pela percepção da reprovação do grupo em caso de falha. Esta posição remete-nos de imediato para a chamada «regra de ouro», a qual se documenta como transversal a todas as culturas e a todas as épocas, de Confúcio e do judaísmo ao cristianismo e hinduísmo, e cuja primeira formulação em contexto filosófico remonta a Tales de Mileto: «Não fazermos nós o que censuramos aos outros.» Nesta formulação mais primitiva e intuitivamente perceptível que faz consistir a exigência moral numa relação de reciprocidade no agir ou na suspensão da acção e colocando os agentes em posição simétrica pressente-se a estrutura de universalidade das regras morais ao mesmo tempo que se anuncia um ter de ser que virá ser pensado como a necessidade vinculativa de todo o mandato moral.

Registou-se na história do pensamento uma condensação dessa inquirição em conceitos que não só formalizam a reflexão como se converteram na linguagem comum em torno da questão, conceitos que transportam em si não apenas uma sedimentação de sentidos que a tradição gerou como sofrem de um risco permanente de indeterminação e de equivocidade. Recuperar o adquirido com essa historicidade intrínseca dos conceitos e explorar o enriquecimento que lhes advém da multiplicidade de significados emergentes nos debates actuais são a preocupação regente da presente exposição de algumas traves mestras do discurso ético, ciente da grande nebulosa que esses debates configuram numa disparidade de teses e de métodos de sistematização quase impossível para além do delineamento de grandes tendências.

Lei moral: princípio, norma, máxima, regra, preceito, mandamento

É inteiramente pertinente a observação de Jürgen Habermas para introduzir esta temática: «*Dever*» *fazer alguma coisa significa ter* «*razões/fundamentos*» *[Gründe] para fazer alguma coisa (Consciência Moral e Agir Comunicativo*, p. 59).

A normatividade aparece como constituinte formal da vida moral. As normas variam consoante as culturas e nestas variam ao ritmo da história; mas permanece o facto de que, em todo o agrupamento humano, as regras de convivência emergem necessariamente, instituindo implícita ou explicitamente a diferença determinante entre o permissível e o interdito na esfera da acção. A diversidade e a historicidade intrínsecas das normas configuram um desafio à universalidade da lei moral, cuja afirmação se procurou atestar de diferentes perspectivas sistemáticas.

Kant é o melhor guia para uma fixação da terminologia de uma ética que tem a norma como esquema de legitimação da acção: os princípios em moral (*praktische Grundsätze*) são proposições que encerram uma determinação geral da vontade de que dependem várias regras práticas [definindo o prático como «aquilo que é possível pela liberdade»]. São subjectivos, ou são «máximas», quando a condição é considerada pelo sujeito como válida apenas para a sua vontade; mas são objectivos, ou são leis práticas, quando esta condição é reconhecida como objectiva, isto é, válida para a vontade de todo o ser racional. (*Crítica da Razão Prática*, Ak. V, p.19).

A objectividade plena é formulada no imperativo categórico ou incondicionado que exprime uma norma absoluta da razão, por exemplo, a exigência de tratar a humanidade em cada ser humano nunca simplesmente como um meio, mas sempre também como um fim; nesta fórmula condensa-se o carácter de uma necessidade moral, objectiva e universal, de um dever sem restrições, sejam quais forem as circunstâncias. Os princípios morais são deste modo a um tempo as leis primitivas de um sistema formal que regem a derivação de normas consistentes e enunciados programáticos de tarefas por realizar; por isso, os enunciados do imperativo moral começam por um «Age!».

O termo «princípio», que traduz o grego *archê*, aponta logo na sua definição para Aristóteles o duplo sentido de «origem» e de «fundamento», o que começa e o que comanda: *É comum a todos os princípios ser o primeiro a partir do qual alguma coisa é, ou se faz, ou se conhece.* (*Metafísica*, 1013 a 18-19).

As teorias morais que privilegiam a norma como o eixo em torno do qual se constrói a compreensão da vida moral diferenciam-se pelos princípios que preconizam e pelas estratégias argumentativas a que recorrem; no caso de Kant, o princípio da moralidade reside na posição de uma razão que é prática como autonomia, autodeterminação e autofinalização. Outros exemplos poderiam ser o utilitarismo, com o princípio da maximização da felicidade para o maior número, o contratualismo, com os princípios da justiça, o princípio «responsabilidade», de matriz kantiana, em Hans Jonas ou ainda, no transcendentalismo comunicativo, o consenso dos interesses alcançado através de um diálogo racional liberto de relações de domínio. O princípio ou lei moral apresenta-se deste modo como o supremo critério de derivação das normas mais subordinadas, instância de fundamentação ou justificação de uma ordem prática e referência crítica dos juízos morais de carácter mais genérico ou mais singularizado, critério de apreciação das acções próprias e alheias.

Há doutrinas que defendem o carácter congénito das normas, como por exemplo no intuicionismo prescritivo de Richard Hare, para quem as crianças possuem as normas morais elementares e os adultos não têm habitualmente grandes hesitações em matéria moral quotidiana; ou a fundamentação naturalista na evolução epigenética da espécie humana, como propõem, entre outros, Jean-Pierre Changeux e António Damásio.

A questão da possibilidade de estabelecer uma justificação racional da pretensão de validade de uma norma moral primitiva que funcione como a fundamentação racional da posição de fins e de regras de acção tem uma resposta negativa por parte de algumas teorias contemporâneas, nomeadamente, todas as de carácter não cognitivista.

Mas a questão verdadeiramente crucial reside antes em saber se, sendo a legalidade moral a característica estruturante, ela coincide inteiramente com a exigência ética e constitui a sua matriz. Ou se não será antes a liberdade a fonte, a legitimação e a finalidade das normas cuja justificação reside em última instância no seu carácter de serem criação da liberdade, para defesa e plena eficácia desta. Por outro lado, a vida ética parece cumprir-se plenamente naquilo que supera a norma, o supra rogatório e o dom.

Outro problema determinante nasce da mediação irrecusável entre a universalidade (sempre formal) da norma e a concretude dos actos e das situações em que o agente opera, numa síntese em que convergem o aparato normativo e os modelos morais de uma determinada cultura, a individualidade do agente, o enquadramento relacional e o momento oportuno do agir ou não (o tempo propício, o *kairós*, de aristotélica memória) e em que se cumpre a tomada de posição ética que identifica o sujeito moral; o contexto, na pluralidade das suas dimensões, não é um quadro exterior em que a acção se inscreva, mas um ingrediente da pertinência ética da acção. Ao operador da síntese de todos esses factores chamou Aristóteles *phronêsis*, sabedoria ou sageza prática, termo outrora traduzido por «prudência», mas que veio a ganhar um sentido demasiado redutor para continuar a ser versão adequada. De facto, a ética não se confunde com uma axiomática em que estabelecidas as proposições primitivas, ou princípios, se chega por derivação a todas as afirmações judicativas particulares com sentido, nem com um manual de instruções para a vida.

Se princípios, normas e máximas caem sob a designação comum de regras morais, os termos «preceito» e «mandamento» remetem-nos de imediato para o registo religioso, dando testemunho do facto de serem as religiões a mais universal e poderosa instância de origem das regras de conduta e da sua fundamentação numa autoridade que não se questiona. Registe-se, porém, que há largas zonas de sobreposição entre o que é prescrição de origem religiosa e norma autonomamente estabelecida; veja-se, a título de exemplo, o imperativo «Não matarás!», de bíblica estirpe.

Valores

O termo, cujo emprego historicamente provém da economia, para permitir a comparação entre grandezas e a sua permutabilidade, e da matemática, para pensar a relação entre magnitudes e sinais, ganhou densidade reflexiva com Kant, embora já surja na filosofia estóica: o *axios*, aquilo que pesa, que merece ou é digno de algo, veicula a apreciação «das coisas em conformidade com a natureza»; deste modo, ao justificar as preferências, antes a vida do que a morte, a saúde e não a doença, a riqueza em vez da pobreza, o valor constitui para os estóicos o critério de aferição da proximidade ou da contraditoriedade relativamente à ordem natural, isto é, racional.

Kant, ao estabelecer o fundamento da moral na diferença radical entre «coisas» (que têm preço, isto é, um «valor relativo» que permite as trocas e equivalências) e «pessoas» (que têm dignidade, isto é, o «valor absoluto» de fins em si mesmas), encontra nessa diferença tanto a especificidade da ética como o seu fundamento real/formal: a razão de ser de toda a ordem moral assenta no «valor de humanidade», incondicionado e inalienável.

No âmbito das escolas neokantianas, paradoxalmente como reacção crítica ao formalismo transcendental de Kant, e, depois, ampliando-se ao movimento fenomenológico e à filosofia da vida, viria a dar-se na filosofia europeia, da primeira metade do séc. XX, sobretudo na Alemanha e em França, um enorme desenvolvimento sistemático do conceito de valor e das suas implicações em diversíssimos campos disciplinares, dando origem a um novo ramo do saber, a «axiologia» ou teoria dos valores, arrastando no mesmo ímpeto avassalador a assimilação da ética a uma filosofia dos valores morais. Deve-se a Max Scheler a sistematização mais acabada deste intento e a sua mais ampla exposição, nomeadamente, na sua monumental obra *O Formalismo na Ética e a Ética Material do Valor* (1913-1916).

Para Scheler, os valores são objectos ou qualidades de objectos, pensáveis autonomamente como as cores o são das coisas coloridas, captados ou intuídos por um sentimento de valor que não exclui uma rigorosa legalidade; na esfera da moral os valores estão sempre em referência intrínseca à realidade pessoal numa trama relacional de que o amor é a suprema expressão, e constituem uma «ética material» por oposição a formal. Scheler elaborará posteriormente uma teoria sociológica das implicações relevantes do primado da pessoa como o valor dos valores.

A origem e instituição dos valores, o seu estatuto ideal/real, os modos de acesso, a sua hierarquização e sistematização, os seus conflitos, são estes os grandes capítulos de uma doutrina centrada nos valores.

Importa, porém, ter presente a advertência de Martin Heidegger – *Morre-se pela pátria, pelo amigo, pela verdade; porque são, não porque valem* – se esta asserção numa das suas vertentes representa a rejeição das pretensões das teorias dos valores de legitimarem em última instância a acção em favor de uma ontologia fundamental, noutra vertente ela pode abrir para a revisão actual do conceito em que o valor é assimilado à noção de «bem» ou de «bens» e estes não apenas como qualificativo mas como realidade efectiva, com uma objectividade própria, independentemente do seu reconhecimento fáctico por parte dos agentes. É isto que se atesta, por exemplo, no valor «vida humana», um bem que goza de uma facticidade que é ao mesmo tempo um dever-ser, uma exigência a cumprir sem recuo possível, sob pena de um fracasso moral, sejam seus agentes os indivíduos, as instituições ou as sociedades.

Em finais do século XX recupera-se o conceito, em grande parte como reacção ao formalismo normativo que deixava de lado a problemática da motivação e das finalidades na esfera moral.

São hoje múltiplos os domínios em que se recorre ao termo «valor» e se fala de valores estéticos e de valores morais, de culturais e de religiosos, de pedagógicos e de desportivos, do valor da ciência e da civilização, com um frequente uso no debate público e uma imprecisão conceptual que ameaça retirar-lhe relevância. A «perda dos valores», a «alteração dos valores», o «pluralismo dos valores» são expressões omnipresentes como operadores da interpretação e crítica do presente, seja na política como na arte, na religião ou na ciência, na educação ou na cultura em geral.

Com o conceito de valor visa-se agora determinar um critério objectivo de aferição das preferências, ao mesmo tempo que com ele se pretende significar a objectivação de fins ideais indicados para os dinamismos individuais e colectivos. Apresentam-se então como princípios de legitimação ética e, na orientação que traçam, são vectores da configuração dos seus agentes como entidades morais. É assim que o conceito ganha uma novo alcance em autores como Alasdair MacIntyre, Charles Taylor e Bernard Williams ou, com uma feição sistemática diferente, em Thomas M. Scalon que lhe confere em *What We Owe to Each Other* (1998) um papel central numa concepção contratualista da moralidade como especificação de uma ordem de razões normativas, sendo exemplos de valores estruturados em razões do certo e do errado em moral, as relações pessoais como o amor e a amizade e a vida humana.

Se, por um lado, o renascimento do tema se fica a dever à crítica do formalismo normativo por este elidir o problema das motivações reais, são debates contemporâneos de vivíssima acuidade ético-política que lhe conferem uma nova actualidade. De facto, as discussões em torno da multiculturalidade, da coexistência no mesmo espaço público de comunidades com diferentes origens culturais e estatutos normativos, socorrem-se da referência a «valores» não só para determinar a diferenciação, como também no mesmo passo encontrar os valores que possam sustentar uma convivência pacífica, por exemplo, o reconhecimento e a solidariedade. Noutro plano, a preocupação da interculturalidade, da superação das linhas de fractura entre os grandes regimes culturais da humanidade actual, traduz-se na necessidade de estabelecer que as culturas não são incomensuráveis, que se tem de determinar valores comuns que constituam a «língua franca» do diálogo, valores universais que permeiem, de facto ou em latência, a comunicação, que, por exemplo, Kant encontra na «hospitalidade» como condição essencial da paz possível ou que as Nações Unidas procuram no enunciado das declarações sobre direitos.

Virtudes

Os conceitos de virtude e de norma moral historicamente dividem entre si o lugar de termos aglutinadores de toda a discursividade ética, o primeiro é central no período clássico desde Platão até aos inícios da Idade Moderna, e o segundo torna-se dominante de finais do século XVII à actualidade.

O termo grego é *aretê*, excelência; longe de se confinar ao domínio ético, o conceito só reveste um carácter moral quando associado ao bem do homem, como sua condição ou, mais precisamente, como resposta à questão de saber quais os atributos que tornam o homem bom. Este aspecto, já presente em Platão, que articulava a excelência moral com o saber do bem, especificada sem intenção sistemática em quatro modos de a manifestar, sabedoria (ou *phronêsis*), coragem, justiça e moderação (composição retomada posteriormente pelo estoicismo e amplamente sistematizada por Tomás de Aquino sob a designação que faria fortuna de «virtudes cardeais»), ganha um grande relevo sistemático na sua tematização por Aristóteles em traços que se revelaram determinantes para toda a reflexão ética, no alcance e na precisão dos conceitos. Mas a centralidade da *aretê* em Aristóteles só é adequadamente compreendida quando inserida na constelação de «vida boa» e de «felicidade» (tradução de recurso, insatisfatória para o termo *eudaimonía*, pela riqueza semântica do termo grego): a excelência não é apenas o meio para alcançá-las, mas a expressão mesma de as estar pondo em exercício, realizando-as em plenitude.

Na *Ética a Nicómaco*, Aristóteles não pretende nem uma descrição exaustiva nem uma classificação sistemática dos modos de excelência, a partir da distinção de base entre «virtudes dianoéticas» ou intelectuais (a sabedoria prática ou prudência, a recta deliberação), e «virtudes éticas» (coragem, temperança, generosidade, magnificência, magnanimidade, justiça, equidade). Tomando como referência a seguinte definição, *A virtude do homem será o estado mediante o qual ele não só se torna bom mas também apto para bem cumprir a sua obra* (*Ética a Nic.*, 1106a, 22-24), podemos traçar as linhas mais gerais da sua concepção: ela propõe o bem como fim, um bem que se manifesta radicalmente plural (em paralelismo com as categorias do ser), recapitulativamente explanado como «vida boa», como «bem agir» e como *eudaimonía* (felicidade) e traduzindo-se em obra (*ergon*). Esse bem é identificado pelo *logos*, pelo desejo ou afecto e pelo modo de proceder de indivíduos reconhecidos na comunidade por terem agido como é devido. As virtudes são, deste modo exercícios continuados e não pontuais ou evanescentes, disposições permanentes (estados), produção da excelência que tem como instrumento de análise e de crítica a «medida» (*mesotês*) conveniente a cada acção, para evitar uma carência ou um excesso; mas a virtude, que nomeia uma dinâmica de realização e nunca um modelo estático e objectivamente calculável de conduta, é, em si mesma, não um medíocre meio-termo, mas uma culminância (1106b).

A correspondência encontrada na língua latina para o termo grego de *aretê* é *virtus*, força, coragem, valor em combate (daí que em Cícero revista o sentido de «virilidade»), significados também contidos no termo grego e, de algum modo, recuperados num outro horizonte temático no conceito de virtù de Maquiavel.

Embora o Antigo Testamento não registe qualquer correspondência ao termo *aretê* e o Novo recorra a ele apenas quatro vezes, a reflexão moral medieval faz dele uma referência permanente. Tomás de Aquino retoma no essencial Aristóteles, acentuando uma perspectiva teleológica do bem marcadamente intelectualista: *ratio est radix omnium virtutum (Quaestiones disputatae de virtutibus in communi*, q.4, ad 3). A modernidade retira da reflexão moral a doutrina das virtudes ou atenua acentuadamente o seu papel. Kant documenta a completa subsunção do conceito numa doutrina do dever: a virtude é a intenção firmemente fundada de cumprir exactamente o seu dever (*A Religião nos Limites da Simples Razão*, Ak.VI, p. 24). Por conseguinte, há apenas uma única virtude, a «coragem» ou a «força moral» (*fortitudo moralis*) da resolução em conformidade com a lei moral.

Um dos mais notáveis desenvolvimentos teóricos no domínio da filosofia moral nos últimos trinta anos foi a reemergência de uma ética das virtudes, nomeadamente, no universo anglo-americano, mas também germânico, numa recuperação de alguns temas nucleares do pensamento de Aristóteles quanto à acção, os conceitos de excelência (*aretê*), sabedoria prática (*phronêsis*) e vida boa ou felicidade (*eudaimonía*), ao ponto de ser possível falar de um «neo-aristotelismo», com uma configuração própria entre as correntes éticas contemporâneas.

O movimento, integrando figuras como Gertrude Elizabeth Margaret Anscombe, A. MacIntyre, Martha Nussbaum, Rosalind Hursthouse, e O. Höffe em contexto alemão, não suspende uma vincada diferenciação de orientações; convergentes na crítica ao predomínio das éticas das regras, do utilitarismo e às teorias deontológicas, pelo formalismo, pela desatenção à dimensão emotiva e motivacional da realidade humana e pelo afastamento das condições efectivas das tomadas de decisão em situação, propõem um maior enfoque no agente e não numa lógica da acção, revalorizando para tanto a noção aristotélica de «carácter» (*êthos*), sublinhando as dinâmicas de motivos e de compromissos em que o desejo (*órexis*) se torna relevante e procurando pensar de modo adequado a singularidade dos actos.

Não se pense, todavia, que a tónica dominante seja o relativismo que marca um comunitarismo narrativo, como, por exemplo, o de MacIntyre; são privilegiadas as orientações de pendor universalista, como a de Höffe que intenta conciliar o eudemonismo de Aristóteles com a universalidade da regra moral em Kant, ou de R. Hursthouse, que, numa importante síntese das suas posições, *On Virtues Ethics* (1999), defende o projecto de uma «uma ética normativa da virtude» em que motivação e objectividade se conciliem, sendo primária a virtude e derivadas as regras.

De facto, uma ética da virtude como ética da excelência no agir e de uma vida conseguida e decente, em que vigorem a justiça e a honestidade, a solidariedade e a hospitalidade, a lealdade e a amizade, não é menos exigente do que uma existência sob o primado do dever e do rigor da norma, que não são elididos, somente mais humanamente configurados.

Direitos

No plural «direitos» o termo aplica-se em diferentes planos de significação: tanto designa os direitos humanos universais, naturais ou fundamentais, consoante a modalidade de justificação adoptada, e que dizem respeito aos seres humanos pelo facto de o serem, como direitos específicos que abrangem indivíduos, grupos e determinadas funções. É também de um recurso insistente no espaço público de sociedades de um acentuado individualismo, com a consequente atomização da vida social, e instrumento de amplas reivindicações na esfera social, ao ponto de parecer confundir-se com a mera expressão de desejos circunstanciais. Recentemente ganhou ainda uma nova extensão, quando se abriu um novo capítulo dos debates morais relativo aos «direitos dos animais». Mas a inserção destes na ordenação moral da existência humana não os converte propriamente em sujeitos de direito, sendo embora legítima (e em algumas situações urgente) a sua entrada na órbita da moralidade. Para tanto ter-se-á de encontrar uma terceira categoria na dicotomia matriz kantiana entre coisas e pessoas, terceira modalidade de ser assente, talvez, na comunidade do homem e do animal na condição de seres vulneráveis à dor e tendo no horizonte a afirmação da bondade da sustentação da diversidade das espécies. Mas os «direitos» dos animais continuariam a ser com mais propriedade deveres dos humanos em não infligirem sofrimentos desnecessariamente, num exercício de crueldade gratuita, e de cuidarem de não restringir de modo irreversível a integridade da vida multiforme.

Historicamente, a temática dos direitos humanos foi introduzida em estreita associação com a defesa das liberdades, também elas declinadas no plural como derivações no plano social da ideia de autonomia, como formas de resistência ao exercício absoluto dos poderes públicos. Esta génese político-social manterá a sua pertinência até às formulações actuais, numa conjunção de dimensões éticas, jurídicas, históricas e políticas que não dispensa a vertente antropológica e cultural.

Os enunciados programáticos de referência obrigatória, bem como os primeiros intentos de uma justificação directa dos direitos humanos remontam à época das revoluções ocorridas na segunda metade do século XVIII, a revolução americana e a revolução francesa, mas também, «a revolução no modo de pensar» de Kant, com a afirmação do primado da liberdade e suas implicações quer éticas quer jurídico-políticas. A primeira proclamação está contida na *Declaração de Independência da*

América, de 1776, que refere os direitos humanos universais, inatos e inalienáveis, e que antecipa de perto a Declaração dos direitos do homem e do cidadão (1789), que propugna «os direitos naturais da humanidade», «sagrados e imprescritíveis», dos quais são basilares a liberdade e a propriedade. Por seu lado, a revolução kantiana, com o carácter de absoluto que confere à dignidade humana, no plano ético, e, na ordem do direito, ao fundar a comunidade política no tríplice princípio da liberdade que compete a cada membro da sociedade como homem, da igualdade com todos os outros e da independência como cidadão, não poderia deixar de considerar «o direito dos homens» a fonte legitimadora de toda a constituição política. Não admira, pois, que venha a revestir de carácter sagrado esse direito em que se condensam todos os demais direitos, na imagem forte do ensaio sobre *A Paz Perpétua*, de 1795: *O mais sagrado que Deus tem sobre a terra, «o direito dos homens», esta menina dos olhos de Deus* (Ak. VIII, p. 353).

O século XX viu a promulgação pelas Nações Unidas da Declaração Universal dos Direitos do Homem (1948), depois completada pelas convenções sobre «direitos civis e políticos» e sobre «direitos económicos, sociais e culturais», tendo-se publicado posteriormente outras declarações de âmbito regional ou temático. Do mero elenco dos sucessivos documentos retiram-se algumas conclusões: em primeiro lugar, a reformulação procura responder a novas ameaças entretanto emergentes; em segundo lugar a necessidade de apropriação da universalidade anunciada pela particularidade cultural e, por último, a noção de que a função crítica da situação vigente pelo simples enunciado dos direitos é acompanhada por uma função prescritiva, representando o reconhecimento dos direitos constitui um processo prospectivo, não apenas pela abertura a futuros direitos, mas até pela conversão desse mesmo futuro em conteúdo de direitos, como é o caso da chamada das gerações futuras às considerações ético-jurídicas do presente.

Querendo surpreender ao vivo a diferença introduzida pelas grandes culturas na versão própria que operam da universalidade dos direitos humanos seria suficiente comparar o primeiro artigo de duas «adaptações» muito recentes:

> A dignidade do ser humano é inviolável. Deve ser respeitada e protegida. (Carta dos Direitos fundamentais da União Europeia, de 1999) e Todos os seres humanos formam uma família cujos membros estão unidos pela submissão a Deus e descendem de Adão. (*Declaração do Cairo dos Direitos Humanos no Islão*, de 1990).

A insistência na irredutibilidade das culturas provoca algumas posições relativistas e cépticas quanto à universalidade dos direitos. Mas os debates mais produtivos giram em torno da questão de em que fundamentá-los, de modo a assegurar o seu poder vinculativo aos diferentes níveis das relações inter-individuais, das intervenções institucionais na esfera nacional e internacional.

Destacam-se nesta discussão, que gira em torno do significado, justificação e hierarquia dos direitos, três orientações dominantes: uma de cariz ético-antropológico, que apela para a identidade e dignidade humanas como substância e medida imperativa de condutas; uma segunda que faz derivar o estabelecimento de direitos da conformidade com o princípio utilitarista da maximização da felicidade para o maior número; e uma última, de carácter neocontratualista, configurada em procedimentos de consensualização de interesses segundo critérios de razoabilidade e de acordo com os princípios da justiça, reguladores do viver juntos, iguais e diferentes, como em Rawls, ou segundo as exigências de uma razão capaz de instaurar uma comunicação emancipada dos múltiplos mecanismos de perversão, como no transcendentalismo de J. Habermas e Karl-Otto Apel. Mas, no fundo, tal como a verdade em Espinosa é *index sui* e do seu contrário, a simples formulação dos direitos universais é patenteamento bastante da necessidade da sua vigência, como a vida ou a liberdade, na paz e em segurança. A profunda intencionalidade ética que percorre a instauração dos direitos, sem que haja uma estrita sobreposição dos planos legal e ético, e o seu reconhecimento por todas as instâncias de poder manifestam-se igualmente no correlato enunciado de deveres, mas, sobretudo, no traçado de um horizonte de expectativas ou de esperança de que a plena realização humana, numa humanidade comum que a natureza, a razão e a história vão configurando através de continuidades e rompimentos, mais do que uma consoladora utopia, é uma tarefa prática a exigir cumprimento. A entrada num ordenamento jurídico-social que salvaguarde os direitos humanos é, por conseguinte, um dever moral e, como alertava Kant contra uma separação sem mediações entre o ético e o jurídico-político, *é mesmo a suprema condição formal (conditio sine qua non) de todos os restantes deveres cívicos (Sobre a expressão corrente: Isso pode ser correcto em teoria, mas não vale nada na prática,* 1793, Ak. VIII, p. 289).

Fichte, nos seus *Fundamentos do Direito Natural,* de 1796, e na esteira de Kant, oferece-nos a síntese recapitulativa de toda a presente temática: *Só isto é propriamente o direito dos homens, que cabe aos homens como homens: a possibilidade de adquirir direitos.* (2.º Anexo, § 22, *Gesammte Ausgabe I,* 4, p.163). Marcando limites inultrapassáveis e salvaguardando o possível humano, os direitos fundamentais impõem-se como o único absoluto em política.

Deveres

O conceito de dever entrou na reflexão moral pela mão dos filósofos estóicos e tem acompanhado toda a sua história como uma das principais categorias da acção, em estrita conexão formal e funcional com o conceito de «obrigação», igualmente fundamental, eixos em torno dos quais as teorias morais se definem e diferenciam.

Em grego *kathêkon*, o termo qualificava no estoicismo as acções que promovem a conservação e desenvolvimento da vida humana, uma vida segundo o *lógos*, susceptíveis, portanto, de justificação pela determinação dos fins a ela adequados e pela escolha racional dos meios imprescindíveis à realização do bem viver, meios e fins que dão expressão à ordem que a comunidade tem de constituir.

Em latim correspondia-lhe no uso comum o termo *obligatio*, e foi com Cícero que a versão por *officium* ganhou um significado técnico mais preciso. *Obligatio* era um conceito privilegiado pelos jurisconsultos que com ele designavam a particular relação entre credores e devedores; preterido no discurso moral pelo dever, o termo *obligatio* aludia contudo a uma acção de ligar, e esta noção de um vínculo trazia em si o duplo sentido de uma necessidade e de uma relação que perduraria no conceito de dever. O *officium* acrescenta-lhe a ideia de um desempenho em função do lugar que se ocupa na sociedade e que especifica o carácter do vínculo, a multiplicidade dos deveres.

Para o pensamento do dever em sentido moral foi, e continua a ser, determinante a doutrina kantiana, quer sob a forma de novos desenvolvimentos sistemáticos quer como alvo de um posicionamento crítico. Na sua inexcedível precisão clarifica assim os termos em presença:

> A dependência em que uma vontade não absolutamente boa [como é manifestamente a do homem] se acha em face do princípio de autonomia (a necessidade moral) é a «obrigação». [...] A necessidade objectiva de uma acção por obrigação chama-se «dever». (*Fundamentação da Metafísica dos Costumes*, 1785, Ak. IV, p. 389).

O dever reveste deste modo o carácter de uma necessidade absoluta ou incondicionada no agir ou no abster-se de agir, cuja única motivação só pode ser o respeito pela lei moral que nem a natureza humana nem as circunstâncias do mundo determinam. O dever não é assim provado na experiência nem tão--pouco através de uma argumentação discursiva; radicado nos conceitos da pura razão, goza como esta de uma evidência autolegitimante, tem a natureza de um *factum*, o «facto da razão», que os incumprimentos que a experiência regista não põem minimamente em causa. Por isso também não se pode verificar no seio do dever qualquer conflito, tal seria uma contradição formal, mas apenas entre o dever e as inclinações.

Os diferentes tipos de dever são simples especificações do princípio supremo da moralidade, o imperativo categórico. Kant, retomando uma distinção clássica, distribui-os em deveres perfeitos e imperfeitos e em deveres para consigo e para com os outros. Perfeitos são os deveres que não admitem qualquer excepção, pois tal introduziria uma contradição ou uma inconsistência insanáveis na vontade, por exemplo, no dever perfeito para consigo mesmo, a interdição do suicídio, pois tal seria cometer um atentado contra a humanidade na sua própria pessoa e, ao cometê-lo justificando-o pelo amor de si, instalaria uma contradição irredutível com esse mesmo amor que rege a autoconservação; exemplo de um dever perfeito para com os outros, Kant evoca o caso da promessa, pois não cumpri-la por princípio subjectivo representaria a destruição do próprio conceito de promessa. São deveres imperfeitos para consigo, por exemplo, o cultivo dos talentos naturais e, para com os outros, o dever de prestar auxílio; são imperfeitos porque a sua negação não implica qualquer contradição formal nesta negação e porque não obrigam a determinadas acções, podendo admitir uma grande diversidade nos modos de execução.

Justamente para pensar a resolução de conflitos entre deveres, no quadro mais geral da concepção de uma «moralidade do senso comum», David Ross, num dos textos clássicos da ética do século xx, *The Right and the Good*, de 1930, propõe uma distinção de base entre «deveres prima facie» e «deveres em sentido próprio» ou «deveres efectivos» (*duties proper* ou *actual duties*). Os primeiros correspondem a princípios morais, pois determinam em geral o que é correcto fazer ou deixar de fazer, mas não representam obrigações absolutas. A doutrina elenca cinco deveres *prima facie matriciais*, independentes entre si, mas sem hierarquia interna e que regulam genericamente o relacionamento interpessoal: o dever de «fidelidade», ou seja, o dever cumprir as promessas feitas, o dever de «reparação», o corrigir um mal praticado, o dever de «gratidão», o ter de retribuir os serviços prestados por quem nos fez um benefício, o dever de «promover um máximo de bens agregados» e o dever de «não maleficência», isto é, de não prejudicar outrem.

Estes deveres que traçam um horizonte de exigência moral e que definem o âmbito mais geral do exercício da responsabilidade não determinam as acções em concreto, pois a positividade ética destas tem de ser comandada pelos deveres efectivos, estando a rectidão das acções condicionada pelas circunstâncias da mesma acção, sem que seja possível uma segurança sem falhas na decisão, uma vez que os efeitos do agir nunca poderão ser integralmente conhecidos.

Ross, que foi um grande especialista do pensamento de Aristóteles, desemboca deste modo, no problema das mediações entre a recta razão e a singularidade dos actos. E esta dificuldade designa o risco constitutivo do posicionamento ético, o exercício de uma liberdade que, sendo sempre, no dizer de Kant, um caminho de pé posto, não dispensa o ter de decidir por si, insubstituivelmente, sem delegação possível numa qualquer autoridade legisladora.

Leituras recomendadas

ARISTÓTELES, *Ética a Nicómaco*, esp. livros I, II, III e VI. Trad. de Dimas de Almeida, ed. bilingue, Lisboa, Porto, Edições Universitárias Lusófonas, 2012.

BLACKBURN, S., *Being Good. A short introduction to Ethics*, Oxford, Oxford University Press, 2002.

FERRY, L., *Qu'est-ce qu'une vie réussie?*, Paris, Ed.Grasset, 2002.

HÖFFE, O., *Lebenskunst und Moral oder macht Tugend Glücklich?*, München, Beck, 2007.

KANT, I., *Fundamentação da Metafísica dos Costumes*. Trad. Paulo Quintela, Coimbra, Atlântida, 1960 (sucessivas reedições).

ROSS, W. D., *The Right and the Good* (1930), Oxford, Oxford University Press, 2002.

SCANLON, T. M., *What We Owe to Each Other*, Londres, The Belknap Press of Harvard University Press, 1998.

II
CONSTITUIÇÃO DA ORDEM ÉTICA OCIDENTAL

A evolução histórica da Ética

Michel Renaud
Universidade Nova de Lisboa

Descrever a evolução histórica da ética está, como todas as tarefas filosóficas, sem fim à vista e, como afirmava Éric Weil a propósito do diálogo, pôr fim a este empreendimento é, de certo modo, um acto de violência. É portanto com o sentimento de desrespeito por múltiplas correntes também importantes e pelo contributo de múltiplos pensadores de alto nível que se inicia esta apresentação, baseada numa escolha entre vários moldes possíveis. Em vez de alinhar uma galeria de figuras filosóficas, privilegiar-se-ão temas cujo aparecimento se encontra historicamente situado, sem que isso implique a sua caducidade quando se transita de um tema para outro. Por isso mesmo, cada tema, em vez de desaparecer, deveria ser reinterpretado à luz dos posteriores, assim como, inversamente, deveria compreender a partir de si os temas que lhe sucedem. Resultaria deste procedimento uma evolução conjuntamente histórica e dialéctica da ética filosófica, que ultrapassa os limites desta análise.

Antes do aparecimento da filosofia os seres humanos já tinham interrogações acerca da actividade que preenchia os seus dias. Não faltavam temas de questionamento: o que é que não se pode fazer, o que é obrigatório fazer durante a vida, como é que se deve gerir o tempo, quais são os objectivos que cada um pode formar, será que tudo é igual e que nada vale a pena, será que há coisas ou actividades que valem mais do que outras? Eis uma série de perguntas que não é preciso ser filósofo para ver surgir no dia-a-dia. Mas as inevitáveis diferenças entre as respostas concretas que cada um trazia não podiam senão induzir uma grande confusão nos espíritos, de tal modo que novas questões se insinuavam: é bom estar a reboque de todos os seus desejos, o que é o sucesso, será que vale a pena procurar influenciar os seus pares e mesmo manobrá-los para os dominar?

1. O bem e a felicidade na filosofia grega

São questões da vida quotidiana que põem em movimento a reflexão filosófica; com efeito todo o homem sensato que considera que vale a pena viver, e mesmo viver bem, não deixa de encontrar cedo ou tarde dificuldades tão teóricas como práticas. A mais geral consiste precisamente em perguntar «o que é viver bem?» Nota-se que nesta interrogação a palavra «bem» está em posição de advérbio, conotando e afectando o modo de viver e de agir. Mas rapidamente passa-se do advérbio para o substantivo, e a questão já exige uma análise que vai além do colóquio do senso comum: o que é «o bem» quando se fala do agir humano?

Sabe-se que o nascimento da filosofia aconteceu na Grécia principalmente sob o impacto de dois factores. Primeiro factor: as respostas dos mitos às questões existenciais acerca da origem do mundo e do homem tornaram-se insatisfatórias; com efeito, elas apresentavam-se em histórias implicando um tempo (mítico) de estrutura diferente do nosso tempo empírico actual, embora o ser humano vivendo nessa altura não tivesse consciência da diferença entre eles. Enquanto histórias, os mitos tinham portanto um princípio e um fim cronológico. Contudo, numa sociedade em que o convívio exigia uma discussão baseada em argumentos racionais, as respostas mítico-temporais já não conseguiam corresponder às interrogações novas. O segundo factor foi precisamente o fenómeno sociopolítico no qual apareceu o princípio democrático no governo da cidade. Nesse contexto, era necessário recorrer a argumentos racionais para convencer os eleitores – qualquer que fosse a limitação cultural desse grupo social. O êxito na difícil persuasão de convencer os potenciais eleitores obtinha-se graças a argumentos repousando já não em princípios e fins de uma história mítica, mas em princípios e finalidades de natureza racional. A discussão racional transformava deste modo a vertente «cronológica» das respostas míticas numa vertente «lógica»: os princípios deviam ser racionais e não constituir o começo de uma história mítica. Deste modo, a filosofia nasceu na base de uma forma de racionalização secularizadora do mito. Mas qual era a validade dos argumentos destinados a ganhar na arte do diálogo político? Na época da sofística grega – tal como ainda muitas vezes hoje em dia – todo o argumento, qualquer que fosse o seu conteúdo, podia ser «bom» desde que a sua eficácia se manifestasse pela capacidade de vencer nas eleições. A filosofia nasceu assim da reacção de Sócrates à ideia segundo a qual a verdade e o bem se medem pelo sucesso na capacidade dialogal de convencer os parceiros de diálogo. Resta então a missão de definir o que é a verdade e o bem.

Discípulo de Sócrates, Platão (427-347 b.C) prolonga a vontade de analisar os argumentos segundo os quais a verdade e o bem devem ser procurados por eles próprios e não por outro motivo. Esta busca implica a adesão ao poder da razão para descobrir o conteúdo daquilo que vale a pena em si mesmo. Mas onde estarão a verdade e o bem? Há tantos enunciados errados ou correctos, tantos comportamentos bons ou maus que não seria possível ter acesso à verdade e ao bem se estes não tivessem uma existência em si, subtraída às vicissitudes das mudanças intramundanas. É precisamente o que Platão afirma, ao considerar que as Ideias existem efectivamente, num mundo que não é o nosso, mas um mundo inteligível, isto é um mundo ao qual temos acesso pelo recto uso da inteligência. Por mundo inteligível entende-se um mundo real, mas supra--sensível e imóvel, para o qual o ser humano se deve converter. O acesso à verdade e ao bem exige uma conversão de todo o ser humano, uma ascese do corpo e da inteligência, através da qual o indivíduo chega a reconhecer que o que importa nele não é o corpo, mas a alma. O sentido da existência consiste portanto numa conversão interior que abre o olhar da mente para este mundo supra-sensível e «ideal», único susceptível de levar todo o ser humano para a felicidade autêntica. Aquilo a que se chamou o dualismo platónico – corpo-alma – provém desta tese segundo a qual é a realidade invisível que dá sentido ao mundo visível (lembremos que, no entender de Saint-Exupéry, «o essencial é invisível para os olhos»). Na realidade Platão reconhecia três partes no ser humano, a parte dos desejos sensíveis por um lado (*epithumia*), a parte racional por outro (*noûs*), e entre elas a energia ou o coração, no sentido do dinamismo ou da força interior (*thumos*); esta última parte deve pôr-se ao serviço da razão, mas pode também fazer rebelião e deixar as paixões sensíveis triunfarem. Na esteira de Platão, diremos que uma ética contemporânea não poderá prescindir da tese que, no seio da unidade do ser humano, reconhece uma diferença intrínseca entre a sensibilidade, a afectividade e a razão.

Aristóteles (384-322 a.C) opera uma viragem em relação ao pensamento de Platão quando explicita que a razão humana tem duas orientações, a teórica e a prática. Para ele as Ideias platónicas não estão dotadas de um estatuto ontológico especial, mas correspondem aos conceitos da razão, sendo esses a modalidade como funciona o nosso conhecimento.

Aristóteles pode ser considerado como o autor do primeiro tratado autónomo de ética ocidental (*Ética a Nicómaco*), cujas ideias ainda norteiam o pensamento contemporâneo. A sua obra incorpora uma análise do acto humano que sublinha uma ideia fundamental, que será, em grande medida, perdida na época moderna e recuperada na filosofia contemporânea: do futuro não temos uma clara visão, isto é, um conhecimento teórico, mas apenas uma previsão. Com efeito, ninguém pode conhecer teórica e previamente todas as consequências, próximas e longínquas, dos seus actos. É por isso que das consequências do agir não temos um saber garantido, mas apenas uma previsão, de tal maneira que o agir é contingente. Os contemporâneos dirão que podemos ter do mundo futuro uma interpretação, mas não um saber de verdade garantida. Quanto a Aristóteles, ele distingue e clarifica os momentos do agir: o desejo bem deliberado e a decisão. «O objecto da acção moral é o fim no sentido absoluto. Com efeito, é a acção feliz que é o fim no sentido absoluto e é neste fim que incide o desejo» (1139 a 39). A concatenação dos fins parciais orienta-se para o fim último, nomeadamente a vida boa e feliz.

Sendo a deliberação uma escolha dos meios para atingir um fim mesurado ou equilibrado, esta escolha implica um cálculo reflectido, que conduz a acção excelente ou virtuosa. Na verdade, a virtude em geral (*aretê*) é esta excelência, pelo facto de corresponder a uma disposição habitual para o bem, orientada pela «recta razão». É preciso contudo distinguir as virtudes intelectuais e as virtudes éticas; com efeito, é graças à razão teórica com as suas virtudes intelectuais – sobretudo o saber (*sofia*) e a sabedoria (ou prudência, *fronêsis*) – que se procede à análise deliberativa. Quando se trata de passar para a efectuação concreta da acção entram em linha de conta as virtudes éticas (coragem, temperança, magnanimidade, etc.), virtudes de que

Aristóteles sublinha e analisa longamente as duas principais, a justiça e a amizade. Portanto é pelo comportamento excelente, isto é, virtuoso que o ser humano cumpre a sua missão. «Cumprir a sua missão», a sua tarefa (o seu *ergon*) é o que, em termos contemporâneos, se exprimiria como a auto-realização da pessoa no tempo.

Esta teoria ética é só possível na base da distinção entre o agir e o fazer: enquanto o fazer transita para o produto ou para a obra (o oleiro faz o vaso, o empreiteiro faz uma casa, o contabilista realiza as sua contas, etc.), o agir modifica internamente o ser que age. Deste modo, a produção (*poiêsis*) do fazer é de natureza técnica, ao passo que a acção-*praxis* é o agir apreendido na sua dimensão ética.

Em resumo, para a ética o pensamento aristotélico é incontornável. A sua ética pode ser considerada como uma ética da «vida boa»; enquanto ética virada para a finalidade (*telos*) do bem e da felicidade, apresenta-se como o modelo de uma «ética teleológica».

2. A ética teocêntrica

A ética vivida encontrou sempre no seu caminho a questão de Deus. Em todas as sociedades da antiguidade o bem e o mal estavam pensados em relação com o deus e os deuses. As tragédias de Sófocles são disso um exemplo notório. Todavia, não é irrelevante notar que nas suas origens a ética filosófica apareceu como rompendo com o ambiente politeísta da sociedade grega. Deste ponto de vista, a narrativa platónica da morte de Sócrates não deixa de ser consideravelmente paradoxal: Sócrates foi condenado por impiedade e perversão dos jovens, mas, nos últimos momentos antes de morrer, pede a Críton para oferecer em nome dele um galo a Asclépio (deus da medicina), como que para mostrar contra os seus detractores o seu espírito religioso! Ética e religião tiveram relações tão estreitas como complexas[1]. Será que existe também uma ética cristã? As respostas a estas questões variaram no decurso dos séculos. Não há dúvida que os Evangelhos e o Novo Testamento na sua totalidade propõem normas de conduta, orientações de comportamento baseadas na fé em Jesus Cristo. A ética do amor, de um amor que perdoa, que vai até ao extremo do amor até pelos inimigos, enraíza-se no próprio agir de Cristo, que chama os seus discípulos a imitá-lo.

Formados pela filosofia grega, os primeiros pensadores cristãos – por exemplo Justino – propuseram uma teologia cristológica da história, sem preocupação pela possibilidade de uma ética filosófica autónoma. Com efeito, para os teólogos cristãos até ao século XIII, a tarefa principal consistia em mostrar a consistência de uma ética cristã e não estabelecer a autonomia da ética filosófica.

Porém esta problemática apresenta duas vertentes; em primeiro lugar, as relações entre uma ética filosófica e a problemática filosófica de Deus, questão que se mantém exclusivamente dentro da filosofia; outra questão é o modo como a ética filosófica se pensa face ao Deus da fé e reciprocamente. Comentemos brevemente estas duas problemáticas.

Primeira vertente: uma ética filosófica pode ou não pode encontrar o seu fundamento último na abordagem filosófica de Deus? A maior parte das filosofias ocidentais até ao século XVIII concordaram com a tese da fundamentação da ética no Deus descoberto pela razão. Esta tese não implicava uma confusão entre discurso filosófico e discurso da fé. Significativo a esse respeito foi o caso de Tomás de Aquino (1224-1274), que soube muito bem distinguir discurso filosófico e discurso de fé. Com

---

[1] Não se pode esquecer que um dos motivos principais que levou Jesus à crucifixão foi o seu modo de falar de Deus que apareceu como blasfematório; mas do alto da cruz, Jesus pediu ao seu Pai para perdoar aos seus carrascos. Fé e ética entrecruzam-se muitas vezes.

certeza Tomás de Aquino incorporava a filosofia como auxiliar – ou serva – da teologia (*ancilla theologiae*), mas não caía na confusão dos géneros, tanto mais que sentiu como sua tarefa primordial e como ponto de partida da sua reflexão a necessidade de assumir o pensamento de Aristóteles. A novidade da ética filosófica em Tomás de Aquino consistiu assim em mostrar filosoficamente que a finalidade última do agir humano reside em Deus; Deus é criador e causa final suprema, de tal modo que o sentido da existência humana e cósmica é o regresso (*reditus*) a Deus. A sua argumentação repousa na metafísica aristotélica do acto e da potência, graças à qual descobre que a tensão da busca humana para a verdade e para o bem não pode explicar--se se não existe efectivamente um Deus infinito que atrai a si todo o universo finito.

Outra é a questão das relações entre a fé e a razão filosófica no campo da ética, questão que é também dupla, por um lado, a maneira como a razão filosófica aceita ou recusa a fé, e inversamente, o modo como a própria fé se situa face à ética filosófica. Este último problema interessa principalmente a teologia, embora se deva admitir que um filósofo, é ao mesmo tempo crente, não possa escapar à tarefa de clarificar, para ele próprio, as relações da ética filosófica com a sua fé. É evidente que este problema não se coloca para uma filosofia agnóstica ou ateia. Sabe-se que o ateísmo, como facto social no Ocidente, se difundiu largamente desde o século XVIII. Todavia, no século XX apareceu uma problemática simetricamente oposta à da escolástica, que se desenvolve ainda hoje em dia. Muitos pensadores cristãos – entre os quais Paul Ricœur – consideram, com efeito, que a ética filosófica pode encontrar uma fundamentação independentemente da sua fé. Consideram que a fé não invalida nada da ética filosófica, de tal modo que esta, do ponto de vista puramente racional, deve desenvolver-se, segundo a expressão do teólogo luterano Dietrich Bonhoeffer, *etiamsi Deus non daretur*, como se Deus não existisse. Esta expressão não é confissão de ateísmo, mas tem uma significação meramente metodológica: mesmo para um cristão, uma ética filosófica deve procurar nela própria a sua consistência e a sua fundamentação, de tal modo que possa ser partilhada por não crentes. Nesta perspectiva, diferente da posição escolástica, o suplemento que a fé traz à ética filosófica não retira a esta nada da sua autonomia.

Note-se contudo que no Ocidente esta tese é possível porque pressupõe o princípio, adquirido na esteira da Revolução francesa, da separação metodológica entre Igreja e Estado, entre religião e política, de tal modo que a legitimidade do poder político já não provém de Deus, mas da livre escolha do povo. A não-aceitação deste princípio é em larga medida responsável, ainda hoje, pela dificuldade do diálogo com o Islão. Por isso mesmo, o século XXI está e estará confrontado com a tarefa de prolongar e reinventar, na base da ética, o seu entendimento das relações entre fé e razão.

3. A ética racional

No presente fresco da evolução das éticas apresentam-se dois modelos diferentes de uma ética puramente racional, ambos surgidos no século XVIII, Immanuel Kant (1724-1804) e Georg Wilhelm Friedrich Hegel (1770-1830).

Kant, um gigante da reflexão filosófica, desenvolveu uma nova «filosofia crítica». Preocupado pela capacidade de o conhecimento chegar a uma «verdade universal», tanto no campo da ciência como da metafísica, realiza o que se chama metaforicamente uma «revolução coperniciana» em filosofia. Noutros termos, para verificar as condições de possibilidade do conhecimento, é preciso antes de mais nada analisar o modo como o conhecimento humano funciona. Assim a atenção deve incidir no sujeito conhecente, porque é este que condiciona a possibilidade do conhecimento do objecto. Todo o objecto conhecido depende com efeito do modo como é apreendido. Deste modo, a filosofia de Kant é transcendental, o que significa que se situa além ou, mais exactamente, aquém da realidade dada, para determinar as suas «condições de possibilidade *a priori*». Ora, tais condições de possibilidade *a priori* encontram-se na maneira como o sujeito humano é constituído.

Em função desta tese todo o objecto conhecido deve ter passado pelas faculdades da sensibilidade e do entendimento, para que seja garantida a validade do seu conhecimento. Porém, dado que Deus não é apreendido pelo exercício da sensibilidade e do entendimento, não é possível saber, com um conhecimento válido, se existe ou não. O agnosticismo kantiano é deste modo metodológico: a partir da razão teórica, o conhecimento humano não pode chegar metafisicamente à existência de Deus. Luterano pietista, Kant considerará contudo que, no campo da razão prática, isto é, no domínio da moral, Deus deve ser postulado para que a ética não desemboque numa contradição interna.

É preciso acrescentar que, para Kant, a verdade à qual o ser humano pode ter acesso deve obedecer a leis. Se o real se modificasse permanentemente sem obedecer a uma certa legalidade, não se poderia nunca chegar a justificar a universalidade das leis da natureza nem a universalidade da lei moral. Para Kant, universalidade e legalidade (ou conformidade a uma lei), caminham juntas. Portanto quando passa da razão «teórica» (na *Crítica da Razão Pura*) para a razão «prática» (*Fundamentos da metafísica dos costumes* e *Crítica da Razão Prática*), Kant procura a lei que rege a acção para que esta esteja em conformidade com a razão. O núcleo desta lei é precisamente a ligação da legalidade com a universalidade: é preciso que a «lei» do agir tenha uma validade «universal». Esta lei fundamental enuncia--se então como o «imperativo categórico»: «age unicamente segundo a máxima que faz com que tu possas querer ao mesmo tempo que se torne numa lei universal». Esta lei situa-se numa dimensão formal, que comanda todos os conteúdos concretos do agir. Mas ela tem uma condição de possibilidade *a priori*: se o ser humano fosse obrigado a agir por uma força exterior a ele mesmo, estaríamos fora do contexto da ética e a nossa vontade seria violentada. Portanto, ser livre é necessário para que possamos agir de modo ético. A liberdade é desta maneira a condição de possibilidade *a priori* para que se possa agir eticamente. Resulta daí uma situação paradoxal: sabemos que devemos ser livres para agirmos moralmente, mas nunca temos um conhecimento concreto ou empírico da nossa liberdade. É o que diz a tese segundo a qual a liberdade humana é transcendental.

Kant instaura uma ética puramente racional do dever; com efeito, é preciso agir apenas em função do dever para que motivações subjectivas e particulares não se misturem com a lei ética fundamental; agir de modo interessado pode levar a uma acção feita em conformidade com o dever, mas não por dever. A moral de Kant é desta maneira predominantemente «deontológica» termo cuja etimologia provém do grego *to deon*, o que se deve (fazer). Baseada no ideal, esta moral é tão exigente que se torna concretamente irrealizável. Kant tem consciência desta situação; por isso tirará as consequências ao nível dos postulados da razão prática.

A oposição de Hegel a Kant no domínio da ética merece uma palavra de comentário, na medida em que ambos representam dois estilos paradigmáticos de ética. Segundo Hegel, propor ao ser humano um ideal ético irrealizável não pode senão levar este a uma forma de desespero, que acabará por torná-lo inerte e passivo, dado que todos os seus esforços estão à partida destinados a ficar aquém do ideal. Por isso mesmo, Hegel considera que o ideal ético deve e pode racionalmente ser reconciliado com a *praxis* humana (prescinde-se de apresentar aqui os alicerces dialécticos que conferem a esta tese a sua fundamentação filosófica). Para este efeito, é necessário deslocar o ideal para o patamar de uma ética vivida no mundo das instituições nas quais decorre a vida humana. Não se trata de ignorar o dever, mas este recebe o seu sentido do conteúdo concreto do agir. A ética vivida consiste deste modo na realização da liberdade na vida de família, na sociedade civil, na qual o ser humano é chamado a transformar-se mediante o trabalho, e no Estado, com a responsabilidade política de que o homem é investido enquanto cidadão. Por isso mesmo, não é a lógica do dever que é o momento terminal da ética, mas a realização efectiva da liberdade, que ganha um conteúdo substancial pelo seu agir.

A ética de Kant e de Hegel constituem dois moldes ou modelos éticos cuja tensão é característica do pensamento ético. Cada um deles enraíza-se numa compreensão diferente da liberdade. A ética kantiana repousa numa visão «deontológica» da liberdade, por oposição a Hegel, no qual a realização da liberdade segue um percurso «finalizado». Neste sentido, o pensamento hegeliano desenvolve a problemática ética num estilo aristotélico, prolongando-o ao dar-lhe uma espessura histórica e dialéctica. Com a ética hegeliana, a realização da liberdade humana torna-se efectiva e histórica, desenhando o seu caminho no seio das instituições humanas. De transcendental em Kant, a liberdade tornou-se histórica em Hegel.

4. A corrente utilitarista

Quando no Continente se discutia a filosofia kantiana estava a desenvolver-se na Grã-Bretanha uma tradição cuja implantação no mundo anglo-saxónico ainda tem raízes muito profundas. Embora a sua eclosão não fosse possível sem o pensamento de David Hume (1711-1776), contemporâneo de Kant, foi Jeremy Bentham (1748-1832) que lhe deu a sua primeira forma clássica. Bentham não era apenas filósofo; queria com a sua teoria transformar, também em função da utilidade pública, a justiça penal assim como as instituições políticas do seu tempo. O princípio da utilidade, com a maximização do prazer e a diminuição da pena, tornou-se critério de moralidade. Com John Stuart Mill (1806-1873) o utilitarismo alargou a sua base de apoio além de um mero hedonismo e privilegiou o bem--estar (*welfare*) e a felicidade dos indivíduos em geral, em vez do prazer e da pena. A utilidade como bem-estar e felicidade é assim o bem supremo.

Deste critério que distingue o bem do mal, nasce o imperativo moral: maximizar o *welfare* e diminuir a infelicidade. Este imperativo não deve gerar o egoísmo, como seria o caso se cada um procurasse apenas a sua felicidade individual. Com efeito, o imperativo moral tem uma dimensão universal; trata-se de procurar o maior bem-estar para a maior quantidade de indivíduos. Nesta formulação cruzam-se dois factores, um factor qualitativo (a maior felicidade) e um factor quantitativo, que tem como horizonte a totalidade ou pelo menos a pluralidade dos seres humanos.

A vantagem desta teoria reside na sua preocupação de ter um critério visível e de certo modo calculável mediante o aumento de bem-estar. É com efeito a análise das consequências da acção que permite determinar a bondade dos actos; noutros termos, o utilitarismo implica um consequencialismo, que permite a verificação do critério utilitarista. É preciso sublinhar que o utilitarismo constitui também uma forma de ética teleológica, dado que a finalidade da acção está inscrita na busca da maximização do bem-estar.

Uma vantagem nítida do utilitarismo sobre a moral racional de tipo kantiano é a sua possibilidade de verificação. Enquanto em Kant a moralidade reside na coerência pessoal entre a intenção e a acção, isto é, entre a conformidade interior da vontade com a lei moral na posição do acto, aqui tudo se passa como se a pureza da intenção subjectiva fosse remetida para o segundo plano, dado que a moralidade do acto se mede pelas suas consequências exteriormente discerníveis. Por isso mesmo, o triunfo do utilitarismo se compreende numa sociedade anglo-saxónica à qual importa a verificação empírica dos benefícios visíveis das acções. O pólo das éticas aplicadas, particularmente da bioética e da ética empresarial entre outras, ficará espontaneamente atraído pela capacidade de verificação que o consequencialismo oferece ao utilitarismo. Contudo, as mil reformulações e correcções desta teoria tiveram apenas um êxito mitigado, sem colmatar as suas principais dificuldades.

Com efeito, como calcular o suplemento de bem-estar e comparar entidades de natureza diferente? Será melhor, do ponto de vista político, privilegiar a saúde sobre a educação ou reciprocamente? Por outro lado, o aspecto que mais críticas suscitou e que, na teoria de justiça de John Rawls, foi o motivo da rejeição do utilitarismo é o que passou a chamar-se o princípio sacrificial. Cedo ou tarde, a teoria utilitarista acaba por sacrificar os interesses ou mesmo alguns direitos fundamentais de uma minoria em proveito da maioria quantitativa dos indivíduos beneficiários da acção utilitária. Contudo, é possível que, no fim desta apresentação, quando entrar em linha de conta a necessidade de uma ética global, uma nova forma de utilitarismo receba novas credenciais.

5. A revolução da ética nas «filosofias da suspeita»

No século XIX, após o sistema racionalista de Hegel, surgiram pensadores que criticaram as formas da racionalidade filosófica. Sob a denominação de «filosofias da suspeita», expressão que ganhou os seus direitos de cidadania, entende-se um conjunto de teorias que têm em comum o facto de pôr em questão o domínio que a subjectividade humana tem sobre si própria. Os autores habitualmente colocados por detrás destas teorias são Karl Marx (1818-1883), Friedrich Nietzsche (1844--1900) e Sigmund Freud (1856-1939). Cada um à sua maneira contesta a pretensão que o ser humano tem de poder ser o dono consciente do seu destino. Não é possível aqui nem desenvolver a moral marxista, nem a moral que resulta da vontade de poder de Nietzsche, nem seguir os meandros da génese psicanalítica da consciência moral segundo Freud. No brevíssimo panorama presente da evolução da moral, será suficiente indicar que estas filosofias tiveram contudo repercussões directas sobre a compreensão da moral. Digamos porém que o principal erro de Karl Marx consistiu em pensar, contrariamente a Aristóteles, que do futuro da história se podia ter um conhecimento científico tão certo e comprovável como o das ciências da natureza. A moral que decorre daí comporta inevitavelmente um gérmen de intolerância. Por outro lado, não será que a moral de Nietzsche acaba por esmagar os fracos e os vencidos da história? Quanto a Freud, mostrou que todo o comportamento é susceptível de ser interpretado à luz das pulsões inconscientes; mas as lacunas do seu sistema, nomeadamente em relação com o conceito de identificação, mostram a parcialidade da sua teoria; esta deve então, como Paul Ricœur mostrou à sociedade, ser reinterpretada a partir de uma hermenêutica da consciência.

Será que o século XXI conhecerá uma nova contestação da ética sob o impacto do conhecimento científico do funcionamento neuronal? Será a neuroética ainda uma ética? É permitido pensar que a ciência neuronal não conseguirá ocupar metodologicamente o espaço da ética filosófica.

6. As mutações da ética desde o século XX

Se quase cada grande filósofo integrou a ética no seu percurso intelectual, compreende-se a impossibilidade de dar voz a cada um deles. Por este motivo, não se pode escapar a uma redobrada arbitrariedade na selecção dos temas apresentados. Resolvemos referir apenas cinco temas, reduzidos à sua mais simples expressão, mas cuja importância não pode ser ignorada, isto é, respectivamente, a corrente analítica anglo--saxónica, a ética da discussão, a ética da atestação segundo Emmanuel Levinas e Paul Ricœur, a questão de uma ética global e, finalmente, o impacto de uma ética ecológica sobre o pensamento filosófico.

Da filosofia analítica anglo-saxónica sobre a ética não se farão grandes comentários. Esta corrente abrange um leque variado de autores (Elizabeth Anscombe, Donald Davidson, Artur Danto...) que se dedicaram principalmente ao estudo linguístico dos enunciados da acção e dos enunciados morais. A pertinência das suas análises não pode ser ignorada; contudo elas conseguem mais realizar uma análise descritiva da linguagem da acção do que elaborar um tratado de ética. Trata-se por exemplo de saber o que se quer dizer quando se recorre a um enunciado que refere um desejo ou que exprime um dever na primeira pessoa, no imperativo ou na terceira pessoa. Ora, a principal diferença entre uma semântica da acção e uma ética condensa-se na diferença entre um discurso descritivo e um discurso prescritivo, sendo este um discurso que toma posição ao proceder à avaliação dos valores prosseguidos pelas acções. Pode-se considerar que uma semântica da acção constitui o pródromo de uma ética que fica por elaborar. Porém a ética não respeitaria a sua natureza se se limitasse a essa tarefa propedêutica, assim como a uma lógica do discurso moral.

Mais ecos surgiram do aparecimento da ética da discussão, particularmente ligada aos trabalhos de Jürgen Habermas (1929). Na sua esteira seguiu uma grande quantidade de estudos e de tentativas de conciliar o carácter relativista da ética com a aceitação de valores universais. Uma ética da discussão baseia-se numa constatação inicial: é impossível encontrar um consenso universal sobre os valores éticos e o bem da acção. A única coisa que se pode fazer, em primeiro lugar, é tentar encontrar um acordo sobre as condições de um diálogo, baseado numa argumentação racional. Cada parceiro de diálogo tem as suas próprias convicções, de que apresenta as razões, mas sem a pretensão de convencer os seus pares. Este modo de proceder parece renunciar à capacidade de encontrar um acordo sobre valores universais. Tal como nas discussões de Comissões ou Conselhos de Ética, sabe-se à partida que, nas questões ditas fracturantes, não será possível alcançar uma posição única. Será que a ética teórica explode numa plêiade centrífuga de convicções que não conseguem ir além da tolerância que faz parte das condições do diálogo? Será que a consciência que cada um tem da contestação efectiva das suas posições éticas não irá gerar nele uma dúvida, como se o relativismo ético se insinuasse pouco a pouco no próprio espírito dos proponentes, corroendo assim as suas convicções mais sólidas? Ou se, em sentido inverso, o eventual consenso chega a estabelecer-se num patamar inferior, muitas vezes chamado hoje «ética mínima», única ética susceptível de harmonizar as posições divergentes, qual será o sentido de uma capitulação sobre os valores considerados por cada um como fundamentais? Não será que a discussão ética se transforma insensivelmente numa cripto-discussão política sobre a ética, até mediante uma votação destinada a fixar a decisão? Estas questões, tal como outras semelhantes, estão no pano de fundo da ética da discussão.

Que a discussão e a argumentação das convicções sejam necessárias, ninguém o contesta; porém não parece possível ver uma ética da discussão suplantar uma análise valorativa das diferentes posições éticas em confronto. Nesse caso, dever-se-ia reconhecer efectivamente que existem éticas teóricas diferentes, tal como sempre foi o caso nos grandes sistemas filosóficos do passado. Talvez a pretensão de a ética da discussão se tornar a nova ética do presente seja o resultado de uma forma subtil e recorrente de dogmatismo, a saber o dogmatismo da afirmação do relativismo.

Na segunda metade do século xx dois pensadores franceses contribuíram para dar um rosto novo à filosofia e, em particular, à ética, Emmanuel Levinas (1906-1995) e Paul Ricœur (1913-2005). Levinas estudou a fenomenologia de Husserl e Heidegger, antes de elaborar uma filosofia original que se contrapõe à ontologia de Heidegger. A filosofia ocidental, no entendimento de Levinas, desenvolveu-se no quadro de uma ontologia da «totalidade», que privilegia a interioridade e se centra na problemática da identidade da subjectividade; deste modo fechou-se em grande medida à «exterioridade», exterioridade não espacial, mas constituída pela presença do outro, o outro ser humano que me interpela. Para Levinas, judeu convicto, é preciso abrir a reflexão a uma dimensão existencial que quebra o cerco da identidade fechada sobre si. Em termos simples, dir-se-á que a filosofia deve abrir-se à interpelação que provém, ainda que silenciosamente, da presença diante de mim do outro ser humano. Esta presença condensa-se no rosto, rosto do outro perante o qual estou sempre em dívida. E descubro nesta abertura que o rosto do outro é mais do que um aparecer sensível, ele é o sinal de uma presença que vem de mais longe e que escapa a toda a tentativa de posse. Com efeito, no rosto humano é o Infinito que se simboliza e que, por assim dizer, me dirige do alto o seu mandamento: não matarás. Se, na sua raiz, a ontologia é grega, ela é por Levinas reinterpretada de modo ético, como se ao estilo filosófico de Atenas se substituísse uma nova filosofia, tendo Jerusalém como fonte de inspiração primeira[2]. Percebe-se assim o título do livro de Levinas:

---

[2] Cf. o título da uma apresentação rigorosa da filosofia de Levinas: BRITO, José Henrique Silveira de, *De Atenas a Jerusalém. A subjectividade passiva em Levinas*, Lisboa, U.C.P. Editora, 2002.

Totalidade e Infinito. Ensaio sobre a exterioridade[3]. A totalidade evoca o estilo de uma ontologia fechada em sistema, ao passo que a abertura ao Infinito exige uma nova forma da racionalidade orientada para a relação com a alteridade humana e, também, com os sinais da alteridade divina. Ora, do outro, isto é, da alteridade assim compreendida não há prova, mas apenas atestação.

Por sua vez Ricœur teve desde 1950 o projecto de realizar uma filosofia da vontade e da liberdade. Mas foi em 1990 que, pela primeira vez, apresentou todos os alicerces da sua filosofia ética, que se tornou uma obra de referência incontornável[4]. Sublinhemos as principais características desta obra, na medida em que é possível reduzi-la a poucos traços. A definição da ética contém três momentos: a ética é a busca da vida boa, com e para os outros, em instituições justas. Contudo estes três momentos apresentam-se respectivamente do ponto de vista de uma ética dos fins, isto é, de uma ética teleológica, em seguida, na perspectiva de uma ética do dever ou ética deontológica. O interesse desta análise consiste em mostrar a tensão dialéctica assim como a reconciliação entre Aristóteles e Kant, entre uma ética dos fins e uma moral dos deveres. Mas o momento essencial e terminal da ética é a aplicação à realidade concreta mediante a deliberação e a decisão. É aqui que intervém a sabedoria prática, de que Ricœur analisa as dificuldades específicas. O lugar das éticas aplicadas – bioética, ética empresarial, ética jurídica, etc. – situa-se precisamente na altura em que a sabedoria prática

---

[3] LEVINAS, Emmanuel, *Totalité et Infini. Essai sur l´extériorité*, Haia, Martinus Nijhoff, 1960 (Trad. portuguesa: *Totalidade e Infinito. Ensaio sobre a exterioridade*, Lisboa, Edições 70, 1988).

[4] RICŒUR, Paul, *Soi-même comme un autre*, Paris, Seuil, 1990 (Trad. inglesa: *Oneself as another*, Chicago e Londres, The University of Chicago Press, 1992), capítulos 7 a 9 (que o autor costumava chamar «a minha pequena ética»). Esta ética recebeu uma nova apresentação, ligeiramente diferente, em *Le juste 2*, Paris, Esprit, 2002, no capítulo 1 «De la morale à l´éthique et aux éthiques».

entra em jogo. É também neste percurso que surge uma ética da discussão, que se confronta com o problema da universalização dos valores e a sua contextualização. A tensão é insuperável entre as convicções éticas que se reclamam de uma proposta de universalidade e a crítica que, sob o impacto das argumentações cruzadas, mostra a sua permanente historicidade.

Por outro lado, na esteira de Levinas, Ricœur elabora uma ética da atestação e do reconhecimento do outro ser humano, do ser humano na sua alteridade, embora sem o acento que Levinas punha na permanente dívida na qual cada «eu» se mantém face aos outros. O reconhecimento e a atestação ética do outro pode exprimir-se e condensar-se na exclamação, quase prévia a toda a forma de mandamento: «é bom que tu existas». Sem recorrer senão lateralmente à terminologia do personalismo, Ricœur propõe deste modo uma ética que se pode considerar como eminentemente personalista.

A título de conclusão é necessário referir duas problemáticas cuja análise está aberta a desenvolvimentos futuros e que constituem a esperança da ética, tanto a esperança de ver a ética teórica descobrir novos caminhos para o nosso mundo, como a esperança que incide no exercício de uma vida ética boa. Trata-se da constituição de uma ética global, por um lado, e do confronto com o desafio ecológico mundial, por outro. Uma ética global deve articular-se à volta dos direitos universais do ser humano, direitos pessoais e sociais, a fim de presidir a uma nova proposta de paz mundial. Por outro lado, o desafio ecológico, já entrevisto por pensadores como Hans Jonas[5], está finalmente a ser levado a sério. Ora, nestes dois campos,

---

[5] JONAS, Hans, *Das Prinzip Verantwortung*, Frankfurt am Main, Insel Verlag, 1979. Entre outros sinais prometedores, dois indícios de uma mudança das mentalidades são a *Encíclica Louvado Sejas. Sobre o Cuidado da Casa Comum* do Papa Francisco, documento que recebeu a aprovação de crentes e ateus, assim como os trabalhos da *Vigésima primeira Conferência sobre os Câmbios Climáticos* organizada pela ONU em Paris (Novembro de 2015).

as intenções éticas parecem desvendar-se apenas retrospectivamente, a partir dos resultados efectivamente realizados. Talvez estejamos na presença de um novo paradigma ético, que corresponde ao critério das «realizações globais», conceito que Amartya Sen reteve em *The Idea of Justice*[6]. Uma ética mundial exige mais do que boas intenções subjectivas e realizações parciais, assim como a ética ecológica necessita de uma resposta colectiva e política.

Todas as teorias éticas aqui apresentadas trouxeram um contributo inestimável à humanidade do ser humano. As tensões inerentes a cada uma, assim como entre elas, fazem parte das trajectórias existenciais no seio das quais cada sociedade e cada indivíduo estão chamados a reinventar permanentemente os caminhos da vida boa.

---

[6] SEN, Amartya, *The Idea of Justice*, Londres, Penguin Books, 2009.

La Deliberación como método de la Ética

Diego Gracia
Universidade Complutense de Madrid

¿Qué es un conflicto moral?

Todos tenemos de vez en cuando conflictos que llamamos morales. Lo que nos resulta más difícil es definir en qué consisten y por qué los consideramos tales. Un conflicto es algo muy determinado. No es lo mismo, por ejemplo, un conflicto que un problema. El problema surge por la necesidad que tenemos de elegir entre distintos posibles cursos de acción. El conflicto, por el contrario, consiste en el choque entre dos o más elementos.

Conflictos los hay de varios tipos. Hay «conflictos de hechos». Hay hechos conflictivos, porque son el resultado del choque de dos cosas o realidades. Así, los conflictos armados, las guerras, o tantos otros. Hay conflictos de otro tipo. Se habla mucho, por ejemplo, de «conflictos de valor». Y, sobre todo en el ámbito jurídico, no es infrecuente la expresión «conflicto de deberes». También existen los llamados «conflictos morales». Para precisar el sentido de cada uno de ellos, es preciso que comencemos analizando lo que son «hechos», «valores» y «deberes».

En primer lugar, los «hechos». Este es un término que utilizamos continuamente en el lenguaje coloquial. Cuando queremos dar a entender de algo que es indiscutible, afirmamos que es un hecho. Los hechos son contundentes, rotundos, definitivos. Esa rotundidad se la da el que sean datos de percepción. Lo que vemos, lo que oímos o tocamos, se nos impone de modo inapelable. Tiene la fuerza de todo lo inmediato. Los filósofos, a eso que en el lenguaje coloquial llamamos inmediato, lo suelen denominar intuitivo. Los sentidos nos dan intuiciones, las llamadas intuiciones sensibles. Y las intuiciones son inapelables, entre otras cosas porque no puede irse más atrás de ellas. La visión del color rojo es una intuición, la intuición del rojo. Quien la ha tenido sabe perfectamente lo que es el rojo, y quien no la haya tenido nunca, por mucho que se lo expliquemos, no lo percibirá, no tendrá la intuición, no podrá saber qué es el rojo. Piénsese, por ejemplo, en un ciego de nacimiento. Nunca podrá tener la intuición del rojo, por mucho que se la expliquemos. La visión del rojo es un «hecho» inmediato. Hay otros muchos hechos que son mediatos, ya que los vemos u oímos a través de mediaciones, como son, por ejemplo, todas las llamadas hoy en medicina, técnicas diagnósticas no invasivas. Esos «hechos mediatos», no perceptibles directamente, son hijos de los progresos de la ciencia y la técnica. Ambas se mueven fundamentalmente en este mundo, el de los hechos y las explicaciones de los hechos. Todo esto da lugar a los llamados «hechos científicos» y «hechos técnicos». Y tanto en el orden de los hechos inmediatos, como en el de los hechos científico--técnicos, hay «conflictos». Hay conflictos de hechos. La naturaleza, en el fondo, es una serie interminable de conflictos. Esto es lo que ya le hacía decir a Heráclito que la guerra (*pólemos*) es el principio de todo (22 B 53). Muchos siglos después, Darwin la definiría como «lucha» (*struggle*). Son los conflictos de hecho. Todo esto nos resulta hoy tan obvio, que las explicaciones resultan superfluas. Lo difícil para la persona actual es entender que haya algo que no sean hechos, y hechos científicos. Son los componentes de los otros dos niveles, los propios de los valores y de los deberes. Veámoslos. Los hechos se perciben directa o indirectamente, de modo inmediato o mediante instrumentos más o menos complejos. Pero hay cosas en la vida que, a pesar de ser fundamentales, no son estrictamente hablando datos de percepción, ni por tanto hechos. Es el caso de los valores. Los valores no se perciben, se estiman, aprecian o valoran. No es lo mismo valorar que percibir. Percibiendo lo mismo, podemos valorar de modo distinto, y viceversa. Puede cambiar el valor de algo sin que se modifique el hecho, y al contrario. El valor económico, el precio de las cosas, varía sin que éstas cambien. Y el valor del dinero cambia continuamente, se devalúa o revalúa en relación a las otras monedas, sin que cambie la materialidad de los billetes de banco. Lo mismo cabe decir de un cuadro. Las pinturas del Greco están siendo contempladas desde que él las pintó, en la segunda mitad del siglo XVI y durante los primeros años del XVII. Pero la estimación por ellas ha variado enormemente a lo largo del tiempo. El «hecho» ha permanecido idéntico, pero el «valor» ha cambiado. Hechos y valores son dimensiones distintas de las cosas, cada una con sus propias leyes.

Lo que es evidente, es que sin hechos no habría valores. Si se hubieran quemado todas las obras del Greco, si no hubiera quedado rastro de ellas, de esos lienzos, de las pinceladas que los cubren, etc., la sensación estética que producen esos cuadros habría desaparecido. El valor es distinto del hecho, pero depende de él. Dicho de modo algo más técnico, los hechos son los «soportes» de los valores. Son como las perchas en las que están colgados los valores. Una cosa es la percha y otra lo que se halla colgado en ella. Pues bien, aquí sucede lo mismo. Una cosa es la percha, el hecho, y otra lo que soporta, el valor.

El mundo de los valores es de una riqueza extraordinaria, tanta o más que la del mundo de los hechos. Esto puede resultarnos sorprendente, pero ello sólo se debe a nuestra ignorancia supina de las constelaciones de ese enorme universo. Por más que valorar sea una función imprescindible en la vida, exactamente igual que el respirar, la solemos ejecutar de modo natural y espontáneo, sin conciencia de ello y menos aún con una educación adecuada y un lenguaje preciso. En el mundo del valor somos casi analfabetos. No sabemos ni hablar de él, no conocemos su lenguaje.

Y sin embargo, los valores son lo más importante en nuestras vidas. Lo es, sin duda, el valor económico. ¿Quién no aprecia o desprecia las cosas que ve, y por tanto quién no las pone precio? Todo tiene precio. No hace falta saber nada de teoría de los valores para realizar ese acto de apreciación económica. Pero de igual manera apreciamos, estimamos o valoramos las cosas y las personas estéticamente, moralmente, etc. ¿Acaso la elección de carrera no se hace por motivos de valor? ¿Y la que los antiguos manuales de ascética llamaban elección de estado? ¿Qué es lo que nos lleva a querer compartir con otra persona el resto de nuestras vidas? No lo dudemos, los valores son lo más importante de nuestras vidas.

Si los médicos manejáramos con soltura el mundo del valor, veríamos con claridad que salud y enfermedad no son puros hechos, sino valores. Durante la carrera hemos aprendido muchos hechos clínicos, lesiones, disfunciones, infecciones, etc., y esto nos ha llevado a pensar que la enfermedad es un puro hecho biológico. Nada más alejado de la realidad. Es un sofisma que en los libros de lógica se conoce con el nombre de *pars pro toto*. Claro que en la salud y en la enfermedad hay cuestiones de hecho. Pero sobre ellas se montan valores. Salud y enfermedad son estimaciones, valoraciones. No entenderlo así es cerrar los ojos a la realidad y exponerse a no entender casi nada.

Los valores son de muchos tipos, religiosos, jurídicos, estéticos, lógicos, vitales, económicos, etc. Tienen muchas propiedades. Una es la cualidad. Todos esos valores son cualitativamente distintos. Otra es el rango o la jerarquía. No todos los valores son del mismo nivel. En general, se considera que los valores de cosa o materiales son jerárquicamente inferiores a los de ser vivo o vitales, y éstos inferiores a los de ser humano o espirituales. Hay todavía otras propiedades. Pero lo que aquí nos interesa es llamar la atención sobre el hecho de que los valores pueden resultar incompatibles entre sí. Esto es lo que se conoce técnicamente con el nombre de «conflicto de valores». Los valores pueden entrar en conflicto. Lo vemos todos los días en la práctica clínica. Un valor material, el dinero, puede entrar en conflicto con un valor vital, la salud. Y ésta también puede entrar en conflicto con valores estéticos, éticos, religiosos, etc.

Tras lo dicho, la expresión «conflicto de valores» pueda parecer clara, pero en el fondo es sumamente oscura. ¿Qué significa que los valores entran en conflicto entre sí? Los valores en sí no son conflictivos; son, valen y nada más. Volvamos a uno de los ejemplos anteriores. Un valor es el económico, y otro el valor salud. En tanto que valores, son completamente distintos. Los valores son cualidades que se tienen o no se tienen. El conflicto nunca está en el valor, sino en su «realización». El conflicto surge cuando intentamos realizar valores, pues entonces sí que la promoción de uno impide muchas veces la realización de otro o, al menos, su no lesión. Eso sí es un conflicto. Pero los conflictos no afectan a los valores en sí, sino a su realización.

Conviene analizar con mayor detalle en qué consiste esto de la realización de valores. Los valores valen, decíamos hace un momento. ¿Qué significa esto? Significa que si un valor desapareciera de la tierra, habríamos perdido algo importante. Pensemos, por ejemplo, en la belleza, o en la amistad, o en el amor. Decimos que son valores. Y lo son porque valen en sí. Moore los llamaba por eso valores intrínsecos[1]. Algo tiene valor intrínseco

---

[1] MOORE, G. E., *Principia Ethica*, Cambridge, Cambridge University Press, 1903.

cuando caso de desaparecer, perderíamos algo importante. No hay duda de que nuestro mundo es muy injusto y de que en él abundan las guerras. Pero tampoco la hay de que la justicia y la paz son valores intrínsecos, porque caso de que desaparecieran para siempre habríamos perdido algo importante.

Pues bien, en el ser humano hay un tercer mundo, además del de los hechos y el de los valores. Es el mundo de los deberes. Es un mundo extrañísimo. Los seres humanos creemos que debemos hacer ciertas cosas y evitar otras. Es también una experiencia universal, consustancial con la naturaleza humana. Podremos divergir en cuanto a los contenidos de nuestros deberes, pero la experiencia del deber es prácticamente universal. ¿Y qué es lo que debemos? Realizar valores. Precisamente porque los valores valen, el ser humano cree que debe realizarlos, hacerlos realidad en el menor tiempo posible. Es un deber hacer lo posible para que se realicen el valor paz, y el valor justicia, y el amor, y la belleza, etc. Todos desearíamos que nuestro mundo fuera así. Y tenemos del deber de hacer lo posible para que nuestro mundo real, esta «edad de hierro», que decía don Quijote de la Mancha, se transforme en la «edad dorada», plena de verdad, de justicia, de amor y de paz, en el menor tiempo posible. Es más, estamos obligados a hacerlo, aun a sabiendas de que no lo conseguiremos nunca. Es algo sumamente paradójico: lo ideal, como el valor justicia, tiene efectos reales sobre nosotros, nos obliga realmente, exigiéndonos su realización. No es lo real lo que se impone a lo ideal, sino lo ideal a lo real. Lo que fallan no son las utopías; falla la realidad.

Este tercer mundo, el mundo de los deberes, se monta sobre el de los valores. Sucede algo similar a lo que ya vimos a propósito de las relaciones entre hechos y valores. Decíamos entonces que los hechos eran soporte de los valores. Pues bien, ahora hemos de afirmar algo similar, que los valores son soporte de los deberes. El deber no es huero, no está vacío; tiene siempre un contenido, una materia. Y su materia son los valores. Nuestro deber es realizar valores.

Volvamos ahora al tema del conflicto de valores. Los valores sólo entran en conflicto entre sí cuando se pasa del segundo mundo al tercero, cuando se pasa de la axiología a la ética; es decir, cuando se trata de realizar valores. Entonces sí entran en conflicto, porque nuestra capacidad de realizar valores es muy limitada; siempre, desde luego, menor que la pugna de los valores por realizarse, por hacerse reales. El llamado conflicto de valores es, pues, conflicto en la realización de valores.

Esto significa que en el mundo del deber hay a su vez dos niveles o momentos. Uno es el nivel ideal en el que los valores pugnan por su realización, pero sin tener en cuenta las circunstancias concretas. Este nivel es muy importante, porque es el que orienta nuestra vida moral. En este primer nivel, todos los valores positivos crean en nosotros una obligación, la de realizarlos, y caso de que no entren en conflicto entre ellos, esa obligación abstracta o ideal se convierte *ipso facto* en obligación real.

¿Hay conflictos en este nivel ideal? Por supuesto que sí. Pensemos en dos valores positivos, cada uno de los cuales exige su realización. Uno es el valor vida, y otro el valor religioso, el ordenar la vida conforme a las propias creencias. Esos dos valores tiran de nosotros, exigiéndonos su cumplimiento. Pero en su realización entran en conflicto. Es el caso, por ejemplo, de los Testigos de Jehová. Si se es fiel a las propias creencias, se corre el riesgo de perder la vida, y viceversa. Eso es lo que suele considerarse un «conflicto de valores». Con lo cual ahora podemos entender lo que significa esa expresión de modo más preciso. Es que dos o más valores entran en conflicto a la hora de ponerse en práctica, de realizarse. Los llamados conflictos de valores son, en el rigor de los términos, conflictos de deberes. Pero de deberes en este primer nivel, el nivel ideal. Hay valores que a la hora de realizarse resultan conflictivos entre sí.

Hay un segundo nivel. La realización tiene que hacerse siempre en condiciones concretas, contando con unos medios y no con otros. Esto hace que la realización esté siempre situada en el espacio y en el tiempo. Yo tengo que realizar la justicia, o la paz, en condiciones concretas, contando con las circunstancias propias de una situación específica, y además teniendo en cuenta las consecuencias de la decisión que tome. Si el anterior era el nivel de obligación de los valores puros, ideales, este segundo es el nivel de obligación de los valores en situaciones concretas. Por ejemplo, por más que en el primer nivel yo crea que no debe mentirse, que la veracidad es un valor que exige su respeto y realización en el mundo, yo puedo encontrarse en situaciones tales que crea que no debo decir la verdad, por ejemplo, a un paciente. Afirmando la veracidad en el primer nivel, me considero autorizado para no decir toda la verdad, o mentir, en este segundo nivel. Son cosas perfectamente compatibles. A la vez que hago en la práctica una excepción al principio de veracidad, puedo seguir afirmándolo en el otro nivel, y creer que éste me sigue obligando, de tal modo que en cuanto cambien las circunstancias tendré que volver a ser veraz.

En el idioma español esta diferencia de niveles no se entiende muy bien, porque nosotros utilizamos el mismo verbo para expresar estas dos situaciones. En otros idiomas no es así. En inglés, por ejemplo, el primero se expresa mediante el verbo *shall*, y más en concreto mediante su pasado, *should*, que nosotros traducimos por «debería». Por el contrario, el segundo nivel se expresa mediante los verbos *ought* to o *must*, que traduciríamos por «debe». Lo mismo pasa en alemán, donde *sollen* se diferencia perfectamente de *müssen*. En español decimos todo eso con el mismo verbo, «deber», colocándolo en diferentes tiempos. El primero con el tiempo llamado potencial, «debería», y el segundo el presente, «debe». Potencialmente debería decir la verdad, pero en el presente debo mentir. En nuestra lengua tiene perfecto sentido decir: «debería decir la verdad, pero en este momento creo que debo mentir».

Este juego verbal permite ver con toda claridad que también aquí hay conflictos. Ya no se trata de conflictos entre valores que pugnan por su realización, sino de conflictos entre el debería y el debe, entre la exigencia ideal de los valores y la condiciones reales. Esto es el que cabe llamar, con toda precisión, «conflicto de deberes». Cuando creo que puedo hacer una excepción al principio de veracidad, dado que en caso contrario estaría faltando al respeto a un paciente concreto, existe un conflicto entre dos valores, el de veracidad y el de respeto, pero no porque ambos sean en sí incompatibles, sino porque resultan incompatibles en una situación concreta. No se trata de conflicto de valores, sino de conflicto entre el debería y el debe, entre lo que debería hacer y lo que debo hacer. Esto diferencia claramente el ejemplo de la veracidad que hemos expuesto, del ejemplo del testigo de Jehová. En este último caso el conflicto no viene producido por las circunstancias concretas, sino porque ambos valores resultan incompatibles: el respeto de las creencias exige el sacrificio de la vida, y viceversa.

El último tipo de conflicto, el que hemos llamado conflicto de deberes, es el que trató de expresar magníficamente David Ross en su libro *The Right and the Good,* distinguiendo dos niveles o tipos de deberes, los que llamó «deberes *prima facie*» y «deberes reales y efectivos»[2]. El deber tiene siempre esas dos dimensiones.

Ahora podemos dar una respuesta a la pregunta que encabezaba este parágrafo: ¿Qué es un conflicto moral? No es, ciertamente, un conflicto de hechos, sino un conflicto de valores y de deberes. El conflicto moral es siempre conflicto en la realización de valores. Por eso es moral, porque tiene que ver con la

---

[2] Ross, W. D., *The Right and the Good.* Oxford, Oxford University Press, 1930.

realización de valores. Pero en esa realización hay siempre dos niveles, el del debería y el del debe. En ambos caben los conflictos. Hay conflictos en que la dificultad viene de los propios valores, y hay conflictos que se deben a las situaciones empíricas que condicionan su realización. En el caso del testigo de Jehová, el conflicto procede de la propia materia del valor, que exige la no transfusión de sangre, lo que supone un riesgo para la vida. Esos son los que deberían llamarse conflictos de valor en sentido estricto. En otros casos, los valores no tienen en su materia nada que les haga incompatibles entre sí. El conflicto viene de las condiciones empíricas en que ha de realizarse el valor. Así, en el caso de la veracidad y la lesión del respeto de un paciente. Son las condiciones psicológicas concretas del paciente, no el valor del respeto en sí mismo, las que generan el conflicto. El conflicto ahora no es entre valores, sino entre el debería de su realización ideal y el debe de su realización concreta. A esto último es a lo que debería llamarse, en sentido estricto, conflicto de deberes. La expresión «conflicto moral» abarca tanto los conflictos de valores como los conflictos de deberes. Todos son, en última instancia, conflictos morales.

Los pasos de la deliberación moral

La deliberación moral, por tanto, tiene niveles, al menos tres. Hay primero que deliberar sobre los hechos, luego sobre los valores y, finalmente, sobre los deberes. Esto, que puede parecer complejo, no lo es tanto si se sigue un procedimiento que nos exija ir paso a paso.

El proceso de deliberación se pone en marcha siempre ante la existencia de un problema. Alguien que necesita tomar una decisión tiene problemas para saber qué debe decidir. De ahí que el procedimiento se inicie con la presentación, por parte de quien lo tiene, del problema o caso (paso 1). Esto es lo que hacemos todos cuando buscamos el consejo de alguien. Lo primero que hacemos es plantearle el problema. En medicina, eso que aquí llamamos problema suele denominarse caso clínico. Los casos clínicos encierran múltiples problemas. A un comité de ética es lógico que se lleven aquellos casos que plantean problemas morales. Luego intentaremos definir qué es eso de un problema moral. Ahora basta con decir que en este primer punto, quien tiene el problema ha que exponerlo, exponer el caso, exactamente igual que se hace en una sesión clínica. El paso 2 es también idéntico a lo que es usual en cualquier sesión clínica. Si se trata de un problema ético relacionado con un paciente o una enfermedad, lo primero que hemos de hacer es conocer muy bien los hechos, en ese caso los hechos clínicos. Esto supone analizar con la mayor precisión posible la situación clínica del paciente, su diagnóstico, su pronóstico y su tratamiento. Nunca podremos reducir a cero la incertidumbre, pero sí es necesario limitarla lo máximo posible, ya que toda esa incertidumbre la arrastraremos necesariamente a los pasos ulteriores del análisis. Y, por supuesto, un error en el orden de los hechos puede condicionar completamente todo lo que hagamos después.

Muchos de los errores en los juicios morales se deben a un mal análisis de los hechos. De ahí que la primera parte del estudio de un problema ético en un comité deba ser similar a cualquier sesión clínica. Y como en ellas, es preciso dedicar tiempo a estos dos primeros puntos. Sólo el estudio cuidadoso y la acumulación de perspectivas distintas, debidas a la intervención de personas con formación y experiencias también distintas, puede ayudarnos a conocer mejor los hechos del caso y a tomar decisiones diagnósticas, pronósticas y terapéuticas más prudentes. Puede haber imprudencia, ciertamente, por morosidad excesiva en el análisis, buscando lo que éste no puede dar, certeza. Pero lo más usual no es eso sino lo contrario, la imprudencia por ligereza en el análisis, por no dedicarle el suficiente tiempo, por pensar que ya sabemos lo que tiene el paciente y que no necesitamos mayores precisiones. La precipitación, la petulancia, la suficiencia, están en los antípodas de la prudencia. Es función de quien modera un grupo de deliberación, conceder suficiente tiempo al segundo punto del procedimiento, a fin de evitar errores fatales. El mejor modo de saber cuándo el debate sobre los hechos no reduce ya significativamente la incertidumbre y debe finalizar, es estar atentos a las redundancias. Cuando los argumentos empiezan a repetirse, cuando en la discusión no se avanza ya más, no se introducen perspectivas realmente nuevas, es que el proceso de análisis ha llegado a su final. Es necesario pasar al punto siguiente.

Con el paso 3 se inicia la segunda parte del proceso, la deliberación sobre los valores. Este tema de los valores es complejo, como ya ha quedado dicho, y por tanto necesita ser analizado con un cierto orden. Primeramente es preciso identificar bien el problema ético a tratar (paso 4), para después ir en busca de los valores en conflicto que lo han generado, o del conflicto de valores que hay en su interior (paso 5). Y para identificar el problema ético a discutir, es conveniente, cuando no necesario, dedicar algunos minutos a la búsqueda de todos los problemas éticos que seamos capaces de encontrar en el caso que nos han presentado (paso 3).

El punto 3 del método aplicamos algunas de las ideas fundamentales de Weed al caso particular de la ética[3]. Lo que hacemos en este momento es identificar todos los problemas éticos que creamos existen en el caso objeto de estudio. El término problema lo utilizamos intencionadamente en toda su ambigüedad. Problema ético es todo lo que para alguien es un problema ético. Si es problema ético para él, ya es un problema ético, al menos para él. Por tanto, no nos hacemos cuestión de qué es un problema ético o cómo hay que definirlo. De este

---

[3] WEED, L. L., «Medical records that guide and teach». *N Engl J Med.* 278(12): 652-7, Mar 21, 1968.

modo, intentamos romper el miedo que en un principio existe a la identificación de los problemas éticos. Las personas muchas veces se muestran reservadas a la hora de expresar el problema ético que creen han identificado, por si acaso no es un problema ético. Esa reserva debe desaparecer. Todo el que cree que ha identificado un problema ético debe decirlo, porque por ese mismo hecho ya interesa como problema ético.

Es conveniente expresar los problemas de este modo, describiéndolos de la forma más precisa posible y con el menor número de palabras de que seamos capaces. Puesto que de problemas se trata, lo lógico es formularlos entre interrogaciones, y dado que hablamos de problemas éticos, también parece obvio que el verbo de la frase ha de ser, de preferencia, el verbo deber. Todo esto no es fácil y necesita de un entrenamiento específico. La identificación de problemas éticos y la expresión de esos problemas en palabras, son habilidades que hay que adquirir en un proceso de entrenamiento que la experiencia demuestra que no puede ser corto.

¿Para qué sirve identificar los problemas éticos presentes en un caso o en una historia clínica? Por lo pronto, sirve para adquirir las habilidades a las que acabamos de referirnos. Pero además resulta fundamental para orientar todos los pasos ulteriores del análisis. Si no se hace así, en el debate posterior es obvio que, a pesar de estar hablando sobre el mismo caso, cada uno puede estarse refiriendo a un problema distinto, con lo cual la discusión se diluirá en mil cuestiones distintas y será imposible ponerla término o llegar a una solución. La experiencia demuestra que sólo identificando los problemas y eligiendo uno concreto para analizar o discutir, el debate ulterior puede hacerse con orden y cabe llegar a soluciones concretas.

Con esto se ha dado ya el paso 4, el de la identificación del problema a discutir. Sólo podemos analizar un problema y es necesario elegir cuál va a ser éste. Esta elección no la debe hacer ninguno de los participantes del grupo, ni tampoco su moderador, sino la persona que ha presentado el caso, aquél que hizo la consulta porque quería que le asosoráramos en un problema concreto. Es bueno que en el paso 3, el de identificación de los problemas del caso, no participe activamente quien presenta el problema, sino que lo hagan los distintos miembros del grupo de deliberación. Tras hacer la lista de problemas éticos, debemos preguntar a quien nos hizo la consulta si entre los problemas identificados está el que le preocupa. Es frecuente que diga que sí y señale el problema concreto que quiere que se analice. Otras veces no sucede eso, y entonces resulta que nuestra lista de problemas tiene que ampliarse con otro problema nuevo, el problema por el que esa persona ha venido a consultarnos.

Una vez determinado el problema a deliberar, es preciso dar un paso más, el 5, e identificar los valores implicados. Lo que hacemos ahora es pasar del lenguaje concreto de los problemas al lenguaje abstracto de los valores. Todo problema ético, por las razones que ya hemos explicado, es, en el fondo, un conflicto de valores. Si hay un conflicto de valores, es porque dos o más de ellos pugnan por realizarse en esa situación concreta. El conflicto tiene que serlo siempre entre dos valores positivos, que exigen su realización. En el caso del testigo de Jehová, es el conflicto entre un valor positivo, el valor vida, y otro también positivo, el respeto de las propias creencias religiosas. En el caso de la mentira, el conflicto es entre el valor veracidad y la no lesión de una persona en una situación concreta.

Una vez identificados los valores en conflicto, comienza la tercera fase del procedimiento, la deliberación propiamente moral. De lo que se trata ahora es de definir nuestros deberes. Por tanto, de saber qué valor debemos realizar. El criterio para resolver el conflicto de valores es siempre el mismo: tenemos que realizar todos los valores implicados en el caso lo máximo posible, o, dicho en negativo, estamos obligados a lesionarlos lo mínimo posible. Esto significa que la obligación moral no está, como suele pensarse con demasiada frecuencia, en hacer lo bueno y evitar lo malo. Nuestra obligación moral no consiste en hacer lo bueno, sino lo mejor, lo óptimo. Lo que tenemos que ver es cómo salir de modo óptimo del conflicto; por tanto, cómo realizar los valores lo más que se pueda, o cómo lesionarlos lo menos posible.

Este es el objetivo del paso 6 del método. Para ello, vamos a concretarnos en el análisis de los cursos de acción posibles. No es una arbitrariedad. Los cursos de acción son las salidas que cabe imaginar en una situación concreta. Es el intento de responder a la pregunta: ¿qué podemos hacer ante este conflicto?

La mente humana, quizá por pereza, o por lo que se conoce como navaja de Ockam o principio de economía del pensamiento, tiende a reducir todos los cursos de acción a dos, y además verlos como extremos u opuestos entre sí. Dada nuestra propensión a identificar cursos extremos, los primeros cursos de acción que debemos identificar son los extremos (paso 7). Los cursos verdaderamente extremos consisten siempre en lo mismo: en la opción por uno de los valores en conflicto, con lesión total del otro, y viceversa. Naturalmente, la pérdida completa de un valor es siempre una tragedia. Los cursos extremos son trágicos. Esto hace que no puedan elegirse más que cuando han fallado todos los cursos intermedios.

El siguiente paso es, pues, la búsqueda de cursos intermedios (paso 8). No es tarea fácil. Hay que dedicarla tiempo e imaginación. Por ello mismo, es conveniente que en los casos complejos la búsqueda de cursos intermedios deba hacerse en grupo, colectivamente. La diversificación de formaciones y de experiencias enriquecerá el proceso y permitirá ampliar el número y la calidad de las salidas. Muchas veces es conveniente dibujar los diferentes cursos en un diagrama en forma de árbol, a fin de situar cada curso en su lugar apropiado, entre los dos cursos extremos.

Un factor fundamental a tener en cuenta en la identificación de cursos es el tiempo. Muchas veces nos empeñamos en limitar los cursos a aquellos que permiten tomar la decisión en el momento presente, sin tener en cuenta que hay decisiones que no son tan urgentes que no puedan esperar un cierto tiempo. Pues bien, el manejo de la variable tiempo permite encontrar cursos que muchas veces son preferibles a todos los actuales. El tiempo se encarga de aclarar muchas cosas, y de resolver otras.

Una vez identificados los distintos cursos de acción, tanto extremos como intermedios, es necesario que deliberemos sobre qué curso nos parece óptimo (paso 9). La experiencia demuestra que resulta por lo general fácil llegar a un consenso sobre el curso óptimo. Pero conviene tener presente que la deliberación no tiene por objeto la búsqueda del consenso, sino la toma de decisiones prudentes. El método no busca la unanimidad en la decisión, ni puede considerarse un fracaso el hecho de que esa unanimidad no se logre. Lo que el método busca es que todas las decisiones que se tomen, sea una o sean varias, puedan considerarse prudentes.

Adviértase que para que alcancen ese estatuto de prudentes, es necesario que sean realistas, es decir, realizables. Ahora estamos descendiendo de nuevo a la realidad, a las condiciones concretas. En el paso 5 nos elevamos al lenguaje abstracto de los valores, y en el 7 hemos comenzado identificando los cursos extremos de acción, que en la práctica resultan casi siempre irrealizables. También les sucede eso a muchos cursos intermedios. Era conveniente, sin embargo, tenerlos en cuenta, en un esfuerzo por extender y ampliar el análisis todo lo posible. Pero una vez realizado todo esto, es necesario volver a la realidad, a la situación concreta del caso, con todas sus circunstancias. Una decisión nunca será óptima si no tiene en cuenta las circunstancias existentes y las consecuencias previsibles. Estamos pasando de lo que más arriba denominamos nivel del «debería» al nivel del «debe». El deber es siempre concreto, es el deber aquí y ahora, en esta situación, con estas circunstancias, y previendo determinadas consecuencias. Y como las circunstancias reales siempre limitan la realización de valores, resultará que la solución óptima en una situación concreta no coincidirá por lo general con la óptima en general; no será, por tanto, la solución «mejor», sino la «menos mala». Dicho de otro modo, el «debe» no suele coincidir nunca con el «debería». Eso es lo que llamábamos un «conflicto de deberes». La solución óptima será siempre el resultado de resolver este conflicto, lo cual se hace siempre de la misma manera. Ésta consiste en ver si las condiciones reales nos obligan a hacer una excepción al deber que tenemos de realizar un valor. La decisión final (paso 9) no puede tomarse hasta no haber ponderado las circunstancias del caso, y de ese modo haber dado una solución a ese conflicto.

En buena lógica el método debería acabar aquí. Pero la prudencia exige algo más. Exige verificar la consistencia de esa opción que hemos hecho (paso 10). Y eso suele realizarse sometiendo la decisión a ciertas pruebas de consistencia. Hay varias. Las más importantes son tres, la prueba de la legalidad, la prueba de la publicidad y la prueba del tiempo. Las tres son muy importantes. La primera, la prueba de la legalidad, tiene por objeto asegurarse de que la decisión que tomamos no es ilegal o antijurídica. Ética y derecho son cosas distintas, y una decisión puede ser moral e ilegal a la vez, y también legal e inmoral. Esto es evidente. Por eso mismo el procedimiento no ha tenido en cuenta la ley hasta ahora, al final de todo el proceso. Es un error tan grave como frecuente confundir el análisis ético de un caso con su análisis jurídico. Cuando se plantea un problema a alguien, es frecuente que esta persona pregunte en primer lugar por lo que dice la ley al respecto. Es un mal procedimiento, ya que lleva a iniciar un proceso de análisis jurídico que dificulta, cuando no impide, el análisis ético. Lo que aquí hemos ofrecido es un procedimiento de análisis ético de los problemas, no jurídico. Pero ahora, al final, es conveniente preguntarse por lo que dice la ley al respecto. Las decisiones antijurídicas deben tomarse con plena conciencia de lo que se está haciendo.

La segunda prueba es la de la publicidad. Todos estamos dispuestos a tomar muchas decisiones, con tal de que no se enteren los demás de ellas. Pues bien, tomar ese tipo de decisiones es, por lo general, imprudente. Sobre todo porque nadie puede estar seguro de que esa decisión no vaya a hacerse pública, o a llegar a los tribunales. Si alguien no se ve capaz de justificar públicamente la decisión que ha tomado, debería revisarla antes de elevarla a definitiva (paso 8).

Finalmente, está la prueba del tiempo. Muchas veces esta prueba se entiende mal. No se trata de aparcar la decisión por horas o días. Esto, en muchos casos, y concretamente en medicina, no resulta posible. Pero no se trata de eso. Se trata, simplemente, de dedicar unos momentos a realizar un pequeño ejercicio mental, el de pensar si tomaríamos la misma decisión caso de que pudiéramos esperar algunas horas o días. Es bien sabido que todos estamos dispuestos a tomar ciertas decisiones en momentos de gran implicación emocional, cuando estamos muy furiosos, o muy emocionados por algo, y que esas decisiones no las tomaríamos en situaciones anímicas menos violentas o pasionales. Pues bien, esas decisiones acaloradas, fruto de la emoción o del apasionamiento, no suelen ser prudentes. En estos casos, lo más prudente es esperar a que mejore la situación emocional.

Si una decisión resiste el contraste con estas tres pruebas, podemos estar razonablemente seguros de que es prudente; por tanto, podemos elevarla a definitiva (paso 11). Es el último punto del método.[4]

---

[4] GRACIA, D., «Teoría y práctica de la deliberación moral», in: FEITO, Lidia; SÁNCHEZ, Miguel; GRACIA, Diego, *Bioética: el estado de la cuestión*, Madrid, Triacastela, pp. 101-152, 2011. GRACIA, D., «Deliberation and Consensus», In: CHADWICK, Ruth; TEN HAVE, Henk; MESLIN, Eric M. (Eds.), *The SAGE Handbook of Health Care Ethics*, London, SAGE Publications, pp. 84-94, 2011. GRACIA, D., «Deliberation», in: TEN HAVE, Henk (Ed.), *Encyclopedia of Global Bioethics*, Dordrecht. Springer, (forthcoming).

Lecturas recomendadas

ARISTÓTELES, *Ética nicomáquea, Ética eudemia*, Madrid: Gredos, 1985.

GRACIA, D., «Teoría y práctica de la deliberación moral», in: FEITO, Lidia; SÁNCHEZ, Miguel; GRACIA, Diego, *Bioética: el estado de la cuestión*, Madrid, Triacastela, pp. 101-152, 2011.

GRACIA, D., «Deliberation and Consensus», in: CHADWICK, Ruth; TEN HAVE, Henk; MESLIN Eric M. (Eds.), *The SAGE Handbook of Health Care Ethics*, London, SAGE Publications, pp. 84-94, 2011.

GRACIA, D., «Deliberation», in: TEN HAVE, Henk (Ed.), *Encyclopedia of Global Bioethics*, Dordrecht, Springer (forthcoming).

MOORE, G. E., *Principia Ethica*, Cambridge, Cambridge University Press, 1903.

ROSS, W. D., *The Right and the Good*, Oxford, Oxford University Press, 1930.

Éticas de Princípios
e a Abordagem Particularista

Pedro Galvão
Universidade de Lisboa

A ética filosófica tem consistido, em grande medida, na busca, discussão e aplicação de princípios éticos. Mas o que é um princípio ético? Na primeira secção, esclarece-se este conceito e distinguem-se diversos tipos de princípios éticos. As secções 2 e 3 incidem em éticas de princípios, mais precisamente em teorias da obrigação nas quais se entende que a moralidade dos actos depende do seu acordo com princípios acerca do que se deve fazer. Por fim, na secção 4, discute-se a abordagem particularista, que se define pela rejeição de princípios éticos.

1. Princípios éticos

Um princípio ético propriamente dito tem uma forma universal, mesmo que esta nem sempre esteja explícita. A afirmação *Mentir é errado*, por exemplo, exprime o princípio de que *todos* os actos que consistam numa mentira são eticamente errados. Já afirmações como «Aquela mentira foi errada», «Certas mentiras são erradas» ou mesmo «Mentir geralmente é errado» não exprimem princípios éticos, dado que não têm um carácter universal. Num princípio ético, estabelece-se uma relação entre uma propriedade moral, M, e outra ou outras propriedades, P, geralmente não-morais. Afirma-se que tudo o que seja P também tem (ou não tem) a propriedade M.

Embora qualquer princípio ético tenha uma forma universal, isto não significa que todos os princípios éticos sejam muito *gerais*. A generalidade, ao invés da universalidade, é uma questão de grau – e alguns princípios éticos, em virtude de respeitarem a propriedades muito específicas, têm um grau elevado de especificidade. As afirmações seguintes ilustram a diferença entre universalidade e generalidade:

(1) Matar é errado.
(2) Matar pessoas é errado.
(3) Matar pessoas inocentes é errado.
(4) Matar intencionalmente pessoas inocentes é errado.

Todas estas afirmações são universais. Cada uma deles exprime um princípio segundo o qual *todos* os actos que tenham uma certa propriedade têm também a propriedade moral de serem errados. É manifesto, no entanto, que os princípios (1) – (4) variam em generalidade: a partir de (1), cada princípio é mais específico do que o anterior.

Alguns princípios éticos são *axiológicos*, pois concernem ao que é intrinsecamente valioso ou desvalioso, sem afirmarem nada quanto ao que os agentes devem ou podem fazer. O hedonismo, por exemplo, é a perspectiva axiológica segundo a qual só o prazer é intrinsecamente valioso. Esta perspectiva equivale ao seguinte princípio: todos os estados aprazíveis, e só eles, são bons em si. A teoria do valor é o campo da ética filosófica onde se enquadra a busca dos princípios axiológicos

ÉTICAS DE PRINCÍPIOS | 167

correctos. A teoria da obrigação, pelo contrário, centra-se na procura dos princípios *deônticos* correctos. Estes são, *grosso modo*, aqueles princípios que determinam o que é certo ou errado fazer.

Nas secções subsequentes, examinaremos sobretudo princípios deônticos. Todavia, antes de avançarmos importa elucidar outra distinção entre princípios éticos, que respeita à sua *força*: a distinção entre princípios absolutos e princípios *prima facie*.

Consideremos, por exemplo, a afirmação «A tortura é errada». Há uma ambiguidade nesta afirmação, dado que ela pode exprimir dois princípios significativamente diferentes:

(1) Torturar é errado absolutamente.
(2) Torturar é errado *prima facie*.

Quem aceite (1) – um princípio absoluto – julgará que um acto é errado *sempre* que consista em tortura. Pensará, por outras palavras, que o facto de um acto consistir em tortura constitui, em todas as situações possíveis, uma *razão* moralmente decisiva para não o realizarmos.

Já em (2) encontramos um princípio *prima facie*. Quem o subscreva julgará que temos sempre uma razão moral, certamente muito forte, para não realizar um acto se esse for um acto de tortura. Por outras palavras, o facto de um acto consistir em tortura *contribuiu* sempre para torná-lo errado. Contudo, essa contribuição não será decisiva em todas as circunstâncias possíveis. A razão moral para não torturar, deste ponto de vista, é susceptível de ser suplantada por outras razões morais. Assim, em algumas circunstâncias possíveis, um acto de tortura será, ponderados todos os factores relevantes, eticamente aceitável ou mesmo obrigatório – isto *apesar* de ser um acto de tortura.

2. Generalismo rossiano

Os generalistas crêem na existência de princípios éticos correctos e com importância prática.[1] A perspectiva mais específica conhecida por *generalismo rossiano*, exemplificada pela teoria de David Ross (1930), é a versão mais modesta de generalismo, na medida em que se define pelas teses seguintes:

- Não existe *um* princípio ético fundamental que seja correcto.
- Todos os princípios éticos correctos são princípios *prima facie*.

Um princípio ético fundamental (concebido como o *único* princípio básico) diz-nos o que, no fundo, têm em comum todos os actos errados, e só eles – e assim, claro, o que têm em comum todos os actos certos, e só eles.[2] Na verdade, um princípio fundamental visa explicar-nos o que torna errados todos os actos errados, bem como o que torna certos todos os actos certos. Dele se seguirão, em conjunção com a informação apropriada, todos os princípios éticos mais específicos que sejam correctos.

Ross repudia a busca de um princípio fundamental. Consideremos vários actos particulares eticamente errados: por exemplo, o incumprimento de uma promessa, uma agressão a um inocente, a atribuição de uma recompensa a quem menos a merecia. Actos como estes, sugere-nos Ross, são errados por

---

[1] Tanto nesta secção como na próxima, por «princípio ético» entende-se, mais precisamente, um princípio ético *deôntico*.
[2] Um acto errado é contrário ao dever. Um acto certo, no sentido dado aqui ao termo, não tem de ser um acto que *devemos* realizar – pode ser também um acto cuja realização é eticamente permissível ou aceitável, mas não obrigatória. Neste sentido abrangente, qualquer acto que não seja errado será certo.

razões muito diferentes, irredutíveis a uma só razão mais básica. Assim, não há uma propriedade que todos os actos errados, e só eles, tenham em comum, pelo que os nossos deveres não se deixam reduzir a um só dever fundamental, correspondente a um único princípio básico.

Ross apresenta-nos uma lista dos nossos deveres mais gerais, reconhecendo que esta poderá estar incompleta. Em seu entender, temos: (1) um dever de *lealdade*, que é o de honrar os nossos compromissos; (2) um dever de *reparação*, que se nos coloca quando agimos erradamente; (3) um dever de *gratidão*, que é relativo a quem nos beneficiou; (4) um dever de *justiça*, que respeita à distribuição da felicidade em conformidade com o mérito; (5) um dever de *desenvolvimento pessoal*, que é o de aperfeiçoar as nossas capacidades intelectuais e morais; (6) um dever de *beneficência*, que se cumpre promovendo a felicidade dos outros; (7) um dever de *não-maleficência*, cujo cumprimento exige não prejudicar os outros de determinadas formas.

Segundo Ross, é por intuição racional que sabemos ter estes deveres. Todos são auto-evidentes. Nenhum deles, no entanto, é absoluto: todos correspondem a princípios *prima facie*. Quando nos vemos perante um conflito entre alguns destes deveres *prima facie*, como haveremos, então, de descobrir aquilo que efectivamente devemos fazer? Ross julga não ser possível apelar a um princípio mais básico para resolver o conflito. E, embora entenda que alguns dos deveres listados geralmente prevaleçam sobre outros, considera que nenhum deles tem uma prioridade absoluta em relação aos demais. O dever de não-maleficência, por exemplo, normalmente «pesará» mais do que o dever de beneficência, mas em alguns casos não será errado prejudicar ou maltratar uma pessoa para beneficiar outras. Dada a ausência de um princípio ético fundamental, bem como a inexistência de prioridades absolutas entre os nossos deveres, resta ao agente confiar na sua percepção – falível, admite Ross – para descobrir, em casos particulares, aquilo que de facto deve fazer quando vários princípios *prima facie* apontam para cursos de acção incompatíveis.

3. Princípios fundamentais

O generalismo rossiano deixa-nos perante uma pilha bastante desconexa de deveres. Em oposição à abordagem de Ross, muitos filósofos julgam existir um princípio fundamental correcto acerca do que é certo ou errado fazer. À luz desse princípio, poderemos definir melhor os contornos dos nossos deveres mais específicos, resolver pelo menos alguns dos conflitos entre esses deveres e tentar responder racionalmente às questões situadas no campo da ética aplicada.

Mas qual será o princípio ético fundamental? Nesta secção, examinaremos sucintamente algumas das perspectivas éticas mais marcantes que respondem a este problema.

3.1. Consequencialismo

De acordo com o consequencialismo de actos, o princípio fundamental da ética é bastante simples:

– Devemos agir sempre da forma que resulte em consequências imparcialmente melhores.

Segundo esta perspectiva, o nosso único dever básico é promover o bem de uma forma imparcial no máximo grau possível. Um acto será errado sempre que exista um acto alternativo cuja realização tivesse resultado numa situação globalmente melhor.

A versão mais influente de consequencialismo dos actos é, sem dúvida, a *utilitarista*, representada por filósofos como

John Stuart Mill (1861), Henry Sidgwick (1907) e Peter Singer (1979), entre muitos outros. Para os utilitaristas, o bem a promover consiste simplesmente no bem-estar ou felicidade dos indivíduos afectados pelas nossas escolhas. Um acto certo, então, é aquele que conduz ao máximo bem-estar agregado. O dever de beneficência, que é apenas um dos deveres *prima facie* na lista rossiana, apresenta-se, no utilitarismo, como um dever absoluto que suplanta todos os outros.

A ética consequencialista tem sido criticada tanto por ser excessivamente permissiva como por, noutros aspectos, se afigurar demasiado exigente ou proibitiva. Suponha-se, por exemplo, que a única maneira de salvar cinco pessoas implica matar intencionalmente uma pessoa inocente. Muitos insistirão, contra o consequencialista de actos, que será errado matar esta última mesmo que daí resultem, numa perspectiva imparcial, consequências melhores. Assim, o princípio consequencialista permite alguns actos que, na verdade, são eticamente errados.

Suponha-se agora, por exemplo, que uma pessoa poderá produzir um maior bem caso abdique dos seus planos profissionais para se dedicar a tempo inteiro à ajuda a organizações de beneficência. Terá essa pessoa a *obrigação* de abdicar dos seus planos? Opondo-se ao consequencialista, muitos responderão negativamente: embora tenhamos um dever de beneficência, cumpri-lo não implica fazer *tudo* o que esteja ao nosso alcance para promover imparcialmente o bem, seja qual for o sacrifício pessoal envolvido.

A alternativa principal ao consequencialismo de actos é a perspectiva deontológica. Os deontologistas costumam reconhecer um dever de beneficência, mas afirmam a existência de diversos limites éticos à promoção imparcial do bem. Alguns desses limites consistem nas chamadas *restrições centradas no agente*, entre as quais se inclui, no mínimo, uma restrição contra maltratar os outros. Dada esta restrição, será errado, pelo menos de um modo geral, maltratar os outros de determinadas formas de modo a promover imparcialmente o bem. As pessoas (e talvez outros indivíduos) têm direitos morais negativos – *i.e.* direitos a *não* sofrer certas formas de interferência na sua vida. E estes direitos, alega o deontologista, não podem ser infringidos sempre que fazê-lo seja necessário para realizar um maior bem. A restrição contra maltratar proíbe, por exemplo, que se sacrifique a vida de uma pessoa para salvar cinco pessoas. Sacrificar essa pessoa seria violar o seu direito moral à vida. Ao afirmar que a restrição contra maltratar é centrada *no agente*, o deontologista está a sublinhar que, pelo menos de um modo geral, será errado um agente infringir os direitos negativos de um indivíduo mesmo de modo a evitar que *outros agentes* infrinjam, de forma similar, direitos de vários indivíduos. Pelo menos de um modo geral, portanto, será errado, por exemplo, torturar de modo a evitar que outros pratiquem a tortura.

Além de restrições, o deontologista normalmente defende a existência de *prerrogativas centradas no agente*. Em virtude da existência de restrições, alguns actos que promovem o bem na verdade são errados. Em virtude da existência de prerrogativas, muitos actos que *não* promovem o bem na verdade nada têm de errado: são eticamente opcionais. Contrariamente ao que o consequencialista de actos supõe, não é errado um agente dar uma prioridade muito considerável aos seus interesses e aos interesses dos que lhe são mais próximos. Não é errado, por exemplo, estudar literatura, praticar vela, cultivar orquídeas ou passar férias com a família, ainda que outras actividades resultassem num maior bem global – e isto porque, segundo o deontologista, não há qualquer *exigência* ética de promover o bem com toda a imparcialidade, dando a mesma importância a todos os que serão afectados pela nossa conduta, incluindo nós mesmos.

Em oposição ao ideal de imparcialidade proposto pelo consequencialista de actos, o deontologista afirma ainda a existência de múltiplas *obrigações especiais*. Estas consistem em deveres que alguns agentes têm para com apenas alguns indivíduos (e não para com as pessoas em geral) em virtude de manterem com eles certas relações eticamente significativas. Os pais, por exemplo, têm a obrigação de cuidar dos *seus* filhos. Similarmente, os advogados têm o dever de defender os *seus* clientes. Os deveres de lealdade, de gratidão e de reparação também se incluem nesta categoria.

Não é difícil reconhecer todos os traços de uma ética deontológica na lista rossiana de deveres *prima facie*. Ao invés de Ross, no entanto, muitos deontologistas defendem um princípio ético fundamental. Alguns deles, aliás, situam-se no campo consequencialista. Em vez da perspectiva tradicional, defendem o consequencialismo de regras, que se deixa resumir neste princípio:

– Devemos agir segundo as regras ou princípios cuja aceitação geral resultaria em consequências imparcialmente melhores.

Ao passo que o consequencialista de actos avalia cada acto directamente em função da promoção do bem, o consequencialista de regras reserva essa avaliação para princípios éticos. Em seu entender, o melhor conjunto de princípios (*i.e.* o código moral *ideal*) é aquele que, caso fosse aceite pela generalidade dos agentes morais, resultaria num maior bem. Aquilo que, em última análise, torna um acto errado é o facto de não estar em conformidade com esses princípios.

Os consequencialistas de regras, como Richard Brandt (1979) ou Brad Hooker (2000), sustentam que a sua perspectiva, além de ser uma alternativa genuína ao consequencialismo de actos, oferece a melhor justificação para os direitos, prerrogativas e obrigações especiais habitualmente reconhecidos na moralidade do senso comum.

3.2. Ética kantiana

No campo das perspectivas deontológicas, Immanuel Kant (1785) continua a sobressair entre os que defendem um princípio ético fundamental. Designando esse princípio por *imperativo categórico*, formula-o de diversas maneiras. As duas «fórmulas» mais emblemáticas correspondem aos princípios seguintes:

– Devemos agir segundo os princípios (ou máximas) que possamos querer como leis universais.
– Devemos tratar as pessoas não como meros meios, mas como fins.

A primeira versão do imperativo categórico, conhecida por *Fórmula da Lei Universal*, diz-nos que a nossa obrigação básica é agir segundo princípios que passem um determinado *teste de universalização*. Alguns princípios não passam este teste (*i.e.* não são universalizáveis) porque seria *impossível* que todos os seguissem. Kant defende, por exemplo, que é errado fazermos promessas com a intenção de as não cumprirmos. Se tentarmos conceber uma situação em que esta máxima seja uma lei universal (*i.e.* em que *todos* os agentes façam promessas desonestas), veremos que essa situação é impossível, já que a própria prática de fazer promessas não existiria se as pessoas não estivessem dispostas a cumpri-las. Kant entende também que alguns princípios, mesmo que sejam concebíveis como lei universal, não passam o teste de universalização: ainda que sejam pensáveis como lei universal, na verdade não podemos querer que todos os sigam. Por exemplo, um mundo em que todos sigam a máxima de não ajudar quem precisa é concebível, mas, argumenta Kant, é impossível querermos viver num mundo como esse. E, por esta razão, temos de reconhecer um dever de beneficência.

A segunda versão do imperativo categórico, conhecida por *Fórmula da Humanidade*, consiste numa exigência de respeito pelas pessoas, mais precisamente pela sua «humanidade» ou natureza racional. Esta exigência tem um aspecto negativo e outro positivo. Negativamente, a Fórmula da Humanidade diz--nos que não devemos fazer das pessoas *meros* meios, ou seja, que nunca devemos tratá-las de formas que elas não poderiam consentir – o que acontecerá, por exemplo, sempre que fizermos promessas enganadoras. Pela positiva, a fórmula exige que tratemos as pessoas como fins em si, o que implica apoiar os projectos e os propósitos dos outros, reconhecendo assim a sua *dignidade* como seres racionais e autónomos.

Pelo menos superficialmente, a Fórmula da Lei Universal e a Fórmula da Humanidade são diferentes. Kant alega que, no fundo, são expressões do mesmo princípio, mas muitos kantianos têm discordado desta alegação. Na verdade, ambas as fórmulas admitem diversas interpretações e, no campo da ética kantiana, a procura da melhor interpretação, bem como a descoberta das suas implicações práticas genuínas, continuam a motivar a reflexão filosófica. Christine Korsgaard (1996) e Allen Wood (2008) contam-se entre os filósofos actuais que melhor exemplificam tanto a riqueza como a complexidade da ética kantiana.

3.3. Contratualismo

Outras éticas de princípios, também de carácter deontológico, são contratualistas. Quem advoga o contratualismo entende que o princípio ético fundamental é o seguinte:

– Devemos agir segundo os princípios que *acordaríamos* numa certa situação em que, sendo racionais, procurássemos definir os termos gerais da nossa interacção.

A expressão «numa certa situação» é propositadamente vaga, dado que os contratualistas divergem entre si no modo como concebem a situação contratual que, a seu ver, está na base da moralidade. Os contratualistas convergem, no entanto, na ideia de que a ética se fundamenta num acordo *hipotético*: os princípios morais correctos são correctos porque seriam acordados por agentes apropriadamente racionais, na posse da informação adequada.

Para os contratualistas da linha fundada por Thomas Hobbes, os agentes que participam no contrato ético têm uma motivação fundamentalmente egoísta. Sabem que, caso cada indivíduo se limite a perseguir os seus interesses sem nenhum tipo de consideração pelos interesses dos outros, todos ficarão a perder, pelo que, sendo racionais, concordarão seguir normas que se revelem *mutuamente vantajosas*. Aceitarão, por exemplo, uma proibição de maltratar. É certo que esta proibição limitará o que cada um poderá fazer de modo a promover o seu próprio bem, mas esse custo será amplamente compensado pelos benefícios de viver numa sociedade em que os outros estejam inibidos de maltratar quem lhes seja inconveniente. Mesmo um dever de beneficência poderá resultar deste acordo: do mesmo modo que as partes contratantes aceitarão abster-se de maltratar os outros na expectativa de não serem maltratadas, poderão revelar-se dispostas a beneficiar os outros para que também colham benefícios, caso venham a precisar de ajuda.

O contratualismo hobbesiano tem algumas implicações práticas que o tornam muito implausível. À luz desta perspectiva, parece não haver lugar, por exemplo, para o reconhecimento de deveres em relação aos seres humanos das gerações futuras. Dado que quem viva dentro de duzentos anos nada poderá fazer para nos beneficiar nem para nos prejudicar, nenhum de nós terá nada a ganhar caso limite a procura do seu próprio bem em função dos interesses dos seres humanos dessa época.

Assim sendo, dirá o hobbesiano, não temos realmente nenhum dever para com esses seres humanos.

No pensamento ético contratualista, têm surgido alternativas promissoras à abordagem hobbesiana. A mais influente deve-se a T. M. Scanlon (1998). Em vez de se limitarem a perseguir racionalmente o interesse pessoal, os agentes scanlonianos procuram sobretudo justificar as suas acções perante os outros, dado que os reconhecem como agentes racionais dignos de respeito. Os actos eticamente permissíveis, segundo Scanlon, obedecem assim a princípios que podem ser justificados perante cada pessoa, o que significa que não podem ser razoavelmente rejeitados por ninguém que esteja empenhado em chegar a um acordo para a regulação geral do comportamento[3].

4. Ética sem princípios?

Os particularistas rejeitam resolutamente o projecto filosófico de encontrar e sistematizar os princípios éticos correctos, bem como a perspectiva de que tomar decisões eticamente acertadas consiste, no essencial, em aplicar os princípios correctos a cada caso particular em consideração. Segundo esta perspectiva, o bom agente moral não é aquele que, tendo conhecimento dos princípios correctos, sabe aplicá-los em situações concretas. É antes quem, dispensando o recurso a princípios, consegue avaliar os casos particulares com uma grande *sensibilidade* ao seu contexto e peculiaridades.

A abordagem particularista repudia não só os princípios absolutos, mas também os princípios *prima facie* de estilo rossiano. Considere-se, por exemplo, o princípio de que mentir é

---

[3] Note-se, no entanto, que Scanlon defende o contratualismo apenas como teoria do segmento da moralidade que respeita àquilo que os agentes morais «devem uns aos outros».

errado. Segundo o particularista, este princípio é falso mesmo que seja entendido como um princípio *prima facie*: ainda que, na maior parte dos casos, o facto de um acto consistir numa mentira seja uma razão para não o realizar, há circunstâncias em esse facto não nos dá a menor razão para não mentir. O particularista poderá conceder a existência de princípios éticos correctos, mas dirá que estes são praticamente vazios (*e.g.* o princípio segundo o qual devemos fazer aquilo que não é errado) ou de tal forma específicos que se aplicam apenas num leque muitíssimo restrito de circunstâncias. Assim sendo, nenhum princípio ético correcto terá importância prática.

A defesa da abordagem particularista tem sido protagonizada por Jonathan Dancy (2004, 2013). Um aspecto central dessa defesa é o argumento do «holismo das razões». Afirmar este holismo é pensar que aquilo que constitui uma razão num certo caso pode não constituir uma razão – ou até constituir uma razão com o sentido oposto – noutros casos: tudo depende da interacção com outras razões em cada contexto específico.

Segundo Dancy, as razões para *acreditar* variam em função do contexto. Por exemplo, normalmente o facto de nos parecer estar algo vermelho à nossa frente é uma razão para acreditar que há realmente algo vermelho à nossa frente. Contudo, se tomámos uma substância que faz as coisas azuis parecerem vermelhas, e as vermelhas parecerem azuis, esse facto será antes uma razão para acreditar que há algo azul à nossa frente. As razões *comuns* para agir, acrescenta Dancy, apresentam esta mesma variabilidade. Por exemplo, o facto de estar a nevar poderá ser uma razão para sair de casa, mas, noutras situações, será uma razão para *não* sair de casa. Nestas circunstâncias, conclui Dancy, há que presumir que as razões *morais* para agir variam igualmente em função do contexto. A suposição contrária afigura-se infundada. Por que razão as razões morais haveriam de ter um comportamento tão peculiar?

A crítica de Dancy às éticas que incluem princípios absolutos visa colocá-las perante um dilema sem saída. (1) Suponha-se que alguém defende uma teoria na qual figuram vários princípios absolutos. Se estes puderem entrar em conflito, pelo menos um deles será falso. Se, pelo contrário, não puderem entrar em conflito, a teoria deixará de fora um aspecto essencial da vida moral: o conflito entre razões. (2) Suponha-se agora que alguém defende que há um só princípio absoluto. Isso significaria que há uma só propriedade moralmente relevante – o que é falso.

A respeito dos princípios *prima facie*, Dancy argumenta que estes, se tiverem importância prática, estão sempre sujeitos a contra-exemplos poderosos. Consideremos, por exemplo, o dever rossiano de fidelidade, que resulta no princípio de que quebrar uma promessa é errado *prima facie*. Na maior parte dos casos, sem dúvida, temos uma razão moral para não fazer aquilo que implicará faltar ao que prometemos. No entanto, se uma promessa foi imoral ou obtida através de fraude, por exemplo, podemos muito bem não ter nenhuma razão para a cumprir.

Embora os argumentos de Dancy sejam interessantes, seria muito precipitado considerá-los decisivos. Uma forma de questionar a sua perspectiva consiste em alegar que, caso haja um só princípio absoluto, isso não significa que haja uma só propriedade eticamente relevante. A crítica de Dancy faz todo o sentido quando aplicada ao consequencialismo de actos. De facto, esta teoria implica, muito implausivelmente, que há uma só propriedade com relevância ética: a propriedade de maximizar imparcialmente o bem. No entanto, uma teoria como o consequencialismo de regras é diferente. Os seus defensores tendem também a advogar um só princípio absoluto, o mais geral de todos: é errado agir contra os princípios cuja aceitação geral teria as melhores consequências. Deste princípio, porém, extraem diversos princípios mais específicos, todos eles *prima facie*, como o de que é errado torturar inocentes – e estes princípios, claro, captam muitas *outras* propriedades eticamente relevantes.

Dancy diria que, mesmo que isto seja verdade, os princípios *prima facie* são vulneráveis a contra-exemplos poderosos. No entanto, esta alegação está longe de ser plausível. O princípio de que é errado *prima facie* torturar inocentes, por exemplo, parece resistir à refutação. Ainda que, em algumas circunstâncias, se justifique torturar um inocente, haverá algum caso possível em que o facto de um acto consistir em torturar um inocente não constitua pelo menos *uma* razão para não o realizar?

A rejeição da existência de princípios *prima facie* correctos e com importância prática afigura-se muito problemática. Além do mais, está longe de ser óbvio que a busca de um princípio absoluto, mais geral, capaz de justificar múltiplos princípios *prima facie*, seja um empreendimento descabido. Na ética filosófica actual, várias teorias consequencialistas, kantianas e contratualistas, unidas na ambição de identificar esse princípio, permanecem opções vivas e dignas de reflexão.

Leituras recomendadas

BRANDT, Richard B., *A Theory of the Good and the Right*, Nova Iorque, Prometheus Books, 1979.

DANCY, Jonathan, *Ethics Without Principles*, Oxford, Oxford University Press, 2004.

DANCY, Jonathan, Moral Particularism, in: *Stanford Encyclopedia of Philosophy*, ZALTA, Edward N. (ed.). URL = http://plato.stanford.edu/archives/fall2013/entries/moral-particularism/, 2013.

HOOKER, Brad, *Ideal Code, Real World*, Oxford, Clarendon Press, 2000.

KANT, Immanuel, *Fundamentação da Metafísica dos Costumes*, 1875. Lisboa, Edições 70, 2009.

KORSGAARD, Christine, *Creating the Kingdom of Ends*, Cambridge, Cambridge University Press, 1996.

MILL, John Stuart, *Utilitarismo*, 1861. Porto, Porto Editora, 2005.

ROSS, David, *The Right and the Good*, 1930, Oxford, Oxford University Press, 2002.

SCANLON, T. M., *What We Owe to Each Other*, Cambridge, MA, Harvard University Press, 1998.

SIDGWICK, Henry, *Os Métodos da Ética*, Lisboa, Fundação Calouste Gulbenkian, 2013.

SINGER, Peter, *Ética Prática*, 1993, 2.ª ed., Lisboa, Gradiva, 2000.

WOOD, Allen, *Kantian Ethics*, Cambridge, Cambridge University Press, 2008.

Relativismo Cultural e Universalismo Ético

Acílio da Silva Estanqueiro Rocha
Universidade do Minho

Foi no início do século, em 2002, que a UNESCO aprovou *A Declaração Universal sobre a Diversidade Cultural*, pela premência de uma interacção harmoniosa entre comunidades, cada vez mais diversificadas e com identidades culturais distintas. Ora, aí afirma-se que *a diversidade cultural é tão necessária para a humanidade como a biodiversidade para a natureza*, reconhecendo-se que é *herança comum da humanidade* (artº 1º).[1] Trata-se de uma nova constelação semântica no campo dos deveres, que emerge do âmbito do simbólico e do discursivo, associando de modo estreito o registo da diversidade simbólica e o da diversidade biológica.

---

[1] Nessa sequência, em 2002, foi adoptado pelas Nações Unidas o dia 21 de Maio como «Dia Mundial da Diversidade Cultural para o Diálogo e o Desenvolvimento». Posteriormente à *Declaração*, houve ainda dois documentos da maior relevância – as duas convenções promulgadas na década passada: a *Convenção para Salvaguarda do Património Cultural Imaterial*, aprovada em 2003, e a *Convenção sobre a Protecção e Promoção da Diversidade das Expressões Culturais*, aprovada em 2005.

O escopo desta nossa reflexão, sobre uma questão que assedia enormemente as nossas sociedades, é conjugar as diversidades culturais com princípios «tendencialmente» universais. Apesar dos debates polémicos e das controvérsias, por vezes muito acesas, o núcleo do problema ético, hoje, desenvolve-se por entre a alternativa de uma «justiça» como um bem verdadeiramente universalizável e a dos «bens singulares» e formas de vida diversas e peculiares, que não têm que ser universalmente partilhados. Em suma, trata-se de inquirir tema tão complexo quão polémico, como é o do «relativismo cultural *vs.* universalismo ético».

1. Trajectórias comunitaristas

O comunitarismo refere-se às posições multiculturalistas, umas mais moderadas, outras mais radicais, surgidas de há algumas décadas a esta parte, e que desenvolveram polémica com o liberalismo em geral, e o liberalismo igualitário em particular. Para este, uma teoria da justiça não deve depender de factores contingentes, históricos ou culturais, podendo permitir posições críticas relativamente à sociedade. Mas, dizem os comunitaristas, não é possível, nem desejável, fazer inteiramente abstracção dos elementos históricos, culturais e tradicionais. Em geral, os chamados «comunitaristas»[2] insistem

---

[2] Nas últimas décadas, o denominado «comunitarismo» teve um grande desenvolvimento, muito notório no contexto norte-americano, centrando as suas críticas ao liberalismo, em especial ao liberalismo igualitário, como o de John Rawls. Assim, filósofos como Charles Taylor, Michael Walzer, Michael Sandel, Alasdair MacIntyre, e outros, coincidem em denunciar a concepção a-histórica e desencarnada do indivíduo dotado de direitos, concebidos como anteriores ao seu contexto social e político; ora, segundo eles, tal liberalismo não tem em devida conta os valores comunitários, como a solidariedade, o patriotismo, a fraternidade, em geral as virtudes cívicas, subvalorizando assim a vida pública.

na prioridade da comunidade sobre o indivíduo e, portanto, na incontornável relevância da sua identidade histórica. O alvo privilegiado das críticas comunitaristas tem sido, pois, o liberalismo igualitário, em especial John Rawls, e com ele, quantos afirmem a prioridade dos direitos individuais sobre os da comunidade, a prioridade do «eu» sobre os fins, a prioridade do justo sobre o bom.

a) As culturas e as diferenças

Neste enfoque, do lado do comunitarismo são vários os argumentos contra as posições liberais, tendo em conta as peculiaridades das sociedades multiculturais. Embora tendo por pano de fundo a tradição liberal, Joseph Raz analisa o cenário das tensões e riscos nelas existentes,[3] procurando mostrar como em cada uma dessas sociedades há, entre outros, os seguintes perigos: desde logo, atrofiar, no quadro de comunidades de maior força e tradição, o florescimento das mais débeis, e o debilitamento ou desintegração da cultura nacional. Nesta sequência, Raz insiste que os compromissos e as lealdades que dão sentido às vidas individuais se inscrevem nas práticas sociais de cada cultura; esta opera uma envolvência pregnante na consciência individual, na autonomia e criatividade do eu, de modo que «viver em comunidade» tem um influxo enorme na identidade individual. Assim, não somente importa a existência de espaços próprios para a manifestação de cada cultura, de modo que não seja suplantada por outra tida como «mais relevante», como também deverá haver tolerância entre culturas, de modo que haja «direito de saída» do indivíduo da sua comunidade cultural, caso certas práticas ofensivas o levem a dissentir.

---

[3] RAZ, Joseph, *Ethics in the Public Domain: essays in the morality of law and politics*, Oxford, Clarendon Press, pp. 115-175, 1994.

As políticas numa sociedade multicultural devem ter em conta estes dois pressupostos: por um lado, a relevância da cultura para os indivíduos e, por outro, a crença na existência de outras formas de vida diferentes, igualmente valiosas;[4] se é claro que o exercício da liberdade individual está culturalmente condicionado pelas características da sociedade em que se vive, o segundo princípio pressupõe um pluralismo moral. Assim, as «diferenças», neste campo de tensões, não são simples distinções, mas reclamam certos direitos na medida em que a ideia de multiculturalismo é também um convite à preservação da diversidade cultural e à tolerância entre culturas. Não se trata propriamente de uma actividade conservadora que queira a todo o transe conservar a cultura existente e suas tradições; o multiculturalismo apresenta-se antes como um conjunto variado de posições que buscam o bem-estar dos membros da comunidade; e esta é a sua prioridade: se os liberais valorizam o bem-estar humano, deveriam também valorizar a pertença a uma cultura.[5] Importa, pois, não somente a preservação das culturas, mas que essa preservação promova o incremento moral e material das comunidades.

Já o comunitarista canadiano Charles Taylor sustém que

uma sociedade com objectivos colectivos fortes pode ser liberal, (...) desde que seja capaz de respeitar a diversidade, em especial quando considera aqueles que não partilham dos objectivos comuns, e desde que possa proporcionar garantias adequadas para os direitos fundamentais. Concretizar todos estes objectivos irá provocar, sem dúvida, tensões e dificuldades, mas não é nada de impossível, e os problemas não são, em princípio, maiores do que aqueles que qualquer sociedade

---

[4] *Ib.*, p. 159.
[5] *Ib.*, pp. 177-179.

liberal encontra quando tem de combinar, por exemplo, liberdade com igualdade ou prosperidade com justiça.[6]

Além disso, a moral liberal limita a intervenção do Estado, sendo esta uma das críticas que Taylor dirige ao liberalismo, – baseando-se numa concepção atomizante do sujeito, é incapaz de compreender as necessidades colectivas e identitárias das comunidades. É também sobre esta base filosófica que Taylor critica as perspectivas homogeneizantes, pois não reconhecem o valor das diferenças; é essencial, pois, o reconhecimento das culturas.

b) Reconhecimento e valor da diversidade cultural

É com esse intuito que o filósofo Taylor, apoiando-se em autores da filosofia moderna e na clássica concepção hegeliana, em ligação com a fenomenologia hermenêutica, mostra como os valores morais dependem da «moralidade substancial» que se desenrola no curso da história: todas as concepções normativamente relevantes da moral que estabelecem um conceito de vida justa e ordenada, e de identidade pessoal dos seres humanos, estão condicionadas pela «ética substancial» existente no «espírito objectivo» das tradições comunitárias. A partir daqui, as normas básicas de uma ética deontológica da justiça com pretensão de validez universal têm o seu próprio significado somente na medida em que devem a sua substância ética a uma concreta tradição comunitária da eticidade; fora do contexto histórico dessa tradição comunitária, perdem o significado relevante e reduzem-se a um «impotente e abstracto dever», como

---

[6] TAYLOR, Charles, «A política de reconhecimento», *in:* TAYLOR, Charles, *et al.*, *Multiculturalismo: Examinando a Política de Reconhecimento*, 1994. Trad. Marta Machado, Lisboa, Instituto Piaget, p. 80, 1998.

já dizia Hegel, polemicamente, a propósito do imperativo categórico kantiano.

Assim, para Taylor, um dos pensadores comunitaristas mais influentes, importa pressupor a «igualdade» das culturas:

> Mas a outra exigência que estamos agora a examinar é que todos «reconheçam» o valor igual das diferentes culturas; que as deixemos não só sobreviver, mas reconheçamos também o seu «mérito»; isso significa presumir que todas as culturas humanas que animaram sociedades inteiras, durante períodos por vezes consideráveis, têm algo de importante a dizer aos seres humanos. (...) O que tem de acontecer é aquilo a que Gadamer chamou de uma «fusão de horizontes».[7]

Esta hipótese de partida, segundo a qual o estudo de qualquer outra cultura deve ser abordado de modo a produzir essa empatia prevista em *Verdade e Método*, mostra que o multiculturalismo sustentado por Taylor quer atribuir à diversidade cultural tudo o que lhe é devido.

Nesta sequência,

> é sensato supor que as culturas que conceberam um horizonte de significado para muitos seres humanos, com os mais diversos caracteres e temperamentos, durante um longo período de tempo – por outras palavras, que articularam o sentido de bem, de sagrado, de excelente –, possuem, é quase certo, algo que merece a nossa admiração e respeito, mesmo que possuam, simultaneamente, um lado que condenamos e rejeitamos. Talvez seja possível exprimi-lo de outra maneira: era preciso ser extremamente arrogante para, a priori, deixar de parte esta possibilidade.[8]

Mas a hipótese requer fundamentação.

---

[7] TAYLOR, Charles, «A política de reconhecimento», *op. cit.*, pp. 84, 87.
[8] *Ib.*, p. 93.

E quais os fundamentos para essa presunção de igualdade de valor das culturas? Seguindo o pensamento de Taylor, ela resulta em parte de uma indução:

(...) poder-se-ia afirmar que é razoável supor que as culturas que forneceram um horizonte de significação para um grande número de seres humanos, com caracteres e temperamentos tão diversos, durante um longo período de tempo – que, por outras palavras, articularam o seu sentido do bem, do sagrado, do admirável –, possuem, é quase certo, algo que merece a nossa admiração e respeito, mesmo que isso seja acompanhado de muitas outras coisas que abominamos e rejeitamos. Talvez o possamos exprimir de outro modo: seria uma suprema arrogância afastar, *a priori*, esta possibilidade.[9]

Tal presunção de igualdade das culturas manifesta um claro influxo de Herder, patente nesta arreigada valoração igualitária.

É interessante constatar que a insistência sobre a pertença à comunidade política liga Taylor – e vários outros comunitaristas –, a um certo de neo-aristotelismo. De facto, Aristóteles definiu o homem como um «animal político»,[10] donde não poder afirmar-se a sua identidade intelectual e moral fora de uma comunidade. É, aliás, por isso, que afirma:

É evidente que a cidade é, por natureza, anterior ao indivíduo, porque se um indivíduo separado não é auto-suficiente, permanecerá em relação à cidade, como as partes em relação ao todo. Quem for incapaz de se associar ou não sentir essa necessidade por causa da sua auto-suficiência, não faz parte de qualquer cidade, e será um bicho ou um deus.[11]

---
[9] *Ib.*
[10] ARISTÓTELES, *Política*, 1253a 1-5, edição bilingue. Trad. António C. Amaral e Carlos C. Gomes, Lisboa, Veja, pp. 52-53, 1988.
[11] *Ib.*, 1253a 25-30 (pp. 54-55).

Também Aristóteles definiu a cidade como uma comunidade de tipo superior, pois *os homens não se associaram apenas para viver mas sobretudo para a vida boa*.[12] Um comunitarista mais radical como o filósofo britânico Alasdair MacIntyre sustém que

> a comunidade política como projecto comum é alheia ao moderno mundo liberal e individualista (...); mas não temos nenhuma concepção dessa forma de comunidade interessada, como Aristóteles diz ser a polis, na vida como um todo, não por este ou aquele bem, mas no bem do homem enquanto tal.[13]

Sem dúvida, MacIntyre perfilha um comunitarismo *stricto sensu*, promovendo os valores da tradição e os modos de vida com ela consonantes; sobre a tradição,

> é central que o passado não seja nunca algo simplesmente rejeitável, mas antes que o presente seja inteligível como comentário e resposta ao passado, na qual o passado, se for necessário e possível, se corrija e transcenda, mas de tal modo que se deixe aberto o presente para que seja por sua vez corrigido e transcendido por algum futuro ponto de vista mais adequado.[14]

Segundo MacIntyre, a participação na comunidade requer a adopção de modos de vida tradicionalmente valorizados.

---

[12] *Ib.*, 1280*a* 30-35 (pp. 216-217). Cf. GIGNAC, Jean-Luc, «Sur le multiculturalisme et la politique de la différence identitaire: Taylor, Walzer, Kymlicka», *Politiques et Sociétés*, 16(2): 36, note 16; 42, note 33, 1997.

[13] MACINTYRE, Alasdair, *After Virtue: a Study in Moral Theory*, London, Duckworth, 1981. Second edition, p. 156, 1985.

[14] *Ib.*, p. 146.

c) Formas de compreensão intersubjectivas

Todavia, o feixe de questões está longe de estar encerrado: Que «identidade»? Tentando superar o «monologismo liberal», Taylor confronta-o com o carácter intrinsecamente «dialógico» da identidade humana, recordando que o pensamento humano se constitui não no isolamento e na introspecção transcendental, como parece deixar crer a posição monológica, mas com os outros – pelo «diálogo»:

> Esperamos certamente desenvolver as nossas próprias opiniões, concepções, posições em relação às coisas, e num considerável grau, através de uma reflexão solitária. Mas não é assim que as coisas funcionam com os problemas importantes, como a definição da nossa identidade. Definimo-la sempre «em diálogo com», por vezes «em luta contra», as coisas que os nossos «outros dadores de sentido» querem ver em nós. Mesmo depois de deixarmos para trás alguns desses «outros» – os nossos pais, por exemplo –, e de eles desaparecerem das nossas vidas, a conversação com eles continua no interior de nós mesmos para o resto das nossas vidas.[15]

Ora, o pensamento liberal subestima a importância do «outro» e do «diálogo» na constituição da identidade moral. Contestando também Rawls, e intentando uma ampla revisão das posições por ele defendidas, Michael J. Sandel mostra as limitações do liberalismo, já que a justiça não pode ter o primado absoluto que Rawls lhe atribui:

> (...) uma compreensão empirista da posição original parece estar em profundo desacordo com as propostas deontológicas. Se a justiça, como virtude, dependesse de certas

---

[15] TAYLOR, Charles, «A política de reconhecimento», *op. cit.*, p. 53. O itálico é nosso.

pré-condições empíricas, não é claro como é que a sua prioridade se poderia afirmar incondicionalmente.[16]

Nesta ordem de ideias, Sandel critica a suposta primazia da justiça como ideal regulador, quando a sua necessidade é colmatar a ausência de solidariedade:

> A justiça é a primeira virtude das instituições sociais, não em absoluto, como a verdade o é para as teorias, mas de forma condicionada, tal como a coragem física o é numa zona de guerra.[17]

Concomitantemente, Sandel, contra Rawls, afirma a prioridade do bem sobre a justiça; a neutralidade pretendida pelo liberalismo conduz a suposições nada reais. Para o autor comunitarista,

> um eu assim tão completamente independente como este [de Rawls] exclui qualquer concepção do bem (ou do mal) ligada à posse no sentido constitutivo. Exclui a possibilidade de qualquer afecto, ligação (ou obsessão) capaz de penetrar para além dos nossos valores e dos nossos sentimentos e de comprometer a nossa própria identidade. (...) De uma maneira mais geral, a concepção de Rawls exclui a possibilidade daquilo que poderemos apelidar de «formas de compreensão "intersubjectivas"» ou "intra-subjectivas", modos de conceber o sujeito que não pressupõem que os seus limites nos são dados à partida.[18]

Segue-se também que a concepção de pessoa é demasiado abstracta e desprovida das suas qualidades e da sua situação: o «eu» de Rawls

---

[16] SANDEL, Michael J., *O Liberalismo e os Limites da Justiça*, 1982. Trad. Carlos E. Pacheco Amaral, Lisboa, Fundação Calouste Gulbenkian, p. 57, 2005.
[17] *Ib.*, pp. 58-59.
[18] *Ib.*, p. 95. O itálico é nosso.

assume uma espécie de estatuto supra-empírico, essencialmente destituído de conteúdo, delimitado à partida e dado com prioridade relativamente aos seus fins, um sujeito puro do agir e da posse, reduzido ao mínimo possível.[19]

Se assim fosse, haveria concepções de bem que não aflorariam, já que a fundamentação individualista dos princípios liberais de justiça não daria margem ao reconhecimento de grande variedade de experiências humanas morais em torno de algumas dessas concepções de bem.

d) A «igualdade complexa»: entre o justo e os bens

Nesta sequência, desponta a questão: entre o «justo» e o «bem», que prevalência? Como nota Taylor, isso é questionar uma ordem hierárquica entre as diferentes coisas que se têm por boas, pois cada um reconhece que há diversas categorias de bens (o mais digno, o mais válido, o moral e o não moral, o fim, e os meios, etc.). Ora, para os utilitaristas, excluindo-se a opção de um bem superior, o único processo racional consiste em agregar os diversos tipos de bem empiricamente dados. Para Kant, ao contrário, é o motivo – agir moralmente – que é decisivo. Rawls pôde refutar o utilitarismo, criticando a concepção utilitarista de bem, que prossegue a satisfação dos desejos e das preferências. A questão pode resumir-se: determinamos o que é justo a partir do que é bom, ou o inverso? John Rawls, fiel à tradição liberal, sustém que não são os bens utilitaristas que determinam o justo mas que é o justo que determina os limites do que pode considerar-se como bem; quer dizer, o justo é prioritário por relação ao bem. Aliás, para os liberais modernos, não é nem o conteúdo nem o motivo, mas o «processo» que é

---

[19] Ib., pp. 133-134.

determinante; a questão essencial é: seguiu-se o processo estabelecido previamente para a justiça? Assim, Rawls declara que a sua teoria é a de uma justiça processual pura.[20]

Ora, segundo os comunitaristas, na base desta posição está já uma certa compreensão da vida humana e da razão, isto é, uma doutrina antropológica e, consequentemente, uma concepção particular de bem: *Seria incoerente defender uma teoria do justo negando que ela tenha um fundamento numa teoria do bem*.[21] Assim, Taylor afirma que nenhuma teoria ética, dando precedência ao justo, poderia desenvolver-se verdadeiramente sem pressupor o bem:

> qualquer teoria que dê primazia ao justo sobre o bem assenta numa noção de bem, no sentido em que a) é preciso articular esta concepção do bem para explicitar as motivações da teoria, e em que b) seria incoerente sustentar uma teoria do justo negando que ela tenha um fundamento numa teoria do bem.[22]

Se a posição deontológica de Rawls contrasta com a via teleológica – o «justo» deve derivar-se independentemente do «bem» –, já Michael Walzer, sobre o «justo» e os «bens», verberando as desigualdades (individuais e colectivas), critica o método prosseguido pelos liberais e por todos os que pretendam legitimar os princípios da justiça a partir de modelos associais, isto é, fora das nossas coordenadas de espaço-tempo, seja o da «posição original» (Rawls) seja o da «situação ideal de discurso» (Apel e Habermas). Daí que, ao tratar da tolerância, encara-a numa tensão entre o respeito pelo indivíduo e a adesão ao grupo, confessando: *Isto quer dizer que nunca poderemos ser*

---

[20] RAWLS, John, *Uma Teoria da Justiça*, 1971. Trad. Carlos P. Correia, Lisboa, Presença, § 14, pp. 86-87, 1993.

[21] TAYLOR, Charles, «Le juste et le bien», *Révue de Métaphysique et de Morale*, 93(1, janvier-mars): 41, 1988.

[22] *Ib*.

defensores coerentes do multiculturalismo ou do individualismo; que nunca poderemos ser simplesmente liberais ou comunitaristas.[23] A concepção tradicional de tolerância liberal, ao alargar os direitos individuais e o âmbito da neutralidade, tornou-se não apenas cega à diversidade, como um meio de exclusão e de opressão.

Para Walzer, e como para os comunitaristas, uma teoria de justiça não se fundamenta em princípios imparciais e universais, muito menos considera indivíduos de modo abstracto, sem raízes, imunes a influências históricas ou culturais, conforme defendido por John Rawls em *Uma Teoria da Justiça:* nesta, os indivíduos escolhem princípios de justiça, protegidos pelo «véu da ignorância», ou seja, privados das suas próprias personalidades, contingências históricas e concepções particulares acerca de uma «vida boa»; por isso, visando os liberais, especialmente Rawls, esclarece:

> não há um conjunto único de bens primários ou básicos, imaginável por todos os universos morais ou materiais; de outro modo, um tal conjunto teria de ser concebido em termos tão abstractos que teriam pouca utilidade no planeamento de distribuições específicas.[24]

Ao invés, há várias classes de bens sociais, e cada classe terá um critério particular para a distribuição, e esta decorre da justiça, compondo as suas várias esferas, com distintos critérios distributivos.

Daí que Walzer valorize a «diferença» e o «pluralismo» na sua «teoria da justiça», e que estão ligados, seja no reconhe-

---

[23] Cf. WALZER, Michael, *Tratado sobre la Tolerancia*. 1997. Trad. Francisco Álvarez, Barcelona Paidós, p. 123, 1998. O autor estuda a tolerância, não tanto referida a indivíduos separados, mas a grupos; e, entre estes, não lhe interessam os partidos políticos ou outras organizações, mas os grupos com peculiaridades culturais, étnicas e religiosas.

[24] WALZER, Michael, *As Esferas da Justiça: em Defesa do Pluralismo e da Igualdade*. 1983. Trad. Nuno Valadas, Lisboa Editorial Presença, p. 25, 1999.

cimento da multiplicidade de identidades sociais e culturas étnicas, seja no reconhecimento das singularidades dos valores comunitários. Em *Esferas da Justiça* (1983), descreve uma sociedade *na qual nenhum bem social sirva ou possa servir de dominação*,[25] mas que seja igualitária, de um igualitarismo compatível com a liberdade. Se na concepção liberal de justiça distributiva, o sujeito está numa «posição original» (Rawls), se indaga qual o tipo de arranjos que beneficiariam, do melhor modo, os possíveis ou imagináveis planos de vida, Walzer sustenta que essa postura liberal é incapaz de garantir uma repartição verdadeiramente justa dos diferentes bens.

De facto, os homens vivem numa comunidade distributiva, pois *reunimo-nos para compartilhar, dividir e trocar*[26]; às vertentes da produção e do consumo, releva em especial o processo de distribuição dos bens sociais. Ora, este não é simples: aliás, não há apenas um critério de distribuição ou um único agente distribuidor; a vida em comunidade patenteia uma vasta gama de bens[27], que constituem esferas específicas, com diversos critérios de distribuição e diferentes agentes para esse efeito. Assim, tal complexidade deve ser tida em conta para considerar a realidade da pluralidade humana; ademais, importa ainda, na legitimação dos princípios que regulam o sistema distributivo, quer a idiossincrasia de cada comunidade, quer as suas características históricas e culturais, precisamente onde fraquejam os modelos liberais, em particular a teoria da justiça de Rawls, já que o ponto de partida é que os princípios de justiça são esco-

---

[25] *Ib.*, p. 15.
[26] *Ib.*, p. 21.
[27] Eis, segundo Walzer, as principais categorias de bens sociais, nas sociedades liberais contemporâneas: segurança e previdência, dinheiro e mercadorias, cargos públicos, trabalho duro, tempo livre, educação, parentesco e amor, graça divina (relações religiões-Estado), consideração social (estima, honras públicas, etc.), poder político. Noutras sociedades, podem existir bens análogos, todavia, o significado social será diverso.

lhidos por pessoas que desconhecem a sua posição social específica.

Dependendo do seu significado social, cada bem social vai constituir, no processo distributivo, uma esfera distributiva autónoma (critérios, métodos e agentes de distribuição próprios); e a justiça distributiva estará assegurada sempre que forem cumpridos os critérios internos de cada esfera:

> afirmo que os princípios de justiça são, eles próprios, pluralistas na sua forma; que os vários bens sociais devem ser distribuídos com base em motivos diferentes, segundo processos diferentes e por diversos agentes; e que todas estas diferenças derivam de diferentes concepções dos próprios bens sociais – consequência inevitável do particularismo histórico e cultural.[28]

Walzer, entretanto, sublinha que a autonomia das esferas é violada tantas vezes, pois os critérios distributivos de uma esfera interferem na distribuição de outras; e, então, estamos perante o que Walzer denomina de «predomínio» e de «monopólio» dos bens; se a distribuição de um bem (saúde), a alguém detentor de um outro bem (dinheiro), se faz apenas por isto, é injusta por se afastar claramente da significação do bem em distribuição (saúde).

Ora, deve evitar-se que os critérios distributivos de um bem predominante se convertam em critérios de distribuição de outros bens sociais; podem até os bens sociais ser monopolizados por algum grupo, mas os critérios de distribuição destes bens não devem influenciar os critérios de distribuição de outros bens. Cada processo de distribuição constituirá uma esfera – as «esferas da justiça» – e cada esfera tem os seus próprios critérios de distribuição: esta é a «igualdade complexa», bem distinta da «igualdade simples», que significa a detenção

---

[28] WALZER, Michael, *As Esferas da Justiça*, op. cit., 9, p. 23.

da mesma quantidade de dinheiro por todos, portanto o mesmo poder de compra, o que exige uma forte centralização, que carece *de uma intervenção estatal contínua para destruir ou constranger os monopólios incipientes e reprimir novas formas de predomínio*[29]. A «igualdade complexa» é o princípio geral que Walzer encontra para definir a situação ideal de equilíbrio entre as distribuições. *Nenhum bem social x deverá ser distribuído a homens e mulheres que possuam um bem y, só por possuírem este último e sem ter em atenção o significado daquele x.*[30] Walzer escolhe assim o caminho de bloquear a multiplicação das desigualdades, promovendo a justiça social através de distribuições autónomas; na base desta opção está o pressuposto de que a autonomia das esferas é promotora da igualdade: todos têm hipóteses de alcançarem os bens que pretendem pelos motivos correctos, não dependendo da posse de um outro bem predominante, mas apenas dos critérios próprios de cada esfera distributiva.

e) Uma «cidadania multicultural»

Outras questões emergem: que «cidadania»? Foi Will Kymlicka que se tornou conhecido por propugnar uma política de «cidadania multicultural», com base na ética liberal; com esse escopo, a sua argumentação inscreve-se no quadro liberal dos direitos e conecta o reconhecimento de uma cidadania multicultural com o reconhecimento de direitos colectivos. Assim, partindo de um ponto de vista liberal, mas acrescentando alguns aspectos mais comunitários, reclama um enfoque multiculturalista, visando uma «teoria liberal dos direitos multiculturais».

Do mesmo modo que os seus pares de inspiração comunitária, Kymlicka considera a «pertença» cultural como um bem

---

[29] *Ib.*, p. 31.
[30] *Ib.*, 36. No original, em itálico.

fundamental que a teoria liberal não pode ignorar. Se os comunitaristas adoptam uma grelha de leitura holística, Kymlicka segue a lógica do individualismo democrático. Então, a concepção moral comunitária faz repousar a constituição da identidade moral do sujeito na «pertença» a uma comunidade, a concepção liberal fá-lo na «autonomia» do sujeito:

> Durante muito tempo, propus que os pensadores liberais deveriam sentir-se interessados pela questão da viabilidade das culturas societais. Por um lado, estas contribuem para assegurar a autonomia das pessoas e, por outro, as gentes sentem-se profundamente ligadas à sua própria cultura.[31]

Então, o liberalismo deve ter também em devida conta a pertença cultural como um bem essencial. Quando trata do caso de minorias sem base territorial – dos «direitos poliétnicos» – Kymlicka considera, entre outros, o direito de contacto com a administração pública na língua materna, a educação bilingue, um currículo que reconheça a contribuição cultural dos grupos imigrantes, assentos permanentes na assembleia legislativa ou em instituições governamentais, o gozo de feriados religiosos próprios, isenção de códigos de indumentária obrigatórios em instituições ou locais públicos.

Para superar o conflito teórico liberal entre os direitos colectivos e os direitos individuais, Kymlicka distingue entre «protecções externas» (*external protections*) e «restrições internas» (*internal restrictions*):

> As protecções externas visam garantir que as pessoas são capazes de manter o seu estilo de vida se assim os escolherem, e não são impedidas de o fazer por decisões tomadas por pessoas exteriores à comunidade. As restrições internas visam forçar as pessoas

---

[31] KYMLICKA, Will, *Multicultural Citizenship*, Oxford, Oxford University Press, p. 94, 1995. Ver também GIGNAC, Jean-Luc, *op. cit.*, pp. 46-47.

a manter o seu estilo tradicional de vida, mesmo que elas não queiram escolhê-lo de forma voluntária, porque há outro estilo de vida que lhes parece mais atractivo.[32]

Os direitos colectivos tornam-se aceitáveis do ponto de vista da ética liberal somente se eles permitem a uma comunidade defender-se contra a hegemonia de uma cultura dominante («protecções externas»); contudo, eles não podem ser invocados para suprimir a expressão dos dissidentes no interior da comunidade («restrições internas»). Assim, por exemplo, direitos que consagrem a possibilidade de excisão feminina, ou a possibilidade do casamento contra a vontade dos nubentes, não são direitos poliétnicos legítimos, pois configuram restrições internas e não protecções externas. Há uma preocupação bem patente em Kymlicka em não sacrificar os princípios de autonomia e de liberdade individual que os liberais apregoam, pretendendo, ao invés, conjugá-los com valores comunitários.

2. Modulações consensualistas em sociedades multiculturais

a) Rawls e o «consenso sobreponível»

A resposta às réplicas comunitaristas à obra de Rawls, *Uma Teoria da Justiça* (1971)[33], donde flui a base quase-kantiana da

---

[32] *Ib.*, p. 204, n. 11. É a partir de uma argumentação em favor dos direitos colectivos que Kymlicka legitima uma «cidadania multicultural diferencial». Além disso, distingue entre dois tipos de direitos multiculturais: 1) os direitos das minorias nacionais, e 2) os direitos das minorias étnicas. No plano dos direitos, considera-os depois no âmbito de reivindicação legítimo de cada tipo, o que nos levaria a uma longa exposição.

[33] RAWLS, John, *Uma Teoria da Justiça*. 1971. Trad. C. P. Correia, Lisboa, Ed. Presença, 1993.

sua teoria – «justiça como equidade» –, constam do seu escrito de 1985 – cujo título se amplia, «justiça como equidade: uma concepção política, não metafísica», afirmando o seguinte:

como problema político prático, nenhuma concepção moral geral pode proporcionar uma base publicamente reconhecida a partir da qual elaborar uma concepção da justiça num Estado democrático moderno. As condições sociais e históricas de emergência deste Estado têm as suas origens nas guerras de religião subsequentes à Reforma e no desenvolvimento do princípio da tolerância, assim como na expansão da forma constitucional de governo e das instituições das grandes economias de mercado industriais. Estas condições influem profundamente nas exigências que uma concepção política de justiça deve observar para resultar aceitável: esta concepção deve ter em conta uma diversidade de doutrinas e a pluralidade de concepções conflituais entre si e verdadeiramente incomensuráveis do bem afirmado pelos membros das sociedades democráticas existentes.[34]

Assim, pois, Rawls nega que uma teoria política da justiça tenha a sua base numa concepção filosófica geral da moral e recorre à génese histórica das condições do Estado democrático moderno na sociedade cultural ocidental.

Na «justiça como equidade», a coesão social entende-se a partir de uma concepção da sociedade como um sistema de

---

[34] RAWLS, John, «Justice as fairness: political not metaphysical» (1985), in: RAWLS, John, *Collected Papers,* Harvard University Press, p. 390, 1999. Recordemos que Rawls afirma que a sua teoria é completamente política: *(...) esta concepção de justiça evita certas pretensões filosóficas e metafísicas. Brevemente, a ideia é que numa democracia constitucional a concepção pública da justiça deveria ser tão independente quanto possível das doutrinas filosóficas e religiosas. Em consequência, para formular essa concepção, aplicamos o princípio da tolerância à própria filosofia: a concepção pública da justiça há-de ser política, não metafísica.*

cooperação entre pessoas livres e iguais, em que essa coesão e lealdade dos cidadãos às suas instituições comuns não supõe que todos aceitem a mesma concepção de bem, mas aceitam publicamente uma concepção política da justiça que regula a estrutura básica da sociedade. O conceito de justiça é independente do (e prévio ao) conceito do bem (no sentido de que os seus princípios limitam as concepções de bem permissíveis); e é a estrutura básica justa da sociedade e as suas instituições fundamentais que estabelecem um marco no qual se podem promover as concepções do bem. Deste modo, para entender de que forma é possível obter a coesão social nas condições históricas de uma sociedade democrática, Rawls parte da nossa ideia intuitiva básica da cooperação social – uma ideia que forma parte da cultura pública de uma sociedade democrática –, chegando a uma concepção pública da justiça como base da unidade social[35]. Entretanto, se adopta a postura pragmático--política, segundo a qual já parece razoável interrogar-se pela autêntica «fundamentação» de uma concepção da justiça válida para todos, mantém a tese universalista da primazia do justo sobre os bens das diversas tradições de valores.

No entanto, é n'*O Liberalismo Político* (1993) que Rawls responde mais amplamente às questões postas pelos comunitaristas, mostrando que o seu conceito de sujeito não está de modo nenhum desprovido de vínculos heterónomos, mas participa activamente na sociedade, orientado por uma concepção política de justiça; nesta «viragem política» da sua obra, o conceito de pessoa desloca-se da esfera moral, criticada pelos comunitaristas, para a esfera política.

Então, qual o critério de legitimação para um conceito da justiça dotado de utilidade política? A resposta está no «con-

---

[35] RAWLS, John, «Justice as fairness: political not metaphysical», *in*: RAWLS, John, *Collected Papers*, *op. cit.*, p. 413, 1985.

senso de sobreposição»[36] (*overlapping consensus*), como esclarece noutro escrito:

> concebo a justiça como equidade como o desenvolvimento de uma concepção política liberal da justiça para um regime democrático tal que poderia ser aceite – assim se espera – por todas as doutrinas compreensivas razoáveis que existem numa democracia por ela regulada, ou por uma concepção similar. (...) A ideia central é que o liberalismo político se move no campo da categoria do político e deixa a filosofia tal como está. Deixa inalterada todo o tipo de doutrinas religiosas, metafísicas e morais, com as suas amplas tradições de desenvolvimento e de interpretação.[37]

A relação entre a concepção da justiça vinculante para todos e as várias e divergentes doutrinas compreensivas do bem radica em que a concepção política da justiça pode formular-se com independência de qualquer doutrina compreensiva, seja esta religiosa, filosófica ou moral. Expressa-se, assim, o aspecto mais relevante da concepção da fundamentação da justiça política num «consenso de sobreposição» das várias «concepções compreensivas» de uma sociedade multicultural.

No mundo actual, é difícil – segundo as conjecturas do próprio Rawls – um «consenso de sobreposição» intercultural,

---

[36] Do facto do pluralismo razoável, duas referências possibilitam a reconciliação mediante a razão pública livre, permitindo evitar a dependência de doutrinas gerais e compreensivas: a primeira, identificar o papel fundamental dos valores políticos na expressão dos termos da cooperação social equitativa, compatíveis com o respeito mútuo entre cidadãos considerados como livres e iguais; segunda, descobrir um ajustamento suficientemente amplo entre valores políticos e de outro tipo, como o que se manifesta num consenso de sobreposição razoável. Cf. RAWLS, John, *O Liberalismo Político*, 1993. Trad. João Sedas Nunes, Lisboa, Presença, p. 162, 1997.

[37] RAWLS, John, «Réplica a Habermas» [1995], *in:* HABERMAS, Jürgen; RAWLS, John, *Debate sobre el Liberalismo Político*, Barcelona, Paidós, pp. 77-78, 1998.

a nível global, acerca do princípio da democracia quer da igualdade perante a lei quer da separação dos poderes. Numa célebre conferência[38], Rawls alargou a sua teoria da justiça de modo a poder renunciar mesmo ao princípio da democracia liberal, para poder incluir sociedades que são, ao menos, «povos hierárquicos decentes», de modo que a sua clássica filosofia do «justo» e do «bom» possa conseguir, numa via político-pragmática, e em cada contexto, um consenso sobreponível entre diversas perspectivas culturais.

Assim, com vista a assegurar não já a estabilidade política numa sociedade liberal, mas estabelecer um «direito dos povos», Rawls propõe uns mínimos que as sociedades hierárquicas (não liberais), desde que decentes, poderiam aceitar, servindo-se da sua ideia de «consenso de sobreposição» para a compatibilidade de uma sociedade não liberal com uma liberal, desde que aquela cumpra estes dois critérios: 1º, não alimentar «fins agressivos» e actuar «através da diplomacia e do comércio e outras formas pacíficas»; 2º, (a) que «assegura a todos os membros do povo» um conjunto de direitos humanos básicos; (b) incuta «de *bona fide* deveres e obrigações morais» («membros responsáveis e cooperantes dos seus grupos respectivos»); (c) «os juízes e funcionários que administram o sistema legal devem acreditar que a lei é realmente guiada pela boa ideia comum de justiça»[39]. Uma sociedade que satisfaça tais requisitos, se é uma «sociedade hierárquica», é

---

[38] RAWLS, John, «The Law of Peoples», *in:* RAWLS, John, *Collected Papers*, *op. cit.*, pp. 529-564, 1993. O texto constitui a conferência de John Rawls (onde participaram também Steven Lukes, Catharine A. MacKinnon, Richard Rorty, Jean-François Lyotard, Agnes Heller e Jon Elster), *On Human Rights*, The Oxford Amnesty Lectures, pp. 41-82, 1993. A conferência de Rawls foi, anos depois, corrigida e aumentada, com o título *A Lei dos Povos*. Trad. Luís C. Gomes, Coimbra, Quarteto, 2000.

[39] Cf. RAWLS, John, *A Lei dos Povos*, pp. 72-79. *Escolhi antes de mais a palavra «povos» e não «nações» ou «estados», porque queria designar os povos como compostos*

uma hierarquia de consulta decente [que] permite a oportunidade de diferentes vozes poderem ser ouvidas – não, certamente, no modo permitido pelas instituições democráticas, mas apropriadamente tendo em vista os valores religiosos e filosóficos da sociedade tal como são expressos pela sua ideia do bem comum. As pessoas como membros de associações, corporações e classes têm algures no procedimento de consulta (...) o direito de exprimir discordância política, e o governo tem a obrigação de levar seriamente em conta a discordância do grupo e de dar uma resposta conscienciosa.[40]

Emerge então a questão: será que poderá alcançar-se uma tal justiça intercultural da ordem jurídica e social no mundo actual – a nível global ou regional –, com base numa concepção de justiça que renuncia a uma fundamentação filosófica, dependendo do maior ou menor «consenso sobreponível» que possa conseguir-se, na prática, entre «concepções compreensivas», que, por sua vez, dependem também da cultura?

b) O consenso no âmbito da «ética discursiva»

O «consenso de sobreposição» rawlsiano – contrapõe Karl-Otto Apel – dependerá do «tempo» e, na falta de uma fundamentação filosófica última, não poderá servir de princípio regulador da justiça intercultural; não se conseguiu, na antiguidade, na época de Platão, nem mais tarde, nos dias do apóstolo São Paulo, naquela autêntica sociedade multicultural que foi o Império Romano, um «consenso sobreponível» sobre a injustiça da escravatura; no século XVI, nas controvérsias com Bartolomé de las Casas sobre o tratamento justo e cristão a

---

diferentemente dos estados, já que a ideia de estados como é tradicionalmente entendida, com os seus dois poderes de soberania, era inapropriada (ib., p. 7).
[40] *Ib.*, p. 80.

dar aos índios, Sepúlveda podia invocar a favor da sua tese o antigo «consenso sobreponível» e os argumentos de Aristóteles que o apoiam[41]. Ora, segundo Apel, a estratégia de Rawls, que, em lugar de uma fundamentação filosófica da ideia de justiça, propõe o «consenso de sobreposição» que pode alcançar-se de facto entre «concepções compreensivas», que competem entre si, numa sociedade multicultural, pragmaticamente próxima do compromisso, não evita acordos à custa de terceiros, que não participaram no consenso.

A fundamentação de Apel assenta numa «pragmática transcendental» da justiça – aqui, da justiça intercultural: os princípios da justiça fundam-se na participação de todos, quais co-sujeitos de um discurso argumentativo, que, mediante os seus raciocínios, estão imersos numa comunidade: «quem» argumenta não pode negar – sob pena de incorrer em autocontradição performativa – que a validade das disputas morais que põe discursivamente a seus interlocutores, assim como a validade das suas pretensões de verdade, pressupõem a capacidade de consenso de todos os membros de uma comunidade.[42] Na verdade, desde que procuramos reflectir segundo os termos da pragmática transcendental, essa «situação original» (segundo Rawls) mais não é que a situação em que se encontra quem se empenha seriamente em argumentar.

Diferentemente da «situação original» fictícia, na qual é imaginado o contrato social, tal situação é agora, com mais evidência, uma argumentação em busca de validade.[43] Assim, a ética do discurso põe em relevo pelo menos um dado da moralidade humana: não podemos ter como justa uma norma, caso

---

[41] Cf. APEL, Karl-Otto, «El problema del "multiculturalismo" desde la perspectiva de la ética del discurso», *in:* APEL, K.-O., *et al.*, *Topografías del Mundo Contemporáneo*, Madrid, Encuentro Ediciones, *op. cit.*, pp. 26-28, 1998.
[42] *Ib.*, p. 32.
[43] Cf. APEL, Karl-Otto, *Discussion et Responsabilité*. 1988. Trad. Ch. Bouchindhomme, M. Charrière et R. Rochlitz, Paris, Cerf, pp. 86-87, 1996.

não possamos presumir que todos os afectados a aceitariam, após um diálogo em condições de igualdade; as normas que favorecem unicamente os interesses de um grupo ou de vários, em detrimento dos restantes, são injustas, e a sociedade que as adopta, sem as rectificar, é uma sociedade injusta. Apel procura, pois, as condições de possibilidade reflexivas de todo o discurso racional para nelas encontrar a fundamentação da verdade enquanto validade intersubjectiva do discurso.

Por sua vez, Jürgen Habermas busca uma noção compreensiva da racionalidade humana sem ter de recorrer ao que «transcende» o mundo empírico dos nossos contextos sociais, já que isso significaria um retorno à velha tradição do direito natural. Por isso, Habermas contrapõe, respondendo a Taylor:

> (...) o processo de realização de direitos deve inscrever-se em contextos que requerem tanto uma importante componente política, como também discursos de autocompreensão, isto é, discussões sobre uma concepção comum de bem e da forma de vida desejada e reconhecida como autêntica. São controvérsias nas quais os participantes esclareçam, por exemplo, como eles se encaram como cidadãos de uma determinada república, como habitantes de uma determinada região, como herdeiros de uma determinada cultura, que tradições querem continuar ou suspender, como querem relacionar-se com o seu destino histórico, uns com os outros e com a natureza, etc.[44]

Não está, de modo nenhum, interdita a adopção de uma concepção de bem, partilhada após discussão pública; interdito está privilegiar uma forma de vida à custa de outros membros da comunidade.

---

[44] HABERMAS, Jürgen, *La Inclusión del Otro: Estudios de Teoría Política* (1996), Barcelona, Paidós, pp. 205-206, 1999. Ver também HABERMAS, Jürgen, «Lutas pelo reconhecimento no Estado democrático constitucional», *in:* TAYLOR, Charles, *et al.*, *Multiculturalismo: Examinando a Política de Reconhecimento, op. cit.*, pp. 142-143.

Então, para Habermas, no âmbito de um «pragmatismo universalista», *o universalismo dos princípios jurídicos reflecte-se num «consenso procedimental» que, por certo, deve «inserir-se» no contexto de uma cultura política, determinada sempre historicamente, que pode denominar-se «patriotismo constitucional»*.[45] Esta visão habermasiana, já distinta do «patriotismo comunitário democrático» de Taylor[46], afasta-se em muito do patriotismo preconizado por MacIntyre, que quer compreender a história das nossas vidas e a vivermos uma vida moral significativa, para o que precisamos da consciência de uma comunidade nacional mais para além da comunidade histórica existente, em que a pátria seja concebida

> como um projecto nascido de alguma forma do passado, e continuado, para que surja uma comunidade distintivamente moral que incorpore uma exigência de autonomia política nas suas diversas expressões organizadas e institucionalizadas.[47]

Já, para Habermas, o conteúdo ético do «patriotismo constitucional» não pode prejudicar a neutralidade do ordenamento jurídico relativamente às comunidades em interacção.

Além disso, para que a norma social seja válida, um acordo racional legítimo deve resultar dum procedimento dialógico que envolva «todos» os possivelmente afectados pela norma, mas com iguais oportunidades no processo discursivo, e livres de qualquer pressão: tais são os pressupostos de uma «teoria do agir comunicacional», na qual *os actores intervenientes tentam, dentro do horizonte de um mundo da vida partilhado e com base em*

---

[45] HABERMAS, Jürgen, *La Inclusión del Otro, op. cit.*, pp. 214-215. Id., «Lutas pelo reconhecimento no Estado democrático constitucional», *op. cit.*, p. 152.

[46] TAYLOR, Charles, *Argumentos Filosóficos: Ensayos sobre el Conocimiento, el Lenguaje y la Modernidade* (1995), Barcelona, Paidós, pp. 255-256, 1997.

[47] MACINTYRE, Alasdair, *Is Patriotism a Virtue?*, The Lindley Lecture: Department of Philosophy, University of Kansas, pp. 13-14, 1984.

interpretações comuns da situação, conjugar os seus planos de um modo «cooperativo»[48]; só esta garante condições de reciprocidade, de reflexividade e de simetria entre argumentos aduzidos no processo discursivo; a demarcação do âmbito de juízo moral de cada indivíduo somente se pode alcançar por meio de um processo de deliberação pública, e é esta a via que legitima direitos e a própria democracia como sistema político.

Ora, entre culturas, é crucial a pertinência de um «teste de vitalidade»:

> os direitos colectivos apenas podem fortalecer um grupo na sua auto-afirmação cultural, se, ao mesmo tempo, garantirem aos membros individuais a margem de manobra de que necessitam em termos realistas para tomarem uma decisão reflectida entre a apropriação crítica, a revisão ou a recusa.[49]

Importa, pois, a possibilidade de adesão a tradições «em condições de dissensão».

Se a «justiça com equidade» (Rawls), fundada em princípios de justiça, nos permite legitimamente alcançar direitos e deveres entre indivíduos livres e iguais numa sociedade cooperativa, a ética discursiva (Apel, Habermas) pressupõe um processo dinâmico, que concilia dois princípios sempre controversos na filosofia política: o «princípio democrático» (soberania popular) e o princípio da «autonomia da vontade», num processo

---

[48] HABERMAS, Jürgen, *Pensamento Pós-Metafísico: Ensaios Filosóficos* (1988), tradução Lumir Nahodil, Coimbra, Almedina, p. 85, 2004. Em itálico, no original.

[49] HABERMAS, Jürgen, «A igualdade de tratamento das culturas – e os limites do liberalismo pós-moderno», *in:* Id., *Obras Escolhidas: Teoria Política*, 2005. Trad. Lumir Nahodil, revisão científica João T. Proença, Lisboa, Edições 70, pp. 217-218, 2015.

que configura a deliberação dialógica numa democracia constitucional[50].

Estas são algumas das questões em torno do «relativismo cultural» e do «universalismo ético»; no fundo, trata-se dos valores próprios de um espaço ou de uma época e, concomitantemente, dos valores universais, isto é, comuns à humanidade; tratar-se-á já, não tanto de «multiculturalismo», mas de «interculturalismo».

---

[50] Sobre este tema, ver o nosso estudo: ROCHA, Acílio da Silva Estanqueiro, «Democracia deliberativa», in ROSAS, João Cardoso (org.), *Manual de Filosofia Política*, Coimbra, Almedina, 2.ª ed., pp. 137-182.

Racionalidade hermenêutica e éticas aplicadas no mundo contemporâneo

Maria Luísa Portocarrero
Universidade de Coimbra

As éticas aplicadas marcam, com a sua demanda de reflexão no seio de várias profissões, o horizonte da racionalidade ocidental a partir dos últimos 30 anos do séc. XX, dando muito que pensar à Filosofia. A sua exigência de uma sabedoria prática, que saiba mediar o carácter universal das normas de que todos precisamos e as situações humanas singulares que se compreendem à luz destas, remete-nos para o horizonte da racionalidade hermenêutica de índole praxiológica que, preocupada com a razão social e política do mundo contemporâneo reinterpreta o essencial da mensagem da Ética aristotélica realçam assim as semelhanças da ética da deliberação com a racionalidade própria de uma filosofia hermenêutica. As éticas aplicadas exigem, com efeito, uma forma específica de mediação filosófica que nelas reconheça uma ética cívica que se exprime hoje nos mais variados sectores do espaço público contemporâneo.

1. Desenvolvemos, pois, a ideia central deste texto: depois de uma orientação linguística e outra pragmática, a filosofia da segunda metade do séc. XX passa por uma viragem aplicada que a confronta seriamente com a necessidade de deixar o mundo da teoria e de dar uma resposta séria a problemas éticos concretos que vão agitando dramaticamente o espaço público contemporâneo.

Questões como a destruição da eco-esfera, o sentido ético da decisão médica, o significado crucial da deliberação nas profissões, a xenofobia, o conflito de crenças religiosas, a pretensão de neutralidade da ciência e da economia, os novos desafios técnicos da genética, colocam ao pensamento filosófico deste século o desafio de contribuir, decisivamente, para uma razão pública renovada.

Nos últimos trinta anos do passado século irrompeu, de facto, na sociedade civil uma demanda de ética nas profissões, nomeadamente na genética, na ecologia, na política, na informação na comunicação, na empresa, no desporto etc. As éticas aplicadas são hoje uma realidade iniludível do espaço público contemporâneo internacional que, como nos diz A. Cortina[1], dá realmente «corpo ao sonho hegeliano de encarnar a moralidade nas instituições» em ordem a que a razão prática transforme estas por dentro.

O movimento deste tipo de éticas que alguns fundamentalistas rejeitam, procura justamente diferenciar-se do saber puramente teórico que se dedica a modelos estritamente intelectuais e deixa de lado as situações concretas e os contextos históricos. Tal movimento frisa que a ética não é exatamente uma disciplina científica, que ela intervém sempre num contexto particular e que a sua principal condição é a de completar a teoria e de desenvolver as consequências práticas do conhecimento para a vida quotidiana. Para as éticas aplicadas o universal

---

[1] CORTINA, A., *Justicia cordial*, Madrid, p. 42, 2010.

das regras apenas existe para ser aplicado, isto é, de modo algum abandonado, mas é fundamentalmente «desconstruído e criticado, se não é contextualizado»[2].

As éticas aplicadas, que se desenvolvem a partir de então, com a Bioética à cabeça, obrigam a reflexão filosófica, que sabe ouvir as diferentes esferas sociais, a encarar o problema da crise da crença na existência de uma moral única, passível de ser formulada e utilizada nas diferentes profissões da aplicação singularizada como uma questão crucial da reflexão ética. Elas suscitam o problema da complexidade da decisão moral, mostrando-nos que ele não é, de modo algum, redutível a um processo mecânico e imediatista, no qual os valores e as normas se impusessem independentemente de contextos e situações.

É o problema hermenêutico da deliberação responsável e da tomada de decisão o eixo fundamental desta ética aplicada e não o da fundamentação de princípios e valores. Tal problema surge com grande relevância, nos dias de hoje, no mundo das profissões técnicas, nas quais a formação especializada, altamente necessária, não prepara, no entanto, o especialista para o trágico da acção que lhe exige uma decisão singular ponderada, diante de um caso complexo em que a escolha deve muitas vezes fazer-se entre o cinzento-escuro e o preto.

A segurança operatória com que o referido profissional, altamente especializado, age do ponto de vista científico não lhe dá, de facto, a mesma certeza na escolha, que ele sabe que deve fazer no momento, e que pode ter consequências irreversíveis. Onde procurar então algum apoio? Nas áreas do saber que lidam com a simbólica e a pragmática da interacção humana, que reflectem sobre o efeito histórico destas acções e ainda sobre a lógica específica da deliberação.

Esta última representa de facto um modelo de reflexão e de ponderação que recusa a exclusividade do método dedutivo e

---

[2] BRUGÈRE, F., L'Éthique du care, Paris, p. 33, 2011.

indutivo de raciocínio, a que estão habituadas as profissões técnicas. Trata-se de um modelo argumentativo que pondera sobre os factos (sempre apresentados narrativamente) e que procura realizar os valores por meio de uma série de decisões e acções. A aplicação implicada neste tipo de éticas solicita por isso as humanidades em geral e a filosofia, em particular, uma vez que ela nos confronta com o problema da relação entre norma profissional (código deontológico), lei geral e situação particular única, humana demasiado humana, que exige no entanto compreender-se à luz da universalidade do código. De outro modo, as éticas aplicadas renovam, nos dias de hoje, o problema ético fundamental da deliberação prudente, analisado na Antiguidade por Aristóteles enquanto problema fundamental da Ética. Elas relegam as éticas filosóficas analíticas e as meta-éticas para o plano da abstracção.

Colocado então em primeiro plano o problema da deliberação responsável, a ética aplicada e o seu grande *boom* no séc. XX, é reveladora de que a própria tarefa de aplicar exige escolha, meditação e interpretação das margens pouco claras da norma, do princípio ou do valor pressupõem uma interpretação da narrativa por meio da qual nos é oferecida a situação concreta em jogo. Quer isto dizer que a aplicação não é neste âmbito automática. Pelo contrário, ela põe em cena toda uma tarefa hermenêutica, que exigem uma formação própria, em ordem a preparar o especialista, altamente pressionado pelo alargamento da sociedade de mercado[3], para um processo semelhante ao da tomada de decisão pelo juiz no âmbito dos tribunais.

Tal preparação visa fundamentalmente um alargamento de horizontes – reduzidos hoje ao primado do imediato, «do instantâneo e da urgência»[4] – feito do imaginário literário, enquanto

---

[3] Cf., LAÏDI, Zaki, *A chegada do homem- presente ou da nova condição do tempo*. Trad., Lisboa, p. 198, 2001
[4] Idem, *ibidem.*, p. 160.

laboratório de ensaio da capacidade humana de avaliação moral. Com esta forma de alargamento propõe-se, contra a compressão actual do tempo, uma via longa de abertura a situações diferentes, marcadas por apreciações éticas e procura-se desenvolver nos profissionais o nível imaginativo e afectivo que inclina à decisão ponderada e argumentada.

A razão prática, aqui representada, suscita a filosofia, nomeadamente a sua vertente hermenêutica, habituada a pensar a acção humana como um texto e que, por isso mesmo, reconhece como a narrativa histórica e de ficção permitem perceber variadas *nuances* da dimensão biográfica da vida humana que, de outro modo, não conheceríamos.

Só a narração revela, de facto, aspectos éticos da vida humana que escapam à razão operatória e mercantil da tecnociência que governa as próprias técnicas reguladoras das diferentes profissões e dos seus padrões de excelência. Nas suas vertentes livrescas ou cinematográficas, as grandes narrativas propõem ao pensamento humano, mediante a imaginação, modelos variados de acção que ajudam a relacionar dimensões éticas da conduta com a felicidade e a infelicidade.

O recurso filosófico a esta figura hermenêutica da razão prática, enraizada simultaneamente na ética e na poética, surge exatamente quando as referidas técnicas profissionais se confrontam com situações específicas que colocam o especialista em situação de conflito entre o respeito pelos códigos da sua profissão, a urgência como modelo do tempo do imediatismo e o respeito pelo indivíduo singular. Este é muitas vezes singular, mas é a ele que tais regras se devem aplicar. A razão que aqui se exerce, enquanto forma de racionalidade pública, que excede a metáfora actual do espaço público em rede, opõe-se claramente à exclusividade da racionalidade técnica, dominada pelo império do presente. Ora, é de facto esta oposição que os profissionais e *experts* em economia, medicina, gestão, etc. sentem na sua própria prática deliberativa. É o trajecto que vai da norma à situação que os ocupa e que dá origem a um juízo moral em situação, no qual é determinante a ordem das convicções dos interessados. É-lhes então necessária toda uma sabedoria prática que saiba resolver os conflitos suscitados pelo modo como a aplicação formal da regra pode questionar a ordem das convicções. Compreendem-se assim os pedidos de auxílio dirigidos à filosofia e às humanidades no sentido de uma mediação na interpretação dos casos difíceis e na modulação dos princípios e regras a aplicar. A interdisciplinaridade representa pois neste âmbito uma necessidade crucial, atestada pela realidade cada vez mais necessária dos conselhos de ética e dos apelos à transdisciplinaridade. É ela que salva, por sua vez, a ética de cair ou em puras abstracções ou mesmo num novo produto mais atractivo dos mercados[5].

O modelo de funcionamento destes conselhos interdisciplinares, que se impuseram na saúde, nomeadamente, no final do séc. xx, como o Conselho Nacional de Ética para as Ciências da Vida, é dialógico. Ele parte da realidade de pressupostos e horizontes diferentes, dada a diferente formação dos seus membros e procura, a partir da dialéctica hermenêutica de preconceitos diferentes, chegar a um entrelaçamento de horizontes que permita conduzir enfim a uma decisão responsável. Tal paradigma pressupõe de cada um dos conselheiros algumas capacidades fundamentais, como por exemplo: a possibilidade de escuta do ponto de vista do outro, que exige o reconhecimento de que os nossos conceitos podem afinal ser preconceitos provisórios; a admissão de que o outro pode revelar-me um aspecto da verdade que eu não conhecia; admissão da incerteza própria da decisão que deve, no entanto, ser a mais justa e adequada ao momento[6].

---

[5] Cf., Idem, *ibidem*, pp. 177-218.
[6] MORATALLA, T. Domingo, *Bioética y cine. De la narración a la deliberacíon*, Madrid, p. 112, 2010.

2. A corrente filosófica do séc. XX que serve de pano de fundo a este interessante movimento das éticas aplicadas é a filosofia hermenêutica, desenvolvida nomeadamente por H.G. Gadamer e P. Ricœur, com uma orientação fortemente dirigida para a simbólica da *praxis*. Lembremos, desde já, que na raiz do sucesso das éticas aplicadas, encontramos uma experiência de crise marcada por vários factores: a insuficiência das meta-éticas na sua versão alternativa à ética; as fragilidades do dogmatismo e do relativismo moral; a crítica ao formalismo e a necessidade de humanização das normas e valores após os efeitos históricos da Segunda Guerra Mundial; as consequências ambivalentes do desenvolvimento tecnocientífico; a crise das grandes narrativas ideologico-políticas a partir dos anos oitenta; a dignificação da vida quotidiana e o impacto das tecnologias, nomeadamente mediáticas[7].

Consciente destes problemas e do mundo administrado em que vivemos desde os últimos anos do séc. XX, o filósofo H.-G. Gadamer percebe que o que é urgente pensar é antes de mais nada o significado da *praxis*, pois este está, nos nossos dias,

> quase inteiramente definido pela performance técnica, isto é, pela aplicação da teoria e da ciência, herdando (...) todas as conotações que apresentam a aplicação da teoria pura como algo de impuro.[8]

O saber prático, revela-nos Gadamer, não tem de modo algum um sentido utilitarista, pelo contrário, exige toda uma longa formação do humano, a clássica comunidade do exercício da cultura e da palavra, verdadeira condição de possibilidade

---

[7] Cf., MORATALLA, A. Domingo, *Ética para educadores*, Madrid, pp. 194-197, 2008.
[8] GADAMER, H-G., *Vernunft im Zeitalter der Wissenschaft*, Frankfurt, p. 80, 1980.

da simbólica da acção e de uma hermenêutica crítica das situações concretas e das normas que as iluminam.

A *praxis*, lembra-nos Gadamer, caracteriza-se pela possibilidade de nos comportarmos e agirmos em solidariedade[9], capacidade que pressupõe deixar-se questionar pelo outro pois só ele, com as suas questões, pode pôr em cena os meus preconceitos, desalojando-me do meu imediatismo e permitindo que com ele entabule o diálogo sobre um reino de fins comuns.

O que a racionalidade hermenêutica, de que Gadamer é lídimo representante, traz de importante para este âmbito da *praxis* das éticas aplicadas é justamente o facto de nos mostrar que o campo conceptual originário da palavra *praxis*, pensada já por Aristóteles, mas imediatamente esquecida a seguir, nada tem a ver com a pura aplicação das teorias e resultados da ciência. Ela situa-se antes entre a Poética e a Ética e refere-se aos modos de comportamento dos seres vivos na sua mais ampla universalidade. A *praxis* enquanto designa originariamente a realização vital do ser vivo é temporal e diz respeito a um modo de viver a vida.

Ora, o modo de vida do ser humano caracteriza-se pela cidadania e pela capacidade de distanciamento do imediato, que supõe o exercício dialogado da escolha a partir das normas, isto é, a decisão. Saber escolher, saber decidir-se por algo contra algo, eis o que determina a sabedoria prática.

Quem deve tomar decisões morais, deve partir de uma prévia aprendizagem; sabe com efeito, o que é correcto por educação e inserção na simbólica do mundo vivido da *praxis* e na dos códigos que orientam a sua profissão. Mas a tarefa que se lhe impõe é sempre a da decisão singular, isto é, a de discernir *hic et nunc* o que é adequado a uma situação específica, vendo o que nela é correcto e possível de fazer. O que exige toda uma mediação hermenêutica da norma e da situação, que saiba que

---

[9] Idem, *ibidem*, p. 77.

as regras são regras da experiência, isto é, que é necessária a experiência para as aplicar pois não há uma regra que ensine a aplicar as regras. Reconhecer este facto implica todo um processo que põe em jogo a própria convicção íntima que depois de muita meditação habita a alma do decisor. E este é um procedimento que não se coaduna com o tempo social rarefeito da urgência, que hoje nos domina e que nos obriga a agir sempre com maior rapidez «para daí retirarmos vantagens»[10].

A urgência, a que nos vamos habituando, como novo modelo de compreensão do tempo, abomina as mediações reflexivas e narrativas que considera fonte de atraso no processo de mercantilização de todas as nossas actividades. Contra ela reage precisamente a sabedoria prática de índole hermenêutica que sempre reconheceu que *a ideia de racionalidade absoluta não faz de modo algum parte das possibilidades da humanidade histórica*[11]. Logo, a regra sem interpretação não é suficiente para uma compreensão justa.

Perante o trágico da decisão, a sabedoria prática, a que P. Ricœur dá grande relevo na sua ética, sabe por sua vez que apenas pode pronunciar-se pelo que é melhor ou menos mau, que é já resultado de um debate em que as normas não tiveram maior peso do que a solicitude para com a pessoa concreta.

A lei na sua aplicação à situação precisa então de um acerto, mostra-nos, desde sempre, o âmbito jurídico, porque ela é geral e não pode ter em conta toda a complexidade dos casos singulares possíveis. Como nos lembra Gadamer, a lei é insuficiente não por qualquer defeito seu, mas porque o mundo da acção é sempre imperfeito relativamente ao ideal representado nas leis. Daí a necessidade da aprendizagem narrativa, das lições da jurisprudência e do diálogo na aplicação. É de facto deste

---

[10] LAÏDI, Zaki., *op., cit.*, p. 219.
[11] GADAMER, H-G., *Gesammelte Werke I. Hermeneutik I, Wahrheit und Methode*, Tübingen, p. 285, 1886.

modo que funcionam os tribunais: o juiz que aplica a lei estuda o caso que lhe é apresentado, de forma narrativa, ouve as testemunhas, consulta os códigos e a jurisprudência e é em sessão pública, que ouvidos o réu, os advogados de defesa e acusação, profere a sentença. Com efeito, uma «definição da justiça em termos de eficácia e de imediatidade conduz à erosão do direito»[12].

A ética da deliberação, absolutamente necessária ao Direito e às éticas aplicadas, foi justamente estudada e reabilitada, no séc. XX, pelos filósofos H.-G. Gadamer e P. Ricœur que nos revelam como a lógica implicada no seu processo, nem exclusivamente dedutiva nem indutiva, é fundamentalmente hermenêutica. E, neste sentido, condutora de uma preferência não subjectiva nem violenta porque justamente mediada, dialogada e razoável.

É a esta capacidade de preferência «regulada» que Ricœur se vai dedicar nomeadamente na sua pequena ética[13] e no seu texto posterior «Da moral à ética e às éticas»[14]. Impressiona-o o facto de nos termos tornado, nos dias de hoje, incapazes de agir sem a segurança de um código ou de uma lei que nos proteja, isto é, de preferirmos agir de uma forma automatizada e não reflectida. Mas perturba-o ainda mais que na sociedade administrada em que vivemos, tenhamos esquecido completamente que a ideia de uma conduta sujeita a regras envolve inúmeros aspectos que ultrapassam o dever[15].

A regra é, de facto, um modelo de acção, uma orientação condutora de sentido, um bem imanente às várias práticas, como lhe chamou MacIntyre[16]. Bem que, no caso dos códigos deontológicos, reforça a imagem da profissão aos olhos dos

---

[12] LAÏDI, Zaki, op., cit., p. 227.
[13] RICŒUR, P., Soi-même comme un autre, Paris, pp. 199-344, 1990.
[14] Idem, Le juste 2, Paris, pp. 55-68, 2001.
[15] Cf., Idem, Du texte à l'action. Essais d'herméneutique II, Paris, p. 249, 1986.
[16] Cf., Écrits et conférences 2. Herméneutique, Paris, p. 68, 2010.

próprios profissionais, na medida em que indica como fazer bem o que se faz e em que se desenha o espaço do que é permitido e do que é eticamente indesejável. Mas as regras, insiste Ricœur, exigem a prévia inscrição do agente na intencionalidade narrativa prévia do agir ético, isto é, pressupõem que o ser humano é livre e por isso mesmo sabe escolher.
A falta de mediação prudente entre a norma e a situação concreta pode ser trágica, recorda-nos o filósofo. Por isso ele faz uma evocação da tragédia *Antígona*, de Sófocles, exemplo vivo dos excessos provocados pelo conflito insolúvel (ou apenas solúvel com a morte) entre a rigidez da norma e a inflexibilidade na convicção.

Se a tragédia *Antígona* pode ainda ensinar-nos, é porque o próprio conteúdo do conflito se conservou como clássico, apesar do carácter sempre perdido e incapaz de se repetir do fundo mítico a partir do qual ele emerge e do envolvimento festivo que rodeia o espectáculo[17].

Com a sua análise de *Antígona*, o filósofo faz-nos justamente pensar na responsabilidade de todos os agentes morais que se devotam inteiramente ao serviço de valores que os ultrapassam e que podem vir a ser motivos de infelicidade, quando se dá o caso de a norma ser interpretada de modo inflexível e a convicção ser motivo de uma transgressão arrebatada.

O que está em jogo na mensagem que Ricœur nos transmite, a partir da sua leitura de *Antígona*, é pois a necessidade de atender ao sentido do conflito na vida moral, isto é, de desenvolver uma sabedoria prática que, reconhecendo a necessidade absoluta dos códigos, respeite as pessoas singulares em jogo na situação. Será então tarefa fundamental da sabedoria prática inventar os procedimentos que satisfaçam o melhor possível a

---

[17] Idem, *Soi-même comme un autre* (Paris, Seuil: 1990), p. 283.

excepção que a solicitude pela pessoa exige, traindo o menos possível a regra. O modelo de articulação entre o universal e o particular, que ocorre ao nível desta sabedoria, de cunho hermenêutico, refere todo um processo criativo e inovador que se estrutura no cruzamento de um trabalho de argumentação e de interpretação, mediado pela narrativa. Ricœur deixa-nos, aliás, alguns conselhos claramente referidos ao contexto das éticas aplicadas. São eles: 1) em caso de conflito é necessário, em primeiro lugar, passar do plano moral das normas e dos códigos para o das convicções, isto é, do obrigatório para o plano do optativo próprio da ética anterior à moral e aceitar agir em contexto de incerteza. Não há, com efeito, um saber certo em ética. Pelo contrário, sempre poderá existir um conflito de interpretações; 2) perante este conflito parece aconselhável a procura do justo meio, da *mésotès* aristotélica. As decisões morais mais graves consistem em estabelecer uma linha de divisão entre o que é permitido e o que é proibido, nas próprias zonas mistas que resistem às dicotomias demasiado familiares; 3) terceiro traço da sabedoria prática:

> o aspecto arbitrário do juízo moral em situação é tanto menor quanto aquele que decide (...) pediu conselho aos homens e mulheres considerados os mais sábios e competentes. A convicção que sela a decisão beneficia com o carácter plural do debate. O *phronimos* não é forçosamente o homem sozinho.[18]

É sempre em conselho que deve ser praticada a sabedoria do juízo prudente e nestes Conselhos a convicção que inclina à decisão é não só mediada pela universalidade da norma, mas também pela argumentação e pela boa ponderação que conduz à melhor decisão no momento.

---

[18] *Idem, ibidem*, pp. 317-318.

III
RELAÇÃO DA ÉTICA COM OUTROS SABERES

# Ética e Educação

Maria Pereira Coutinho
Universidade Nova de Lisboa

1. Ética e educação

A problemática da relação entre a ética e a educação é, hoje, um dos temas mais importantes em pedagogia; esta importância relaciona-se com o facto de nos enconcontrarmos perante a necessidade de responder a um dos mais complexos e prementes desafios colocados ao nosso tempo: a resposta que o homem contemporâneo tem a dar à complexidade crescente das questões que estão a afectar, negativamente, a nível individual e social, dimensões fundamentais da sua existência.

Encontrando-se a sociedade actual numa situação de crise, fundamentalmente numa crise de sentido para o ser humano, tornam-se necessários sistemas de valores que orientem a vida dos homens em relação às ideias de «bem» e de «mal», exigindo-se, por isso, uma chamada da ética, convocando à responsabilização todos os saberes e, particularmente, o saber educativo.

Como refere Manuel Antunes[1], estando nós numa época de crise sem precedentes na história humana, quer pela sua universalidade, quer pela sua profundidade, é neste contexto que urge definir os fins e os meios da educação, perguntando-nos pela espécie de homem que queremos, um homem novo, num mundo novo, em gestação[2].

Neste contexto, a educação, questão desde sempre complexa e de enorme importância, assume contornos de uma tarefa ainda de maior complexidade e dificuldade, colocando grandes desafios e mobilizando uma reflexão em torno de diversos saberes que, a par da filosofia, se estendem sobretudo ao domínio das ciências humanas, nomeadamente à sociologia, à psicologia, à história, à economia e à política.

Trata-se, de facto, de um contexto novo, complexo e difícil, com o qual são confrontados responsáveis políticos, responsáveis sociais e, de um modo especial, os responsáveis da educação. É que a educação não é um problema ao lado de outros problemas, não é «um» problema particular; é «o» problema, problema que não pode ser adiado, no qual a humanidade, em geral, e cada povo ou nação, em particular, jogam o seu próprio destino[3]. A educação, que é intrinsecamente ética, apresenta-se como uma tarefa árdua, mas imperativa, exigindo uma atitude verdadeiramente crítica e filosófica. Daí a insistência de Manuel Antunes sobre a importância da filosofia da educação como instância onde se colocam as grandes interrogações neste domínio e, em particular, a grande questão sobre «o que é o homem?»

---

[1] Manuel Antunes (1918-1985), professor universitário, filósofo e crítico literário; é também considerado um pedagogo da democracia.
[2] ANTUNES, M., *Educação e sociedade*, Lisboa, Ed. Sampedro, pp. 11-12, 1973.
[3] Cf. ANTUNES, M., *op. cit.* p. 46.

A educação encontra-se, porém, actualmente, numa situação muito problemática, numa situação de crise evidente e profundíssima.

Que a educação ocidental está em crise, é evidente. Historiadores e sociólogos, professores e pedagogos, economistas e filósofos, cientistas e pais de família pendem, cada vez mais, a encontrar-se de acordo, neste ponto nevrálgico[4].

Para Cassiano Reimão[5], está em causa a exigência ética e a formação da consciência, em torno de referências sólidas, que devem situar-se no primeiro plano das preocupações dos responsáveis de uma sociedade livre e democrática.

Importa, assim, reflectir sobre a educação, enquanto processo comprometido com o desenvolvimento humano, no aspecto individual e colectivo, enquanto saber crítico, reflexivo e ético. Assim, e dada a sua importância, torna-se necessário revisitar os conceitos de ética e de educação e a sua relação indissolúvel, uma vez que todo o processo educativo, para ser autêntico, deve corresponder a um projecto ético.

2. Ética

A problemática da ética, não sendo nova (foi tratada já desde Sófocles e Aristóteles), depois de um relativo apagamento, tornou-se, no nosso tempo, sob formas diversas e, por vezes, contraditórias, numa problemática central, não só na filosofia, mas também em todos os outros domínios do saber, nomeadamente no saber educativo.

---

[4] ANTUNES, M., *op. cit.*, p. 44.
[5] Cf., REIMÃO, C., «Ética e educação», *in: Ética e Profissões. Desafios da Modernidade*, Universidade Lusíada Editora, Lisboa, p. 94, 2008.

Devido aos problemas existentes no actual contexto sociocultural, a radicalidade da exclusão do ético da reflexão filosófica não podia deixar de trazer a urgência do seu reconhecimento. Dada a sua importância, a ética, embora com um retorno ambíguo, está, de novo, na ordem do dia, sendo muitos os pensadores que sublinham a sua necessidade e actualidade. A ética apresenta-se, assim, hoje, como a consciência crítica da sociedade contemporânea e, essencialmente, dos limites da dignidade humana.

A ética é, hoje, chamada a intervir em quase todos os domínios socio-profissionais, numa actividade crescente, mas que precisa de ser repensada na sua natureza e fundamentos, nos seus objectivos e metodologia. Este apelo à ética, no sentido de ela intervir nas questões humanas actuais, tem sido acompanhado de múltiplas e renovadas expressões de pensamento. Impõe-se, por isso, neste contexto, uma reflexão sobre a ética, analisando as suas principais tendências e perspectivas[6].

Martin Heidegger, em 1953[7], publicou um texto em que anteviu a actual situação da sociedade ocidental. Preocupado com essa situação, denuncia o modo de ser «inautêntico» do homem, isto é, a situação de «estar-fora-de-casa», porque muito distante do seu próprio ser, salientando, assim, a necessidade da ética; em toda a sua obra, é bem expressa a importância da ética. Afirma que, tal como estamos habituados a entendê-la, a ética é uma construção dos gregos, tendo partido do seu significado original como «casa» ou «habitação animal». Assimilou uma dimensão civilizacional ou humana quando passou a designar o conjunto de hábitos, valores e costumes de uma

---

[6] COUTINHO, M. Pereira, «Ética e racionalidade comunicativa», in: *Ética e Profissões. Desafios da Modernidade*, Universidade Lusíada Editora, Lisboa, p. 33, 2008.
[7] Martin Heidegger publicou, em 1953, *Introdução à Metafísica*; este texto tinha sido redigido em 1935, a partir de uma palestra.

comunidade que permitem a convivência e a integração dos seus membros. Pensada numa dimensão de «cuidado», a ética convoca todos os seres humanos a procurar entender a existência dentro dos limites da sua incompletude e das exigências de «cuidado» de uns para com os outros. A «ética do cuidado» reveste, para este filósofo, o plano de paradigma ontológico e de destino universal, na protecção da pessoa humana[8].

Hannah Arendt, denunciando a existência de tentativas para construir, hoje, sistemas «em que os homens parecem ser supérfluos», salienta igualmente a urgência da ética.

Jürgen Habermas, debruçando-se sobre a situação presente da cultura europeia ocidental, tem procurado dar uma resposta aos desafios éticos com que esta cultura se confronta. Para tal, vem empreendendo uma «teoria social crítica», como um projecto ético-político, para o qual busca uma fundamentação normativa. Perante os efeitos ameaçadores do progresso tecno-científico, privilegia a «ética do discurso»[9].

Adela Cortina propõe, actualmente, uma «ética mínima – uma ética dialógica», com o propósito de fazer justiça ao ser autónomo e dialógico do homem, exigindo, por isso, o mínimo moral, isto é, que só sejam consideradas normas justas aquelas que forem

queridas pelos afectados, através de um diálogo estabelecido em condições de simetria. Para ela, as normas moralmente legítimas implicam o respeito pela autonomia pessoal e a solidariedade, propondo, assim, o comunitarismo aristotélico, face ao universalismo das éticas kantianas[10].

---

[8] Cf. ZAGALLO-CARDOSO, J. A. e SILVA, António Sá da, «A Ética do Cuidado à Luz da Fábula/Mito de Higino e da Tragédia Filoctetes, de Sófocles», *Revista Portuguesa de Filosofia*, 66(1): 82, 2010.
[9] Cf. COUTINHO, M. Pereira, *op. cit.*, p. 33.
[10] Cf. CORTINA, Adela, *Ética mínima. Introducción a la filosofía práctica*, Madrid, Tecnos, pp.17-18, 1994.

Paul Ricœur, aliando a herança aristotélica à kantiana, considera que a ética contém o alcance da «vida boa» (uma vida realizada sob o sinal das acções consideradas boas – «herança aristotélica»), com e para os outros, em instituições justas; refere que a ética deve passar pelo crivo da moral. Esta contém o aspecto obrigatório, marcado por normas, obrigações, interdições, caracterizadas, simultaneamente, por uma exigência de universalidade e por um efeito de constrangimento («herança kantiana»); refere-se ao que se impõe obrigatoriamente.

Existe, de facto, hoje, uma grande variedade de propostas no campo da ética. Deverá, porém, perante tal variedade de propostas, ser reconhecida a importância daquelas que apontem para uma fundamentação ontológica dos problemas éticos, com reflexo na ética das profissões[11], que se apresenta, actualmente, com grande relevância.

Considerando a importância radical da ética para o desenvolvimento humano e, consequentemente, para a orientação de todas as actividades humanas, implicando comprometimento e responsabilidade para com o «outro», nessas mesmas acções, a ética das profissões reveste-se, hoje, de grande relevância, sendo de salientar a posição de Augusto Hortal[12]. Situando as éticas profissionais num horizonte de plenitude, como éticas máximas, refere a sua importância nas dimensões, pessoal, institucional e social. Assim, para Hortal, as éticas profissionais são orientadoras da acção da pessoa no trabalho, tendo em conta o bem da realização do profissional, o bem social e o bem comum, implicando profissionalidade (dedicação e competência), sentido social e humanidade[13]. Enraizando a reflexão e as propostas morais, relativas à especificidade de cada profissão, no marco social das mesmas, numa articulação dialéctica das

---

[11] Cf. COUTINHO, M. Pereira, op. cit., p. 34.
[12] HORTAL, A., Ética general de las profesiones, Desclée de Brower, Bilbao, 2004.
[13] Cf. REIMÃO, C., op. cit., p. 94.

ÉTICA E EDUCAÇÃO | 231

vertentes deontológica e teleológica, as éticas profissionais são, para Hortal, éticas, no pleno sentido da palavra.

A ética, como sabedoria prática, saber especulativo/prático, é orientadora do «viver bem» do homem, orientando-o a viver como convém ao próprio ser humano, uma vez que toda a actividade do homem, qualquer que ela seja, não pode ser incompatível com a sua dignidade que, como afirmava Immanuel Kant, «não tem preço».

A justificação da ética, a sua importância e a sua exigência radicam na dignidade da pessoa humana. Esta é o ponto referencial em relação ao qual se mede qualquer acção; a dignidade da pessoa humana não é uma exigência ética, mas a condição de possibilidade de toda a ética.

A existência pessoal caracteriza-se e constitui-se pela abertura ao «outro», transcendendo-se, descentrando-se, isto é, passando a estar «exposto» ao outro. Deste modo, o reconhecimento de mim mesmo como pessoa é, simultaneamente, um reconhecimento do outro também como pessoa; como salienta Cassiano Reimão[14], nasce daqui a ética, no sentido de que todas as acções do homem devem ser acções que permitam afirmar a plenitude do ser humano, na sua relação de proximidade de uns para com os outros; todos somos «próximos» uns dos outros.

A ética opera, assim, como que um chamamento ao qual cada consciência humana responde pessoalmente, no dinamismo da sua auto-realização, implicando, na sua essência, uma abertura ao sentido, indissoluvelmente ligada à abertura aos outros, à coexistência.

Daí a presença estruturante da ética na educação; esta deve estar, cada vez mais, em consonância com a realidade dinâmica e pluridimensional do homem, que não é «objecto», mas

---
[14] Cf. REIMÃO, C. e Outros, *Inovação, Decisão e Ética*, Lisboa, Ed. Sílabo, p. 201, 2011.

é «o outro», no sentido de Emmanuel Lévinas; porque implica sempre uma opção axiológica no sentido do estabelecimento de metas, consideradas como as melhores. Assim, os valores e, sobretudo, os valores éticos devem ser considerados como uma referência fundamental no processo educativo.

3. Educação

Etimologicamente, a palavra «educação», como salienta Manuel Antunes, fala latim. Deriva do verbo *educo, as, are* que, por sua vez, é um derivado de *educo, is, ere* (fazer sair); significa, portanto, alevantar, fazer tomar o hábito ou o costume de alguma coisa, formar, edificar. Os gregos, que foram os primeiros inventores da educação moderna e da filosofia da educação, designavam-na por *paideia* que tem, na sua raiz, o vocábulo *pais* (criança).

Gaston Mialaret considera, também, a dupla raiz latina de educação: *educere* (conduzir para fora de), tendo levado a que pensadores nesta área insistissem no facto de a educação ter de contar com o aluno; *educare*, levando outros a assinalar para a educação a acção de formar, instruir, guiar.

A educação tem sido, assim, objecto das mais variadas definições, sofrendo uma evolução ao longo do tempo; de facto, dada a sua complexidade, torna-se muito difícil defini-la, embora sobre ela tenham sido apresentadas muitas teorias, num autêntico «furor definitório»[15], sobretudo nos últimos tempos.

Na tentativa, porém, de compreender o conceito de educação, importa ter em conta a sua ligação com os diferentes contextos culturais e sua evolução (e, principalmente, com a ideia de homem), neles presente, na complexidade radical da

---

[15] Cf. ANTUNES, M., *op. cit*, p. 37.

sua autêntica dimensão e do seu projecto: «ser aquele que se é» (Ortega y Gasset) ou, «ser a excelência que se é» (Píndaro). De facto, na medida em que a educação visa a transmissão de conhecimentos e de valores, a criação de aptidões, a formação e o aperfeiçoamento do homem, é indissociável da cultura, de que é um meio de difusão e de renovação por excelência, e do desenvolvimento, de que é um dos principais factores. Por seu turno, o desenvolvimento do indivíduo como pessoa é a condição do desenvolvimento da cultura. Assim, não há cultura sem educação, aparecendo «homem», «cultura» e «educação», como conceitos inter-relacionados, não podendo, por isso, ser compreendidos isoladamente. Cultura e educação são conceitos que, na realidade, mutuamente se implicam, a ponto de, no grego antigo, o mesmo vocábulo, *paideia*, designar, a um tempo, «educação» e «cultura»[16]. Como bem salienta Manuel Antunes[17], a educação é reflexo e projecto de uma cultura: é reflexo de uma cultura na medida em que, através do seu canal, se transmite todo um legado adquirido de normas, de valores, de sentimentos, de modos de encarar o mundo e a vida, de hábitos, de costumes; é projecto de uma cultura, na medida em que, no processo transmissivo, se dão, necessariamente, modificações, criando as condições de surgimento de novas formas de cultura.

Fazem parte da educação não só os problemas da autonomia, mas também os problemas da autoridade, da tradição e da transmissão da cultura, uma vez que a continuação do mundo supõe que as novas gerações tomem os dados herdados das gerações anteriores e se reconheçam nessa herança. Mas, porque a educação torna possível o futuro, ela radica na esperança, numa esperança de qualquer coisa de novo a vir.

A educação transmite, com o saber, antes de tudo, uma determinada relação com ele, questionando-o e apreendendo

---

[16] Cf. ANTUNES, M., *op. cit.* p. 11.
[17] Cf. ANTUNES, M., *op. cit.* p. 11.

a sua perspectiva de ligação com a vida, com a vida humana. Assim, toda a pedagogia pressupõe sempre a referência inevitável a um modelo de homem.

O modelo antropológico da cultura europeia opera com significados e com significantes que têm a sua origem nas civilizações greco-romana e judaico-cristã. Deste modo, a *paideia* grega e as correntes de pensamento do helenismo e do cristianismo constituem pontos de partida que estiveram na sua origem, devendo, por isso, ser consideradas como referências importantes no campo educativo.

Uma grande viragem neste campo operou-se, porém, nos finais do século XIX e princípios do século XX, na sequência do racionalismo iluminista. Se, até então, a educação era, predominantemente, de tipo normativo, ordenada a prescrever a conduta a partir de princípios[18], daí em diante a educação pretendeu ser uma disciplina que libertasse o indivíduo da visão estreita e irracional e o abrisse ao conhecimento racional para atingir o progresso. Começa, desde então, a ganhar corpo a ideia de estabelecer a teoria educativa sobre uma base científica, abandonando, quer um tratamento exclusivamente filosófico dos problemas educativos, quer toda a normatividade, no sentido de se obter uma disciplina livre de todos os princípios *a priori* e fundada somente na observação do real, estudando apenas os factos em educação. Deparamos, deste modo, com alterações profundas, quer nas metodologias, quer no próprio conceito de educação. O tratamento da educação converte-se em ciência aplicada, através da implementação de métodos científicos.

Estamos perante o predomínio da racionalidade tecno-científica, orientada para o matematizável, para o calculável, para o imediato, para o pragmático, convidando a relegar para

---

[18] Cf. AVANZINI, Guy, *Introduction aux sciences de l'éducation*, Toulouse, Édouard Privat Éd., p. 12, 1976.

ÉTICA E EDUCAÇÃO | 235

segundo plano o simbólico, o relacional-ético e tudo aquilo que nos remete para a esfera do sentido e do ser.

A partir do último quartel do século XX, questionando a modernidade, o conceito de sujeito e as suas perspectivas transformadoras, surgem as propostas educativas do pensamento pós-moderno. Trata-se de um movimento antipedagógico, que, com pensadores como Jean-François Lyotard, declara o fim da educação, rejeitando a possibilidade de formular normas e de apresentar modelos educativos. Caracterizada pelo individualismo e pela independência, a pós-modernidade é marcada pelo efémero, pelo imediato e pelo vazio, sobretudo pela falta de utopias, prescindindo-se de normas e de valores universais, propondo um pensamento débil, sem princípios *a priori* e sem critérios de conexão.

Henry Giroux salienta, porém, que o debate pós-moderno provocou pouco consenso, muita confusão e bastante discórdia; traduzidas para o campo da educação, as teorias pós-modernas, apresentando, embora, aspectos positivos, não conseguiram os seus objectivos em relação à sociedade actual, tendo-se saldado por um relativismo e por uma capitulação.

Relacionada com o pensamento moderno e pós-moderno, com as suas concepções, desenvolvimentos e resultados práticos, e manifestando forte ligação com os pensadores da Escola de Frankfurt, surgiu, por volta dos anos setenta do século XX, na Alemanha, a chamada «pedagogia crítica», com uma abordagem crítica[19] da educação e da escola, na perspectiva de democratização da sociedade. Baseados na crença de que é possível e necessária a criação de uma sociedade nova e mais perfeita, como opção de tipo ideológico-político, a fim de se construírem homens «novos», de acordo com a exigência da solução dos

---

[19] Sobre o significado e a natureza do conceito de crítica nas teorias críticas, é importante conferir POPKEWITZ, T.; FENDLER, Lynn (ed.), *Critical theories in Education. Changing terrains of knowledge and politics*, New York/London, Routledge, pp. 92-94, 1999.

assuntos da sociedade que vai aparecer, consideram a educação como um dos meios para conseguir tal objectivo[20]. Refira-se, neste contexto, a posição de Jürgen Habermas, crítico, quer da epistemologia tradicional, quer do pensamento pós-moderno com a sua proposta da «ética do discurso» e a presença do seu pensamento nas «pedagogias críticas», numa perspectiva comunicativa. É de salientar, sobretudo, a construção de uma ciência crítica da educação, cujos objectivos são iluminar e emancipar, bem como a proposta de uma nova consciência epistemológica, também para o campo educativo, e uma concepção de educação como prática intersubjectiva, comunicativa.

Acontece, porém, que as teorias críticas, com as suas propostas, ao nível da conceptualização e da acção, no campo educativo, não se têm mostrado capazes de fundamentar uma educação libertadora da pessoa, na sua plenitude, nem têm sido capazes de solucionar as dificuldades que estão presentes tanto nas instituições responsáveis pela coesão social como nos modos através dos quais se formam as identidades individuais e colectivas.

Deparamos, hoje, no contexto educativo e, em particular, na escola, com uma difusa redução da educação aos aspectos técnicos e funcionais, com pouco interesse pelos valores e pelos horizontes de forte significado ético, à custa do consenso ou de uma pretensa neutralidade, com uma profunda apatia pela formação ética e com tentativas de monopólio, por parte do Estado. Refira-se, ainda, que mesmo as actuais extensões do conceito de educação, a educação permanente e a educação para a cidadania[21], encerram questões problemáticas, sobretudo a nível dos valores e dos critérios éticos.

---

[20] Cf. BREZINKA,W., *La pedagogía de la nueva izquierda*, Barcelona, Publicaciones Univ. S.A., p. 64, 1988.
[21] Cf. COUTINHO, M. Pereira, «Cidadania e educação», in: BARROS DIAS, J. M. de; SEBASTIÃO, L. (Org.), *Da Filosofia, da Pedagogia, Da Escola*, Évora, Ed. Universidade de Évora, pp. 339-367, 2008.

A educação continua a ser encarada, principalmente, como um investimento necessário para o progresso científico, técnico e económico das sociedades, para as necessidades permanentes de mudança decorrentes de tal progresso. Porém, não se podem reduzir os conceitos de formação e de educação a um simples apoio ao desenvolvimento ou a objectivos de pura socialização, uma vez que o homem não é somente um ser da natureza, nem somente um ser puramente social, nem um «sócio da comunicação».

Neste sentido, já Manuel Antunes sublinhava que, de facto, a educação tem aparecido como elemento gerador e director da ciência, da tecnologia, da estratégia militar, da economia e da política. Serva, porém, daqueles poderes, a educação *converte--se na mais larga e poderosa empresa de desumanização do homem*[22].

Aquilo que permanece em questão é a ideia de homem, que tem estado subjacente aos diferentes e recentes sistemas educativos. Importa optar pela compreensão do «homem» como «pessoa» como ponto fulcral da pedagogia e da acção educativa, bem como centro de referência para a orientação da educação quanto ao seu sentido e às suas finalidades, implicando, assim, a problemática dos valores.

Estamos perante a necessidade de referência ao valor, que não é um «ser», um dado, algo com que, inevitavelmente, tem de se contar, mas um «ser mais», um «dever ser», algo que deveria estar aí, como refere O. Fullat. A problemática dos valores, em educação (faz parte de uma solicitação universal)[23] constitui, hoje, um desafio ainda maior; neste sentido, Olivier Reboul chama a atenção para o facto de «o que vale» ter de significar e ter de ser conquistado.

---

[22] ANTUNES, M., *op. cit.*, p. 9.
[23] Cf. HOUSSAYE, J., *Éducation et philosophie. Approches contemporaines*, Paris, ESF Ed., pp. 231-268, 1999.

Refira-se a posição de Martin Heidegger, para quem *a educação genuína* (echte Bildung) *se apodera da própria alma, transformando-a na sua plenitude e conduzindo-nos, antes de mais, ao lugar do nosso ser essencial e acostumando-nos* (eingewohnt) *a ele*. A educação genuína conduz-nos a nós mesmos ao lugar onde somos (o aí – *Da* – do nosso ser), ensina-nos a habitar (*wohnen*) aí e transforma-nos nesse processo. Esta viagem transformadora de nós próprios não é uma fuga ao mundo para o pensamento, mas o regresso reflexivo ao «domicílio» do homem.

Sendo o homem a educar uma pessoa, e constituindo os valores a trama da educação, educar consistirá em oferecer, transmitir e ajudar a construir um modo de viver e de entender a vida, baseada em valores, acreditando na perfectibilidade do homem como pessoa. Educação é, assim, um processo em que aprender é aprender a ser, um processo de construção contínua do seu ser, em ordem ao dever-ser, através do conhecimento, da sabedoria, da relação com o outro, da amizade, no sentido de Aristóteles, e do amor.

E, de facto, tudo parece, hoje, apontar para a necessidade de ser recusado o empobrecimento do conceito de educação e de ser construída uma definição que, para além de ter em conta a sua complexidade, a sua natureza e possibilidades, integre, nos seus traços fundamentais, a dimensão ética, entendendo a educação como processo de optimização integral do homem como pessoa, em termos de «ser» e de «dever ser», orientado para a sua auto-realização e inserção, de forma crítica, criativa, responsável, ética, na natureza, na sociedade e na cultura.

4. Indissolubilidade entre ética e educação

Sendo a ética uma dimensão essencialmente constitutiva da educação, na medida em que o êxito da educação não é possível à margem de um horizonte de plenitude do ser humano, estamos perante a indissolubilidade entre ética e educação.

O pensamento pedagógico e a acção educativa não podem, pois, destruir a unidade original que se enraíza no ser da pessoa em formação, a unidade do «ser», do «dever-ser» e do «dever--tornar-se», uma vez que, para terem finalidade e sentido, necessitam de ser conduzidas por ela.

Neste processo de desenvolvimento do ser humano estão implicados os responsáveis políticos, as instituições educativas, a escola, os professores e, sobretudo, a família, devendo, por isso, assumir, frontalmente, a sua parte de responsabilidade. Dever-se-á, assim, insistir na necessidade de sistemas educativos, bem como, de programas e de processos educativos que, não deixando de lado determinadas variáveis, circunstâncias e âmbitos, respondam à complexidade da educação no mundo de hoje, integrando um projecto ético. Estamos perante um projecto que, através de uma aprendizagem crítica, responsável e participativa, busca sentido para a existência humana, abrindo perspectivas comuns ao agir humano, individualmente e em comunidade, por forma a que a coexistência integre o sentido da existência. Esta aprendizagem só se realizará, segundo Manuel Patrício[24], numa escola axiológica e cultural que esteja organizada como uma comunidade justa, atendendo às diversas dimensões do ser humano.

Como refere Cassiano Reimão, este desafio implica que o processo educativo esteja centrado nos valores do homem como pessoa, aberto, na linha de Max Scheler, à construção de uma pirâmide organizada desde os valores vitais, na sua base, aos valores religiosos («valores de ultimidade»), no topo. Possibilitar-se-á, deste modo, a resposta às tensões fundamentais que atravessam o actual contexto cultural da sociedade: a tensão entre o ter e o ser, entre o individualismo e a solidariedade,

---

[24] Cf. PATRÍCIO, M., «A escola cultural. Uma resposta à tensão globalização-diversidade», in: PATRÍCIO, M. F. (Org.), *Globalização e Diversidade. A Escola Cultural, Uma Resposta*, Porto, Porto Editora, pp. 73-85, 2002.

entre a qualificação e a humanização, entre a violência e a paz, entre a unidimensionalidade e a pluridimensionalidade, entre as normas e a autonomia, entre a globalização e a circunstancialidade.

A escola, numa referência a valores éticos, formará para a articulação destes valores nos diferentes níveis da actividade da sociedade, possibilitando, através da apropriação e da construção de novos saberes, a emergência de subjectividades livres, autónomas, responsáveis e solidárias.

A educação, que não pode reduzir-se à mera transmissão de saberes, atravessará necessariamente as portas da escola, proporcionando competências técnicas e profissionais, em que o «saber» não esteja subordinado ao «sucesso efémero». Contribuirá, deste modo, para a construção de um novo paradigma cultural, baseado numa racionalidade aberta à verdade e à sabedoria, numa perspectiva ética, fundada na ontologia.

Por sua vez, os docentes, assumindo a responsabilidade de desenvolver, na sua acção educativa, uma dimensão ética[25], valorizando a reflexão sobre as interrogações humanas fundamentais, compartilharão com os educandos o comum destino de ser pessoas, não os pondo, somente, em contacto com o vazio das convicções[26].

A educação, como salienta Manuel Antunes, é, como a medicina, uma arte e uma ciência; realiza-se na relação pedagógica, uma relação interpessoal, intercomunicativa, devendo o professor ser o colaborador-orientador e a participação constituir a lei-chave da educação. Daqui a importância da pessoa do educador, da pessoa do professor, como refere Briggita Fuchs, relativamente ao alcance e à responsabilidade da sua função pedagógica.

---

[25] Cf. REIMÃO, C., «Ética e educação», in: *Ética e Profissões. Desafios da Modernidade*, Lisboa, Universidade Lusíada Editora, p. 93, 2008.
[26] Cf. GUILLOT, G., *Quelles valeurs pour l'école du XXIe siècle*, Paris, L'Hartmattan, p. 11, 2000.

A relação pedagógica é um acto ontológico de descentração que se constitui, através da centração no homem como pessoa que, como refere Emmanuel Lévinas, é, por natureza, ética. Os educadores desempenharão a sua actividade em termos de ajuda, despertando para o conhecimento e para a sabedoria, incentivando o trabalho, a criatividade, que é nuclear na estruturação dos valores, apelando à responsabilidade de cada um, no desenvolvimento do ser humano, em inter-relação com os outros.

Hannah Arendt[27] sublinha as implicações educativas fundamentais daquilo a que ela chama «natividade», isto é, o facto de os seres humanos nascerem num mundo que lhes pré-existe, que é naturalmente o seu e no seio do qual se tem a responsabilidade absoluta de os introduzir e de os acolher como sucessores imprevisivelmente novos. Desta forma, os educadores assumem a responsabilidade da vida e do desenvolvimento do mundo.

Estaremos perante um movimento pedagógico, enraizado no passado, situado no presente e orientado pelo futuro da «esperança», cuja essência reside, precisamente, na convicção de que, apesar de todos os obstáculos, o mundo pode ser mudado, através do empenhamento individual e colectivo e da interacção entre as gerações, em ordem à realização do «bem».

Este desafio, no campo educativo, exige a sensibilização para a questão fundamental e sempre em aberto, de saber o que é o homem; questão que passa, também, pela necessidade de revisitar o pensamento pedagógico medieval, nomeadamente de Santo Agostinho.

Como salienta Cassiano Reimão[28], para o 3º milénio, deverá optar-se, necessariamente, por uma educação lançada na realização da plenitude do ser humano, na busca do sentido misterioso da existência.

---

[27] Cf. ARENDT, Hannah, *La Crise de la Culture*, Paris, Gallimard, p. 228, 1972.
[28] Cf. REIMÃO, C., *op. cit.*, p. 99.

Leituras recomendadas

ANTUNES, M, *Educação e Sociedade*, Lisboa, Ed. Sampedro, 1973.

ARENDT, H., *La crise de la culture*, Paris, Galimard, 1972.

AVANZINI, Guy, *Introduction aux sciences de l'éducation*, Toulouse, Édouard Privat, Éd., 1976.

BARTHELMÉ, B., *Une philosophie de l'éducation pour l'école d'aujourd'hui*, Paris, L'Hartmattan, 1999.

BREZINKA, W., *La pedagogía de la nueva izquerda*, Barcelona, Promociones y publicaciones Universitárias, S.A., 1988.

CASTELLS, M., *Nuevas perspectivas críticas en educación*, Barcelona, Paidós, 1994.

CORTINA, Adela, *Ética mínima. Introducción a la filosofía prática*, Madrid, Tecnos, 1994.

COUTINHO, M. S. Pereira, *Racionalidade Comunicativa e Desenvolvimento Humano em Jürgen Habermas. Bases de um Pensamento Educacional*, Lisboa, Colibri, 2002.

COUTINHO, M. Pereira, «Ética e racionalidade comunicativa», *in*: *Ética e Profissões. Desafios da Modernidade*, Lisboa, Universidade Lusíada Editora, pp. 33-43, 2008.

COUTINHO, M. Pereira, «Cidadania e educação», *in*: BARROS DIAS, J. M. de; SEBASTIÃO, L. (Org.), *Da Filosofia, da Pedagogia, Da Escola*, Évora, Ed. Universidade de Évora, pp. 339-367, 2008.

FULLAT, O., *Antropología filosófica de la educación*, Barcelona, Ariel Educación, 1997.

FULLAT, O., *Occidente. Hontanares, sentidos, valores*, Braga, Universidade do Minho, 2000.

FUCHS, Birgitta, *Freiheit, Geschichte, Vernunft. Grundlinien geisteswissenschaftlicher Pädagogik*, Würzburg, ed. Wilhelm Brinkmann, 1997.

GIROUX, H., *Theory and Resistance in Education. A Pedagogy for the Oposition*, London, Heinemann, 1983.

GUILLOT, G., *Quelles valeurs pour l'école du XXIe siècle*, Paris, L'Hartmattan, 2000.

HABERMAS, J., *Erkenntnis*, Frankfurt a. M., Suhrkamp, 1979.

HEIDEGGER, M. (1953), *Introdução à Metafísica*. Trad. de Emmanuel C. Leão, 4ª ed., Rio de Janeiro, Tempo brasileiro, 1999.

HORTAL, A., *Ética general de las profesiones*, Bilbao, Desclée de Brower, 2004.

HOUSSAYE, J., *Éducation et philosophie. Approches contemporaines*, Paris, ESF Ed., 1999.

KANT, I., *Refléxions sur l'éducation*, Paris, Vrin, 1984.

LÉVINAS, E., *Ética e Infinito*, Lisboa, Ed. 70, 1988.

MIALARET, G., *As Ciências da Educação*, Lisboa, Moraes Ed., 1980.

PATRÍCIO, M. «A escola cultural. Uma resposta à tensão globalização--diversidade», *in*: PATRÍCIO, M. F. (Org.), *Globalização e Diversidade. A Escola Cultural, Uma Resposta*, Porto, Porto Editora, pp. 73-85, 2002.

POURTOIS, J.-P.; DESMET, H., *A Educação Pós-moderna*, Lisboa, Inst. Piaget, 1999.

POPKEWITZ, T. & FENDLER, L. (ed.), *Critical Theories in Education: Changing Terrains of Knowledge and Politics*, Nova Iorque / Londres, Routledge, 1999.

REBOUL, O., *Les valeurs en éducation*, Paris, PUF, 1992.

REIMÃO, C. e Outros, *Inovação, Decisão e Ética*, Lisboa, Ed. Sílabo, 2011.

REIMÃO, C., «Ética e educação», *in*: *Ética e Profissões. Desafios da Modernidade*, Lisboa, Universidade Lusíada Editora, 2008.

RICŒUR, Paul, «Avant la loi morale l'étique», *in*: *Encyclopaedie Universalis. Symposium – les Enjeux*, Vol. I, pp. 62-66, 1993.

SCHELER, M., *A Concepção Filosófica do Mundo*, Porto, Porto Editora, 2003.

A Ética no contexto das Ciências Humanas

Cassiano Reimão
Universidade Nova de Lisboa

> *O que é mais preocupante não é o grito dos violentos, dos corruptos, dos desonestos, ou dos sem ética. O que é mais preocupante é o silêncio dos que são bons.*
>
> MARTIN LUTHER KING

A ética projecta-se no campo da investigação científica e no exercício das profissões, marcando todo o processo relacional, a criatividade e a inovação, bem como a tomada de decisões. Perante as actuais transformações verificadas em profundidade no tecido e nas estruturas sociais, com a instituição de novas tecnologias e de novas formas de comunicação, perante novos paradigmas de desenvolvimento, foram introduzidos novos comportamentos individuais e colectivos, tendo surgido novos padrões culturais que exigem uma atenção acrescida em todas as áreas do saber.

A questão ética é, hoje, na verdade, uma questão crucial e civilizacional. A ética é, por si mesma, coextensiva à cultura, uma vez que todo o acto vivo, incluindo o teórico, é um acto prático[1]. Por isso, não há responsabilidade social, nem elaboração científica sem ética, exigindo-se coerência entre acção e discurso.

A sociedade impõe-se-nos, na actualidade, como impiedosa e inexorável, sem quadros de referência para orientação, banalizando o sofrimento e absolutizando o efémero. Encontramo-nos num tempo de cultura induzida, individualista, hedonista, racionalizada; na idade do «pós-bem-estar» em que vivemos, tudo está organizado para o quotidiano; são estas algumas das patologias de que sofremos, no tempo presente, no dizer de Jürgen Habermas, num apelo a uma nova consciência ética, crítica e epistemológica.

A «nova modernidade»[2] que coincide com a *civilização do desejo*, formada ao longo da segunda metade do séc. xx, coincide, também, como refere Gilles Lipovetsky, com novas orientações do «capitalismo de consumo» que preconiza o incitamento perpétuo da procura, da comercialização e da multipli-

---

[1] Cf. HENRY, M., *La Barbarie*, Paris, Bernard Grasset, p. 220, 1987.

[2] As características da «nova modernidade» são: a «secularização» (perda da referência do religioso, para a convivência social e para os planos pessoais de vida); a «autonomia» (valor acima de qualquer outro para a plena conquista de si mesmo) e o «pluralismo» (eleito como valor moral, possibilitador da convivência das liberdades e das decisões colectivas). Na «nova modernidade», dá-se uma crise de legitimação e de motivação, bem descrita por K. Lorenz, ao enumerar os «Pecados mortais da humanidade civilizada»: «Urbanização anómala» (quebra das inter-relações – biocenose); «competição da Humanidade consigo própria» (onde o mais não coincide com o melhor); «unidimensionalismo humano» (materialização dos valores); «morte (em vida) dos afectos» (indiferença pelos sentimentos alheios); «quebra das tradições; escravização aos *mass media*» (promotores de julgamento e avaliação, sem defesa, na praça pública).

cação indefinida das necessidades[3]. O capitalismo de consumo assumiu a liderança das economias de produção. Constituiu-se como que uma «nova religião» em torno da melhoria contínua das condições de vida, instituindo o consumo emocional como experiência íntima[4], um consumo destrutivo, onde o viver material gera uma manifesta insatisfação existencial.

A sociedade do nosso tempo é uma sociedade onde tudo chega sem ser necessário partir, onde vale a retórica do momento, experienciando-se uma circularidade sem encontro e assistindo-se a uma crise do discurso da representação, onde é iminente o risco de eliminação da pessoa moral e a anulação da singularidade como identidade e onde se experiencia um sistema que não vai ao fundo das coisas; esta situação afecta, hoje, toda a elaboração das ciências humanas[5], tornando-se, por isso, urgente a «humanização da humanidade do homem». É que o «homem da sociedade virtual», sendo um homem em rede, é um «homem-produto». Jürgen Habermas considera

---

[3] Cf. LIPOVETSKY, G., *A Felicidade paradoxal – Ensaio sobre a sociedade do hiperconsumo*, Lisboa, Ed. 70, p. 7, 2010.

[4] Cf. LIPOVETSKY, G., *A Felicidade paradoxal – Ensaio sobre a sociedade do hiperconsumo*, Lisboa, Ed. 70, 2010, pp. 33 e ss. *O homem, que é único e insubstituível, no dizer de Unamuno, corre o risco de se trocar por um outro eu, um eu de mercado, sujeito à oscilação dos preços.*

[5] A expressão «Ciências Humanas» designa as ciências que têm o ser humano como objecto de estudo. Embora do ponto de vista técnico todo e qualquer conhecimento produzido pela humanidade seja uma «ciência humana», o ponto comum entre essas ciências é o objectivo de desvendar as complexidades do ser humano e das suas criações. Englobam, portanto, o pensamento e a produção de conhecimento sobre a condição humana a partir de discursos específicos; são ciências que tratam da dimensão humana do homem, contendo conhecimentos criteriosamente organizados da produção criativa humana; distinguem-se das «Ciências Sociais» que tratam dos aspectos do homem, enquanto ser social; entretanto, em algumas áreas, essa distinção é pouco acentuada, sobrepondo-se, em muitos aspectos, como sucede com a antropologia, a história, a ciência política, a linguística, a psicologia, a pedagogia e o direito.

que, na sociedade actual, o «mundo-da-vida» está colonizado pelo «sistema», através de uma racionalidade estratégico-instrumental, comprometendo a identidade individual e colectiva; o homem tornou-se, como dizia Herbert Marcuse, o acessório da máquina produtiva e do aparelho de dominação. A época em que vivemos traz-nos, por isso, inúmeras preocupações éticas em diversos domínios, como o da ciência e o da técnica, na vida individual e na vida colectiva, no âmbito das instituições e das organizações[6].

Condenados ao hedonismo sem quaisquer ideologias de referência, os homens de hoje, na sua maioria, vivem de modo individualista; a nossa época está perpassada pela incerteza, pelo vazio e pela desilusão; mas, nela, apesar de tudo, a tolerância, a liberdade e a solidariedade são lugares-comuns de esperança; torna-se, por isso, urgente o retorno à reflexão de modo a que cada homem, centro das ciências humanas, encontre as suas próprias respostas para um percurso existencial autêntico, definindo a sua identidade e autonomia; por isso, o tempo presente é marcado pela redescoberta dos valores e da ética em virtude de ela aparecer, de novo, como uma necessidade global, vivida individualmente, como uma dimensão indispensável do mundo contemporâneo e da construção dos saberes. A ética e os valores apresentam-se, hoje, como um regulador urgente da evolução do mundo e da percepção que os homens dela possuem. A questão ética coloca-se em função das acções a realizar e das decisões a tomar, na convergência da universalidade do sentido e dos valores com a experiência vivida da acção, constituindo uma dimensão da pessoa irredutível a qualquer outra, apresentando-se como a consciência crítica da ciência e

---

[6] A preocupação pela existência de um vínculo entre o mundo organizacional e a dimensão ética dos comportamentos já foi um valor presente nos teóricos da economia que não se esqueceram de incluir um código de ética nos enunciados do capitalismo liberal.

A ÉTICA NO CONTEXTO DAS CIÊNCIAS HUMANAS | 249

perguntando-se pela responsabilidade de quantos a desenvolvem, porque o ser humano não é neutro.

A amplitude dos problemas éticos que hoje preocupam o mundo atinge a existência das pessoas singulares, quer como cidadãos, quer na sua própria individualidade. Situadas no movimento do mundo, também as ciências humanas se encontram directamente confrontadas com as preocupações éticas que atravessam as sociedades e os indivíduos; as ciências humanas, porque centradas e envolvidas nas problemáticas do homem, devem ser regidas por uma ética da responsabilidade, onde a presença do outro é marcante na decisão pré-original do procedimento ético.

A experiência demonstra, no entanto, que a ética está cheia de crises súbitas de mudez, de cegueiras oportunistas, de perturbações calculadas ou esquecidas que também afectam o domínio dos saberes científicos; muitas vezes, prescinde-se da ética ou adequa-se aos próprios interesses. Assistimos, por outro lado, à instauração de uma ética sem obrigações e sem culpa e sem a consequente responsabilidade, numa sociedade regida por uma *praxis* política que se reduz a um exercício confortável de previsões e de resultados em que o êxito e o benefício de uns poucos substituem o bem comum; este contexto tem, naturalmente, reflexo na elaboração das ciências humanas.

A situação cultural operada pela nova modernidade afecta a construção das ciências humanas; encontramo-nos, na verdade, num momento cultural em que, ao perder o sentido da sua existência, o homem reconhece-se vítima das forças que ele próprio criou, tendo perdido o protagonismo da sua história e da história do mundo que habita. Nesta conjuntura, só um sistema coerente de valores éticos pode garantir uma correcta unidade e funcionalidade à vida social. É esta a situação com que deparamos nos diversos domínios da transformação por que passam as sociedades de hoje, onde uma nova ordem em curso exige novos olhares sobre o mundo; a ambiguidade e a complexidade das relações e das práticas de organização dos grupos sociais implicam mudanças de óptica, mudanças de escalas, de representações, de posicionamento para se poder construir uma sociedade justa e humanizada.

O mundo já não se nos dá solidamente unificado na sua compartimentação, «nem uno pela possibilidade de definição de fronteiras e de diferenças: um antes e um agora, um aqui e um acolá, um eu e um outro, num mesmo esquema mental». Já não pertencemos a um mundo de referências e de centros, de cruzamento de itinerários. Vivemos uma realidade «que ainda não aprendemos a olhar», onde adormeceu a possibilidade de uma história unitária que avança para um fim e se auto-realiza de forma integrada. O profundíssimo paradoxo da nossa civilização é o facto de que, na hora em que, finalmente, o alargamento da rede da comunicação nos possibilita o «sistema-mundo» com um projecto autenticamente universal, surgem infinitos centros de interesse, a partir do declínio da tradição, que nos oferecem uma explosiva situação de pluralização que chega a desgastar o próprio sentido da realidade.

As modalidades actuais de pensar perderam sentido. As maneiras pós-modernas de inteligir o real apregoam a insurreição contra as grandes narrativas uniformizantes, entendidas como incarnadoras de uma concepção monopolista e totalitária do real; este monopólio seria alimentado pelo delineamento de uma doutrina do ser e por uma interrogação sobre as coisas, bem como, curiosamente, pelo racionalismo do século das Luzes, por uma razão habilitada para tudo apreender e explicar, com reflexo no campo da organização dos saberes.

Valoriza-se o intemporal, recusando-se a universalidade de um conceito capaz de excluir totalmente a diferença.

A força da persuasão, manifestando-se em todos os lugares e em todas as fases da vida, encontra a sua explicação no facto de os modelos tradicionais de pensamento, transmitidos de geração em geração, gerarem efeitos cada vez mais negativos, acabando por mergulhar a humanidade num sono letárgico. A época moderna faz a experiência disso. Os novos modernos procuram libertar-se de tal situação, mas a visão que nutre o seu espírito é a da pluralidade, onde cada ser singular se torna suspeito, enquanto tal.

Pensar, para a nova modernidade, seria renunciar a explicar, renunciar ao discurso fechado no interior de um «sistema anónimo de pensamentos» que conduziria à exclusão daqueles que pensam de outro modo.

A incerteza instalou-se e o homem deixou de pensar o seu futuro como viagem caracteristicamente marcada pela descontinuidade e pela complexidade, encontrando-se abandonado aos sobressaltos do destino; parece que o homem não está preparado para a actual transformação do mundo e que a Humanidade vive num interregno, condenada a uma travessia do deserto axiológico de que ninguém pode prever o fim, como refere Georges Minois.

Por isso, a ética apresenta-se, hoje, como indispensável, enquanto «resposta» e «responsabilidade», quer no plano das relações do sujeito para consigo mesmo, quer no plano das relações reguladas por regras morais, jurídicas e políticas; é que a ética, enquanto resposta à inquietude de libertação do homem, engloba um processo individual e, simultaneamente, práticas colectivas.

Na situação cultural em que vivemos, há, então, que interrogar as ciências humanas sobre a sua ética, considerando-as como saberes que são levados às práticas profissionais. Porque a ética tem de estar no seu seio, o exercício das profissões situadas nos eixos dos saberes das ciências humanas deve pautar-se pelos grandes princípios da justiça, do sentido social e da humanidade[7]; são estas as «virtudes» nucleares que integrarão a ética de todo o profissional: dedicação e competência, compromisso e responsabilidade, prática da justiça, recusa da banalização da vida, ajudando os outros a viver a sua humanidade[8].

O ser humano não pode fazer face ao seu desenvolvimento senão «na» e «pela» liberdade; é necessária, por isso, uma preparação ética dos profissionais formados nas áreas dos saberes das ciências humanas apropriada à tomada de decisões, colocando o homem ao nível do exercício das suas responsabilidades: a construção do bem comum e a consecução da paz.

A exigência ética e a formação da consciência dos profissionais em torno de referências sólidas devem, por isso, situar-se no primeiro plano da actuação dos responsáveis de uma sociedade livre; pois, como já afirmava Max Scheler, *o homem não é um objecto, mas uma direcção,* um sentido, não se contentando com a mera relação a si mesmo, porque não é o seu próprio sentido. Uma finalidade da natureza não pode constituir o sentido do homem.

Torna-se, por isso, urgente a procura de um desenvolvimento das ciências humanas, «para além do niilismo» e da construção virtual do homem, recusando, neste contexto, qualquer relativismo legitimador do «acontecer pelo mero acontecer».

Num registo relativista, as ciências humanas correm o perigo de considerar os valores como mero resultado, num

---

[7] Cf. REIMÃO, C. e outros, *Inovação, Decisão e Ética*, Lisboa, Ed. Sílabo, p. 204 e ss, 2011.

[8] Qualquer que seja a actividade do homem, ela não pode ser incompatível com a sua dignidade; é na dignidade da pessoa humana que radica a justificação da ética (da ética aplicada) e da sua exigência; há, por isso, que encontrar «altura humana» para a investigação científica e para as actividades profissionais, em ordem a promover uma sociedade de «pessoas», uma «sociedade decente» (A. Sen).

dado momento histórico, das relações de força e de cooperação entre os diferentes grupos constitutivos da sociedade.

Por exemplo, no que se refere aos meios de comunicação social, estes veiculam uma imagem publicitária do humano, através dos valores ou contra-valores que apresentam, apostando no culto da imagem e na glorificação do espectacular e do imediato.

A política, que quis assumir-se como promotora de valores, ficou apenas ao nível da cidadania e do civismo, apregoando, hoje, como fonte de legitimação, o consenso que começa, todavia, a ser percebido como mera retórica.

Passando para a literatura, para a arte figurativa, para o cinema e para o teatro, o que domina é uma visão negativa do Homem.

E, a uma sociedade que não é gerida pelos pilares modernos, que já não sabe que modelos permanecem, resta apenas gerir o pluralismo (o que supõe gerir a laicidade e gerir a democracia): a laicidade que desabrocha numa racionalidade inquieta e crítica que mantém aberto o espaço do pluralismo secularizado, contrário ao endoutrinamento; a democracia que, com a sua preocupação em torno da vontade geral, viabiliza o relativismo dos valores: o bem é legitimado pelos votos. Mesmo quando, através dos *media*, se fala em valores democráticos, tal não significa senão um discurso vazio; todos os valores se relativizam.

Mas a ética, porque é uma sabedoria prática construtora do equilíbrio da acção humana (entre o desejo e o interdito), constitui princípios de acção, preceitos segundo os quais se definem o bem e o mal, aquilo que é preciso respeitar e aquilo que é de rejeitar no plano do agir, em termos de universalidade; caracterizam aquilo a que Kant chamou a «razão prática», isto é, a razão a partir da qual eu tenho, como ser, simultaneamente particular e universal, de decidir o modo como conduzir a minha própria vida em relação àquilo que a ultrapassa e que define a condição humana (bem relevada por Hannah Arendt).

Não existe determinação científica, isto é, demonstrável, dos princípios que comandam a acção. Estão circunscritos em termos de adesão, simultaneamente racional e vivida, a um conjunto de regras superiores que podem descrever-se, mas cuja existência escapa à racionalidade científica. Não é a razão científica e técnica que funciona neste domínio, mas a razão prática que trabalha, segundo a denominação kantiana, particularmente poderosa, de imperativo categórico, indiscutível, que se impõe.

Pensando no papel da ética em relação ao futuro das ciências humanas, refira-se que alguma vez o homem terá organizado e acumulado tanto e, ao mesmo tempo, alguma vez terá sentido tanto a paixão do nada, como refere Lipovetsky em *A Era do Vazio*. Mas, de todas as vezes, a felicidade tem de ser reinventada e ninguém possui as chaves que abrem as suas portas: tem de se decidir o rumo à medida que se avança, rectificando a trajectória, passo a passo, com mais ou menos sucesso.

As ciências humanas devem atender ao facto de que, nas sociedades pós-modernas, onde foi substituído o moralismo pelo psicologismo, as exigências que o indivíduo acata para si e que o regem nas relações com os outros pautam-se por escolhas e interesses subjectivos. Mas a ética dedica-se a alargar o horizonte do futuro; privilegiando o futuro contra as tentações do presente, contribui decisivamente para o correcto desenvolvimento das ciências humanas.

É que a esperança do Iluminismo não se concretizou e as propostas da pós-modernidade não se têm saldado numa maior felicidade para os homens e para as sociedades. As consequências manifestam-se no subdesenvolvimento, na distribuição da riqueza e do trabalho, na ecologia, nos direitos humanos.

Sem uma narrativa e sem uma ética humanizante, a ciência e a vida não fazem sentido; e, sem sentido, não há finalidade para os saberes; e, sem uma finalidade, os saberes deixarão de ser sábios e úteis para se tornarem apenas úteis.

Refere Sartre que *cada um dos nossos actos põe em jogo o sentido do mundo e o lugar do homem no universo*[9]. Aquilo que, de início, para este pensador, foi uma intuição e adquiriu o carácter de certeza intelectual, converteu-se num movimento de decisão; porque estamos imersos no inferno da convivência humana, a única possibilidade que nos resta é activar a nossa capacidade de ser livres. Quem se compromete torna-se inter-mutável, inunda-se de contingência. Daí a tentação do absurdo – porque eu conto pouco, nada conta. Mas surge o problema de uma justificação do niilismo com a escolha ética, originando um possível desespero activo. Surge um heroísmo que, contudo, se detém no plano formal que carece de fundamento e que impede o regresso pleno do homem indispensável, como deve ser enquanto eixo e referencial das ciências humanas.

Perante o progresso, em defesa da humanidade do homem, como matriz das ciências humanas, a única coisa importante é discernir correctamente o intolerável de hoje (como refere Paul Ricœur) e reconhecer as nossas dívidas em relação às causas mais importantes do que nós próprios e que nos requisitam. Perante o «fascínio» da crise instalada pela nova modernidade, as ciências humanas cada vez mais têm de apontar para perspectivas axiológicas, sempre renovadas, apostando na humanização e na eticidade dos seus próprios projectos. Só assim será possível ganhar o futuro, percebendo onde estamos e para onde se há-de ir. Há que focar a necessidade e a urgência da presença da ética nas ciências humanas, a partir da experiência radical da contingência, como itinerário de superação, numa abertura à esperança da construção de um mundo cada vez melhor.

---

[9] SARTRE, J.-P., Revista Action, Novembro de 1994.

Neste contexto cultural em que vivemos, em que a racionalidade técnico-científica vem reduzindo a um mero objecto a «humanidade do homem», torna-se, então, urgente uma tomada de consciência, individual e colectiva, sustentada numa ética que tenha em conta o «princípio da responsabilidade», como regulador da acção humana e orientador do seu quotidiano. A ética da responsabilidade apresenta-se-nos como indicador válido e capaz de, com equilíbrio, possibilitar às ciências humanas orientar, através das suas reflexões, o homem de hoje numa resposta aos desafios do presente e do futuro, de modo a conciliar os direitos individuais com as obrigações sociais, económicas e políticas que marcam a cultura do nosso tempo.

A presença intrínseca da ética nas ciências humanas dirige-se não só ao uso social habitual destas ciências, aos problemas nascidos das suas aplicações, mas ao próprio processo da sua produção como ciência, à maneira como se apreendem as realidades humanas e se cria conhecimento a seu respeito.

É urgente levar o questionamento ético ao coração da elaboração dos saberes científicos, porque o filósofo, o historiador, o psicólogo, o sociólogo e o antropólogo são também cidadãos e a sua prática científica não pode ignorá-lo.

É imperativo, por isso, que as ciências humanas, como todas as ciências, se interroguem sobre os seus pressupostos e sobre as normatividades que elas próprias veiculam. Por outro lado, o cuidado ético com os direitos do homem não pode e não deve desviar-se das ciências.

O verdadeiro poder do construtor da ciência não incide sobre os usos que cria, mas situa-se na própria criação. É portanto aí, no coração da investigação, que é preciso instituir a presença da ética. Questionar a ética da investigação é então explicitar os seus postulados, recordar que a interrogação das ciências humanas, para lá da tecnicidade dos seus métodos e dos refinamentos das suas construções epistemológicas, é indissociável de uma antropologia normativa, questionando as suas condições de possibilidade. Porque o *ethos* científico não é totalmente desencarnado é preciso recordar que a postura crítica não existe no vazio moral; pois o investigador pertence a uma «comunidade de investigação/pesquisa», situada em instituições e em tradições específicas.

A exigência de auto-reflexão é a condição de uma reapropriação da ciência por aqueles que a fazem e por aqueles para quem é feita. Porque não há, hoje, legitimidade totalmente evidente para a ciência, é no contexto geral de uma crise dos modelos epistemológicos tradicionais que toda a ciência deve questionar a sua ética implícita a fim de reconstruir, sobre um fundamento diferente do ideal de poder e de dominação, um modelo de legitimação alternativo; há, assim, que reinscrever o questionamento ético no coração das ciências humanas, respondendo às exigências que a «sociedade pós-secular» em que vivemos lhe dirige em todos os debates.

Torna-se assim, necessária e imperiosa a introdução da ética na investigação em ciências humanas e no seu desenvolvimento, cujo projecto deverá respeitar três postulados fundamentais[10]:

- reconhecimento de um outro (de um outro sujeito) em tudo;
- afirmação de uma unidade do homem, de uma comunidade humana;
- o primado da autonomia da pessoa e do papel estruturante da intersubjectividade humana sobre toda a pressão das entidades colectivas e da ordem social. O horizonte da intersubjectividade corrige as linhas racionalistas e

---

[10] Cf. GOSSELIN, G., *Une éthique des sciences sociales – la limite et l'urgence*, Paris, L'Harmattan, 1992. Aquilo que Gosselin refere, a este propósito, para as ciências sociais é válido para todas e cada uma das ciências humanas.

utilitaristas, muitas vezes presentes no campo da investigação das ciências humanas[11].

Exige-se, deste modo, uma articulação entre epistemologia e ética, no domínio das ciências humanas. A explicitação dos postulados éticos não está nas ciências sem a afirmação de pressupostos epistemológicos. Uns e outros conduzirão a inscrever-nos na tradição de uma ciência compreensiva[12], tendo em consideração que o projecto moderno das ciências humanas era o do conhecimento para o conhecimento e do conhecimento para o poder, face à sua indeterminação constitutiva.

Mas a ética encontra-se com a epistemologia; porque todo o quadro conceptual contém inexoravelmente uma concepção do bem, há um conjunto de avaliações normativas, presentes na própria linguagem da ciência. O lugar da responsabilidade, ética e política, entre o poder e o saber, não é mais que o espaço discursivo, espaço de debate em que as ciências humanas (juntamente com as ciências sociais), através das quais as sociedades tentam apreender-se, aceitarão abandonar-se a este questionamento interminável sobre a sua natureza e a sua finalidade.

---

[11] A intersubjectividade é, na verdade, a base da constituição axiológica e da eticidade dos seres humanos, pois a ética tem como lugar próprio a relação e, mais exactamente, a interacção, na medida em que o reconhecimento de outrem supõe o reconhecimento da sua indefectível liberdade e incondicional dignidade. Porque o homem está destinado à relação, uma acção só é ética na medida em que implicar «uma relação ao outro», na medida em que implicar o reconhecimento recíproco de pessoas, como refere Paul RICŒUR, em *Lectures 2 – La contrée des philosophes*, Paris, Seuil, 1999. Também Emmanuel LÉVINAS (Cf. *Totalidade e Infinito*, Lisboa, Ed. 70, 1988) faz repousar a ética na experiência de outrem; o outro, como próximo, não pode ser pensado segundo a lógica do mesmo, uma vez que a generosidade só pode ser construída a partir da centração na alteridade. E o retorno ao outro conduz directamente à questão do sentido.

[12] Cf. GOSSELIN, G., *Une éthique des sciences sociales – la limite et l'urgence*, Paris, L'Harmattan, 1992.

Em suma: uma ética das ciências humanas não consiste essencialmente nem em regras de utilização do saber já constituído nem numa moral que orientaria a investigação sem jamais se confundir com ela, abandonando a separação clássica, cómoda e intelectualmente apaziguadora, dos juízos de facto e dos juízos de valor; pois, tendo por fim fixar princípios, a ética enquadra, enquanto idealidade, as condições em que um conhecimento pode legitimamente ser utilizado; propõe a manutenção de uma relação aos valores que transcende as realizações concretas e funda um juízo nos comportamentos a realizar; apresenta, portanto, uma reflexão sobre o bem e sobre o mal. Por outro lado, os debates éticos, no seio das ciências humanas, tocam os principais domínios da «existência humana do homem»; proteger a humanidade no homem e a presença igual desta em qualquer dos homens, é o seu fim. Os valores são, de certo modo, superiores aos homens e considerados como regras definidoras das suas condutas, em relação às quais devem situar-se. Enquanto universais, são concepções do desejável que influenciam o comportamento selectivo dos indivíduos em situação; são aquilo que faz com que uma coisa seja digna de ser apreendida, desejada e procurada; orientam a vida e marcam a personalidade, favorecendo a plena realização do «homem» como «pessoa»[13]. Esta é a missão fundamental da ética no contexto das ciências humanas.

A dignidade e a excelência do homem nunca permitem que ele seja tratado como um meio, exigindo que seja sempre tido como um fim, portador de um valor absoluto. Ele é

---

[13] O centro axiológico radica na «pessoa» como ser capaz de descobrir o valor nas coisas e de desvelar o seu poder transformador. A pessoa é o ponto culminante do ser humano enquanto realizador da ética.

A pessoa é um ser complexo, dotado de identidade, de unicidade, de liberdade, de autonomia, de responsabilidade e da capacidade de decidir; é um ser orgânico, afectivo e cognitivo, relacional e criador (da cultura); é um ser pluridimensional, um fim em si mesmo.

um ser misterioso e complexo, mas é uma «pessoa», um verdadeiro apelo a ser e ao Ser. A ética, nas ciências humanas, tem como objectivo, para a vida humana, a proposta da realização de um projecto em que o «ser» predomine sobre o «ter»; deste modo, a cultura do 3º milénio, em que as ciências humanas estão envolvidas, tem de provocar a implosão dos modelos que espartilham o homem e de tudo aquilo que o possa destruir, assumindo, como desafio, o tratamento conjunto dos «saberes» com o «humanismo».

Leituras recomendadas

ARENDT, H., *La crise de la culture*, Paris, Gallimard, 1972.

BIANCHI, E., *Para uma Ética Partilhada*, Lisboa, Pedra Angular, 2009.

CABRAL, R., *Temas de Ética*, Braga, Faculdade de Filosofia, 2000.

GOSSELIN, G., *Une éthique des sciences sociales – la limite et l'urgence*, Paris, L'Harmattan, 1992.

HABERMAS, J., *Erkenntnis und Interesse*, Frankfurt a. M., Suhrkamp, 1979.

HENRY, M., *La Barbarie*, Paris, Bernard Grasset, 1987.

LÉVINAS, E., *Totalidade e Infinito*, Lisboa, Ed. 70, 1988.

LIPOVETSKY, G., *A Felicidade Paradoxal – Ensaio sobre a Sociedade do Hiperconsumo*, Lisboa, Ed. 70, 2010.

LIPOVETSKY, G., *A Era do Vazio*, Lisboa, Relógio d'Água, 1989.

MARCUSE, H., *O Fim da Utopia*, Rio de Janeiro, Ed. Civilização Brasileira, 1967.

MINOIS, G., *História do Ateísmo*, Lisboa, Ed. Teorema, 2004.

PEGORARO, O, *Ética é Justiça*, Petrópolis, Ed. Vozes, 2009.

REIMÃO, C. e outros, *Inovação, Decisão e Ética*, Lisboa, Ed. Sílabo, 2011.

REIMÃO, C. (Coord.), *Ética e Profissões – Desafios da Modernidade*, Lisboa, Universidade Lusíada Editora, 2008.

RICŒUR, P., *O Justo ou a Essência da Justiça*, Lisboa, Instituto Piaget, 1997.

RICŒUR, P., *Lectures 2 – La contrée des philosophes*, Paris, Seuil, 1999.

SCHELER, M., *A Concepção Filosófica do Mundo*, Porto, Porto Editora, 2003.

SEN, Amartya, *Identidade e Violência*, Lisboa, Tinta da China, 2007.

SIMON, R., *Éthique de la Responsabilité*, Paris, Éd. du Cerf, 1993.

SINGER, P., *Ética Prática*, Lisboa, Gradiva, 2000.

TUGENDHAT, E., *Lições sobre Ética*, Petrópolis, Ed. Vozes, 2000.

WIDMER, Ch., *Droits de l'Homme et Sciences de l'Homme. Pour une éthique anthropologique*, Genève-Paris, Librairie Droz, 1992.

A Ética no contexto das Ciências da Natureza

Maria Manuel Araújo Jorge
Universidade do Porto

Introdução

O tema das interacções entre ciências e ética ganhou uma visibilidade nova à medida que o impacto da investigação na sociedade, por via do conhecimento e dos produtos tecnológicos que gera, ultrapassou o optimismo confiante com que a sociedade ocidental acolheu o progresso científico. Se as aplicações militares da física atómica no século XX despoletaram a questão de uma ciência «sem pecado», será a crescente intervenção tecnocientífica no universo da vida, pelas biociências e particularmente pela biomedicina, que acabará com a relativa indiferença com que as sociedades modernas entregaram às ciências, desde a sua fundação, a perseguição do objectivo inovador e tido como moralmente valioso, de uma vida melhor, pelo conhecimento e transformação da natureza. Se aceitarmos que as ciências tratam do que as coisas são, procurando estabelecer factos e a ética do que deveriam ser, buscando valores, e que o que acabou por estar em jogo é um pedido social de articulação entre os dois planos, a compreensão do seu alcance e limites poderá ser facilitada com uma reflexão sobre os diferentes «tempos» de entrada da ética na investigação, desde a relação temporal clássica, à variedade de temporalidades actual e à que poderíamos admitir como futura.

Diferentes «tempos» de entrada da ética na investigação

1. A relação temporal clássica

Quando em 1663, R. Hooke tentou precisar qual seria o objectivo e ocupação da Royal Society, uma das primeiras sociedades científicas europeias, foi bem claro: O que se impunha era *melhorar o conhecimento das coisas naturais, e de todas as Artes úteis, Manufacturas, Práticas Mecânicas, Máquinas e Invenções por via de Experimentos – (não interferindo com a Divindade, a Metafísica, a Moral, a Política, a Gramática, a Retórica ou a Lógica)*[1].

Para os *natural philosophers* que se vinham reunindo desde 1640, parecia, cada vez mais, fazer sentido que, para promover o conhecimento físico e matemático, para saber o que as coisas são, era necessário um apelo aos factos, isolando-os dos valores conflituosos que percorrem a sociedade. Naturalmente, a ética que trata não do que é, mas do que deve ser, seria incómoda para a discussão do que hoje chamamos questões de ciência.

Propor uma ciência *value free* era, contudo, trair o espírito do projecto idealizado anos antes por F. Bacon e que foi reconhecido como uma das mais fortes inspirações para a criação da Royal Society. Bacon sugerira que o conhecimento através da observação e intervenção na natureza e não de forma simbólica, meramente por via da palavra e dos livros, seria um modo eficaz de mudar o mundo e por aí o nosso destino, superando

---

[1] Cf. LYONS, H., *The Royal Society 1660-1940*, Cambridge U. P., p.41, 1944.

a nossa fragilidade face à natureza. Vendo nesse esforço um dever religioso, dimensionou-o, porém, não só numa vertente epistémica de poder cognitivo mas também prática, de utilidade tecnológica e alcance ético, colocando esse conhecimento ao serviço do homem. «Cultivar a verdade na caridade», assegurando a saúde, o bem estar material e moral, a segurança de todos os habitantes da Nova Atlântida era o desígnio ambicioso e inovador a que exortava, na utopia que imaginou em 1627[2].

O experimento científico e o preço da objectividade

A tradução pobre que então teve a retórica baconiana poderá ser explicada pelas dificuldades em montar laboratorialmente uma ciência experimentalista, capaz de estabelecer factos naturais, sendo, simultaneamente, *value laden*. A recomendação de Hooke aos seus colegas para não trazerem para as suas reuniões temas controversos de origem social é um primeiro sintoma da percepção dos «pais fundadores» da ciência moderna, de que o objectivo ético que Bacon associara à busca de conhecimento não lhe era facilmente ajustável.

O novo experimentador, como R. Boyle, por ex., tentava então mostrar, cria situações artificiais mas que são uma espécie de ardil que obrigará a natureza a «despir o seu véu» e revelar o seu segredo. E se a situação laboratorial é uma reconstrução e por isso uma transformação do mundo natural (tal como é apercebido pelos sentidos), por via do uso de instrumentos sucessivamente modificados para permitirem ver o que se suspeita estar em jogo nenhum dos pontos de vista que reflectem a nossa condição social (os nossos interesses ideológicos ou materiais, *a priori* políticos, religiosos, e também éticos) deve interferir, nem faz sentido.

---

[2] BACON, F., *New Atlantis*, Oxford U. P., 1966.

Boyle propunha, assim, as linhas gerais do que, mais tarde, já no tempo do positivismo, se reconhecerá como uma necessidade associada ao «princípio de empiricidade», condição de uma postura científica: a «redução» não só do objecto de estudo, como dirá J. Ladrière[3], mas também do próprio investigador, que tem que intervir apenas como um sujeito epistémico. O preço da aposta nesta possibilidade de conhecer de forma des-subjectivada e idealmente desantropomorfizada é a exigência de deixar lá fora a sociedade e todo o modo como, pela intromissão dos seus valores, podia pesar na qualidade da nossa aproximação aos factos. Ela apenas está presente de uma forma purificada, no concurso de testemunhos de diferentes observadores confiáveis (no tempo de Boyle, aristocratas desinteressados que assistem ao acto experimental) que garantem, na sua qualidade de pessoas de bem, que o que relatamos é o que acontece. Boyle terá sido um dos inventores desta tecnologia social na base da credibilidade do relato do experimento, que poderá ser, depois, aceite sem reservas pelos outros *natural philosophers*[4].

A invenção da modernidade e a «traição» a F. Bacon com a conquista da neutralidade moral

Apostar na procura de descrições objectivas que nos libertem do mundo da mera opinião onde questões irresolúveis de valor, de política, de moralidade se situam, será o ideal que moverá a revolução científica do séc. XVII, criando a modernidade, um quadro de pensamento e acção que, retirando a

---
[3] LADRIÈRE, Jean, «L'éthique déstabilisée par la science», *in:* Vários, *Trois essais sur l'éthique économique et sociale*, INRA, 2001.
[4] Cf. SHAPIN, S., *The scientific Revolution*, Chicago Press, 1966. Se para Max Weber, por ex., a fonte central de legitimidade da prática científica moderna teria sido a religião (o puritanismo), Shapin vê-a antes nos códigos de honra do *gentleman* inglês do séc. XVII.

alma que Aristóteles associava à natureza e optando por uma série de distinções (entre humanos e coisas, nós e a natureza, sujeito e objecto, valor e facto, ciência e sociedade, conhecimento científico e o que não o pode ser, e por isso deve ficar lá fora, religião, política, arte, éticas...), abre a estrada metafísica e epistemológica que permite explorar esse mundo com eficácia e sem remorsos, animados pela garantia que, já em 1631, Galileu nos deu de que só a ciência pode progredir...

Mesmo que nunca tenhamos sido modernos no sentido de Bruno Latour, porque na prática científica tais assimetrias seriam inviváveis...[5], o certo é que se assistiu ao longo de mais de três séculos não apenas à construção de um discurso (a que alguns chamaram uma «narrativa de purificação») mas de um esforço real para o pôr numa prática, inventando processos cooperativos de desocultação da natureza. A montagem desta empresa foi progressivamente mostrando que ela seria tanto mais bem sucedida quanto mais sustentada nesses dualismos e quanto mais questões valorativas de dever ser éticas, enfim, pudessem ser postas entre parêntesis.

A história da ciência moderna parece, assim, exprimir a constatação de que só objectos retirados de um «círculo moral» e transformados em «coisas epistémicas», irreconhecíveis a partir da experiência comum (onde, como dirão depois os filósofos, se colocam «significações existenciais»), podem ser objectivamente conhecidos e tecnicamente transformados. Em 1870, quando já o positivismo se anunciava, James Maxwell podia saudar como «um grande passo», o facto de o físico já não ter necessidade de incluir nas suas preocupações científicas questões de bem ou de mal[6]. A ideia de neutralidade moral da ciência ia fazendo o seu caminho...

---

[5] Cf. LATOUR, Bruno, *Nous n'avons jamais été modernes*, La Découverte, 1991.

[6] MAXWELL, James, «Sur les rapports entre mathématiques et physique», *La Recherche*, 29: 59-60, 2000.

Pode ser que a traição ao sonho de Bacon, que queria conhecimento das causas mas em vista de uma vida humana melhorada, ponderando o que investigar, que aplicações fazer, numa conjugação no mesmo esforço do que é juízo de facto com o que é já juízo de valor, fosse o preço a pagar para concretizar, através do experimento controlado, o primeiro objectivo...

Não tardou, como é sabido, que o positivismo no fim do século XIX e grande parte do XX, circunscrevesse o campo científico a uma movimentação no terreno apenas do que pode ser «posto em equação». O «dever ser» aparecia então como não podendo ser matéria intrínseca de ciência, até porque, como David Hume muito antes sugerira, os valores, ligados a um plano emotivo, sentimental, não se prestariam a um tratamento racional. Se esta queria avançar, e como Hooke antevira, tudo isso ficava lá fora, para as humanidades, a literatura, as religiões as tradições, as éticas...

A *profissionalização do* scientist *e a «ética do conhecimento»*

O fim do século XIX é também o momento em que se assiste à profissionalização do investigador e à criação de laboratórios associados a Universidades que os financiavam, operando-se um progressivo distanciamento do *scientist*, liberto da necessidade moral de dar resposta a pedidos sociais[7]. A forma de organização social da investigação ia-se configurando no que se veio a designar «ciência académica». Estendendo-se até mais de metade do século XX, envolvia um tipo de relação entre a ciência e a sociedade que B. Latour descreveu na imagem de um pêssego, em que a ciência seria o caroço e a sociedade a polpa[8].

---

[7] Cf. MEADOWS, John *The Victorian Scientist: the growth of a profession*, The British Library, 2004.
[8] Cf. LATOUR, Bruno, «From the world of science to the world of research», *Science* 280: 208-209, 1998.

As noções de «autonomia» e de «demarcação» puderam, assim, aparecer como constitutivas do «campo científico» que encontrará na finalidade suprema de aumentar o conhecimento, na sua fiabilidade e neutralidade e na postura íntegra do investigador (que não falseia nem fabrica resultados, nem plagia) um tipo de *ethos* suficiente para dar a uma ciência, afinal indiferente, uma qualidade ética[9]. Por isso, os físicos do tempo de Bohr podiam ser olhados como uma elite intelectual e moral, enquanto, em 1950, Einstein louvava o modo de pensamento científico gerado no que chamava o «templo da ciência», na sua independência de valores de bem ou de mal[10]. Na época, Robert Merton pôde encontrar uma comunidade científica unida por referenciais edificantes como o «desinteresse», considerado um valor, embora tivesse um sentido não apenas material mas igualmente ético[11].

A «ética do conhecimento», tal como Jacques Monod a apresentará em 1967, evocando, de algum modo, a ética que Platão propôs na sua Academia, inscreve-se neste modo de ver que aponta a objectividade (e não o bem da humanidade) como finalidade suprema dos laboratórios, dela decorrendo todos os demais valores[12]. Já não é necessário para enlaçar a ética e a ciência ver nesta um dever religioso. Em vez da religião, bastará a objectividade. Talvez por aqui se compreenda, em parte,

---

[9] O que parece que terá acontecido foi uma progressiva coloração ética de virtudes epistémicas: Peter Galison, por exemplo, ao analisar a transformação do experimento científico ao longo da história da ciência moderna, refere que, à medida que os instrumentos se tornavam mais fiáveis e os cálculos mais elaborados, a *precisão* acabou por ser considerada mais que um valor epistémico, um valor propriamente moral. GALISON, Peter, *Image and Logic*, Chicago Press, 1997.
[10] Cf. EINSTEIN, Albert «The laws of science and the laws of ethics», *in*: MERLEAU-PONTY, Jacques; BALIBAR, Françoise (orgs), *Albert Einstein: Oeuvres Choisis*, vol. 5, Seuil, 1991.
[11] MERTON, Robert, *The Sociology of Science*, Chicago U.P., 1973.
[12] MONOD, Jacques, *Pour une éthique de la connaissance*, La Découverte, 1988.

a sensação de completude ética que muitos investigadores encontram ainda na investigação e a consequente dificuldade em aceitarem a interpelação que hoje a sociedade faz, em termos éticos, ao seu trabalho. Assim se legitimou, para a investigação, um espírito de exigência de autonomia face à sociedade: Não seria da sua competência, mesmo que por vezes os físicos o tivessem feito, o envolvimento em questões de juízos de valor. *Nós oferecemos à sociedade o produto dos nossos esforços. A sociedade é que deve decidir o que fazer com ele, aplicando-o ou não.* Muitos notaram que o interesse, para as democracias, na posse de uma informação neutral e objectiva, era o suficiente para justificar o apoio à pesquisa. A ciência seria mesmo um exemplo moral para a sociedade. Não porque, como no tempo da *Royal Society*, os seus membros são honrados aristocratas, gente confiável pela sua educação cívica, mas porque mesmo podendo não a possuir, o treino na investigação assim os torna. O filósofo Karl Popper, nos anos setenta, deu o mote para balizar a responsabilidade moral do investigador: como só ele sabe em primeira mão o que está a fazer, apenas deve informar a sociedade dos riscos potenciais do que produziu e conhece, para que o debate se abra, mas não lhe cabe mais do que isso.

O produto teórico ou tecnológico, que é, então, apresentado à sociedade, vem sem «etiqueta» ética, no sentido de vir já «formatado» em função de uma normatividade, de valores de bem comum, de respeito pela dignidade pessoal, etc. O tempo de entrada da ética é um momento posterior à imaginação, desenho e realização de um projecto e tem a ver com a sociedade e não com o investigador, cuja responsabilidade profissional se confina a uma responsabilidade essencialmente epistémica, que já lhe dá muito que fazer. O *is* e o *ought* parecem logicamente separáveis e essa é a situação tida como desejável.

Esta é a temporalidade clássica: a necessidade de cobrir com um «véu ético» a investigação para a poder fazer não se coloca

Ela poderá aparecer, eventualmente, a jusante do processo, *downstream*.

2. A relação temporal actual

Um novo contexto social e a transformação da biociência em Big science

Quando chegamos aos finais do século XX, tudo parece já diferente em vários planos: o modo de produção do conhecimento é «pós-académico», muito semelhante à tradicional «ciência industrial» aplicada. A necessidade de financiamento é maior e atractiva para o mercado. A privatização de largos sectores da investigação é crescente, bem como a especialização. Feita por encomenda, patenteada, dominada por uma competição feroz, a procura de um posto de trabalho torna-se uma prioridade para o investigador. O próprio *ethos* científico ressentir-se-á diante do novo tipo de pressões com que o investigador comum se verá confrontado[13].

Determinante, neste novo contexto social da investigação e sua relação com a ética será a cada vez maior ocupação da paisagem tecnocientífica pelas biociências, desde a revolução molecular e à medida que a biologia (mostrando que se conhece fabricando, como Bacon propusera) se foi tornando uma engenharia do vivo, com promessas irresistíveis para áreas como as da agricultura e saúde.

---

[13] Cf. ZIMAN, John «A ciência na sociedade moderna», *in:* GIL, Fernando (org.), *A Ciência Tal Qual se Faz*, Ed. Sá da Costa, 1999. Será sintomático que em vez de «desinteresse», como no tempo de Merton, já se tenha que falar de conflitos de interesse em vez de busca de «originalidade», em plágio em vez de «comunalismo» e abertura, em secretismo... parecendo que, realmente, é cada vez mais difícil ser um cientista virtuoso.

Com a intervenção na vida, não apenas modificando-a nos seus «elementos» mas criando artefactos vivos ontologicamente inesperados, a atenção pública ao que se passa nos laboratórios é despertada em direcções de inquietação ética que vão obrigar a uma alteração da temporalidade clássica de entrada da ética na ciência. Como John Dupré chamou a atenção, a ideia de uma ciência *value free* pôde fazer o seu caminho porque, pelo seu sucesso, foram as disciplinas do lado da física o referencial adoptado para pensar o que é uma ciência. Bem diferente poderia ser essa visão se tivessem sido as ciências biológicas a liderar esse processo: *Who cares about electrons?* pergunta Dupré[14]. Enquanto o mundo da física, mesmo quando se aceleram partículas ou manipulam átomos, (podendo, eventualmente, alertar-nos para questões de risco ou desequilíbrio cósmico) nos tem deixado indiferentes quanto à sua sorte, isso está longe de suceder quando se trata de material vivo e mais ainda, quando é mais que animal, humano. Quando os átomos foram dominados e esse domínio demonstrado na energia atómica, particularmente numa bomba, a atenção social foi estimulada e a responsabilidade do cientista interpelada. Mas mais que as questões de valor moral foram as questões de segurança que se impuseram. Afinal tratava-se de matéria sem alma... tão longe de nós como Descartes há muito garantira... Apesar dos escritos de vários cientistas e filósofos, não se viu a constituição de um movimento de preocupação social com a dimensão, até mesmo institucional, mediática e política, do que surgiu a propósito das biociências.

---

[14] Cf. DUPRÉ, John., «Fact and Value», *in:* KINKAID, Harold (ed.), *Value free science? Ideals and Illusions*, Oxford U.P., 2007.

O fim do monopólio científico e médico sobre a ética: a emergência da bioética

É que a guerra também está associada a atrocidades cometidas no campo biomédico que uma vez conhecidas despertam a sociedade para dimensões inesperadas de risco ético ligado à investigação. Ainda antes dos anos setenta, uma medicina cada vez mais tentada pela positividade tinha vindo a avançar com práticas controversas nos domínios da experimentação humana e animal e da medicina reprodutiva. Mas a agitação social só se tornou visível quando a possibilidade de uma engenharia genética descontrolada foi levantada pelos próprios biólogos. Logo aí se viu como, apesar de preocupados, os cientistas não estavam «à vontade» em matérias de foro propriamente ético, ligadas a novas possibilidades biotecnológicas[15]. E embora, eventualmente, impreparadas para responder aos desafios éticos inéditos que se iam acumulando, quer a profissão de cientista quer a de médico, haviam conquistado uma autonomia social e um monopólio sobre a ética que as deixava prosseguir o seu curso, embora diante de uma crescente desconfiança social e política.

É neste clima de incerteza, que se vai assistindo a uma alteração do biopoder: uma atenção sobre as biociências mas especialmente sobre a biomedicina, começa a vir de fora das suas

---

[15] Uma controversa moratória resultou, então, da primeira reunião em Asilomar, em 1975, quando os biólogos se reuniram para pensar as implicações sociais, éticas e de segurança que poderiam decorrer da engenharia genética. Confessando-se não preparados para discutir questões éticas, a moratória centra-se na precaução face a riscos potenciais. Novamente em Asilomar, 25 anos depois, a situação nesse aspecto não parecia ter evoluído, sendo ainda as questões de risco aquelas em que os cientistas se sentiam à vontade. Num momento em que, com a comercialização da engenharia genética, alguns eram já «empresários intelectuais», foi notado que o academismo puro se ia esgotando, levando atrás os universitários. Cf. BARINAGA, Marcia, «Asilomar, vingt-cinq ans après», *La Recherche*, 332: 82-84, 2000.

«fronteiras», oriunda de actores ligados à filosofia, à religião, ao direito, à política, às ciências sociais e humanas, começando a adensar-se um escrutínio externo da ciência e da medicina[16]. Ao longo dos anos setenta nos E.U.A. e dos anos oitenta em Inglaterra, assumindo depois uma dimensão global, um novo campo transdisciplinar, a bioética, procura criar um «círculo moral» que envolvendo a biomedicina, traz a sociedade e a constelação de valores que a suporta para junto da investigação e das práticas científicas e médicas, na procura de resposta a perguntas que a ciência não sabe responder, como quando começa e acaba a vida, o que é um embrião e por aí adiante... R. Hooke e os seus pares, se pudessem visitar o nosso tempo... ficariam absolutamente surpreendidos com a ideia de fazer ciência num clima de promiscuidade entre factos e valores extra epistémicos. É esta transformação, de alcance cultural profundo, que hoje tentamos compreender nas potencialidades e limites com que se manifesta e no desafio que levanta à filosofia das ciências.

O momento de entrada da ética recua para montante por várias estratégias, inscritas num esforço de maior ou menor hetero-regulação da ciência. Apontarei, apenas, as mais visíveis.

---

[16] Em 1974, em resposta ao estudo de Tuskegee e outras controvérsias médicas, o presidente Nixon criou uma comissão nacional para a protecção dos sujeitos humanos na investigação biomédica e comportamental, onde apenas 5 dos seus 11 membros poderiam ser cientistas ou médicos. Os *outsiders* vinham da filosofia, do direito, da sociologia e teologia, do governo e do público comum. Cf. WILSON, Duncan, «Creating the "ethics industry": Mary Warnock, *in vitro* fertilization and the history of bioethics in Britain», *Biosocieties*, 6: 121-141, 2011. Entretanto, várias declarações de alcance internacional, desde o Código de Nuremberga, em 1947, foram tentando alertar para a necessidade de repor o interesse e o bem-estar do ser humano como prevalecentes face ao interesse único da sociedade ou da ciência.

Tentativas várias de alteração da cronologia da ética na ciência

Através de regulação crescente, com alcance cada vez mais internacional, que levou à produção de múltipla legislação, convenções, *guidelines* e declarações bioéticas que procuram exprimir o «conhecimento de orientação» que nos falta, facultado por grupos de reflexão, institucionalizados, como as comissões nacionais de ética e que tenta constranger a investigação e as práticas, antes ainda de se iniciarem, de modo a torná-las aceitáveis por uma sociedade que anseia por inovação mas desde que compatível com o que pode ver como desejável[17].

Um outro sintoma flagrante deste recuo temporal evidencia-se na criação das comissões de ética junto de centros de investigação e de saúde, pensadas não apenas para assegurar que as regulações oriundas de vários níveis governamentais ou institucionais são seguidas (entregando, afinal, a deliberação ética a outros) mas para estimular, antes da realização de um qualquer projecto, a prioridade da reflexão sobre as suas implicações éticas, políticas, enfim, sociais. Mais ainda, o seu objectivo seria seguir de perto a realização da investigação ou das práticas científicas e médicas também ao longo da temporalidade da sua realização[18].

Uma terceira estratégia para alterar o tempo de entrada da ética obriga a olhar também para o interior da própria ciência. Diante de uma explosão tecnocientífica (em que cada novo passo nas ciências da vida rapidamente tem implicações na saúde

---

[17] A bioética torna-se um saber de peritos, com uma linguagem capaz de circular, o que a tornou na «moeda de uma economia moral global» com valor político. Cf. SLATER, Brian, «Bioethics and the global moral economy», *Science, technology and human values*, 32: 554-581, 2007.

[18] O risco de um desvio deste objectivo inicial de deliberação ética densa, para uma ética rarefeita, centrada no mero cumprimento das regulamentações existentes, parece global. Cf. THOMPSON, Charis, *Good Science*, The MIT Press, 2013.

e choca com visões do que é a dignidade humana e os direitos humanos), face também ao fenómeno da chamada «convergência das tecnologias»[19], diante ainda das promessas e medos associados às ciências da reprodução, genómica, células estaminais, biologia sintética e debates sobre medicina baseada na raça, aborto, mercados de corpos, biobancos, turismo médico, direitos animais, propriedade intelectual, inovação, segurança nacional e muito mais, o clima de agitação moral à volta da presença das biociências na sociedade suscitou um esforço inédito da parte dos cientistas, para assegurar a confiança e respeito públicos, bem como a consequente garantia de financiamento.

Os programas ELSI

Com a criação de programas do tipo ELSI[20], a reflexão sobre as implicações éticas, legais e sociais de um programa de investigação seriam entregues às ciências humanas e sociais, o que era já uma cedência da parte das ciências da natureza. O fracasso do primeiro ELSI (apesar de muitos livros e debates...) parece ter resultado em parte, do facto de só se centrar numa reflexão a jusante, vendo implicações sociais de uma investigação já feita[21]. Na era «pós-genómica» há esforços para mudar essa «temporalidade», afinal, clássica.

---

[19] O programa americano NBIC (nanotecnologias, biotecnologias, tecnologias da informação e cognitivas) por ex., desenhado num relatório da NSF (National Science Foundation) de 2002, em vista a um «melhoramento humano», aponta as potencialidades da convergência entre as nanotecnologias, as tecnologias biológicas, informáticas e as oriundas das ciências cognitivas, acentuando a proximidade entre o engenheiro e o cientista.

[20] O primeiro ELSI (Ethical, Legal and Social Implications) foi criado no início dos anos noventa, no arranque do Programa de Sequenciação do Genoma Humano, envolvendo uma verba de cerca de 3% do seu financiamento pelo NIH (National Institute of Health).

[21] Essa era, aliás, a exigência dos financiadores que queriam uma investigação feita com autonomia. A situação evoluiu. Nos E.U.A. e na União Europeia

É o caso, por ex., do *Berkeley Human Practices Lab*. Procurando acompanhar as ramificações éticas da biologia sintética (tecnologia que busca fabricar vida a partir de materiais estandardizados não vivos, à semelhança do que faz um engenheiro) foi criado ao mesmo tempo que o *SynBerc*[22] que só seria financiado pela NSF (National Science Foundation) se tivesse «uma componente de ética» que foi entregue, novamente, a especialistas das ciências sociais e humanas. A novidade seria a tentativa de um acompanhamento ético, sincronizado com cada passo da investigação e sua relação com a sociedade, que permitisse, assim, mecanismos internos de ajustamento, de modo a que a criação de um novo genoma, por ex., já viesse com a sua chave de segurança ética (e não apenas de controlo de riscos) e o investimento feito não encontrasse resistências. Um dos problemas detectados para efectivar essa colaboração é que os bioengenheiros não parecem mostrar uma forte inclinação para incorporar nos seus programas os investigadores das humanidades, dada a persistente desigualdade de poder entre biologia e ciências humanas[23].

---

o financiamento de nanotecnologia e biologia sintética foi já feito repensando esta aproximação. O 7º Programa Quadro da U.E. exigia que novos projectos em biologia sintética juntassem especialistas em segurança mas também em ética. Cf. RABINOW, Paul, «Synthetic biology: ethical ramifications 2009», *Syst Synth Biol*, 3: 99-108, 2009.

[22] http://www.synberc.org (O Synberc é um Centro de Investigação em Engenharia Biológica Sintética.)

[23] Cf. RABINOW, Paul, *op. cit*. Mesmo que ultrapassada essa dificuldade e para lá do trabalho a ser feito pelas ciências sociais e humanas de melhoramento conceptual, de revisão de conceitos (como «implicação social» quando se vê que o financiamento da ciência assenta em competição económica mais que em busca de puro conhecimento) a concretização desta aproximação é todo um desafio, e tem que ultrapassar a mera declaração retórica, em poucas linhas, de que durante a investigação, a ética não foi esquecida, como no já célebre artigo em que é anunciada a criação da primeira célula sintética. Cf. GIBSON, Daniel e Outros, «Creation of bacterial cell controlled by a chemically synthesized genome», *Science*, 329: 52-56, 2010.

A necessidade de cinturas de protecção ética

Em qualquer das situações referidas, a novidade a que se assiste é que há ciências, de modo flagrante as da vida que «têm ética», no sentido em que estão necessariamente envoltas em controvérsia ética, não podendo sequer começar a sua investigação e ser financiadas sem que o que vão fazer, como e com que material, como vão chegar às pessoas e ao mercado, seja liberto, por esforços em vários planos, dessa controvérsia[24].

Se há casos em que a necessidade de «cinturas de protecção ética» é mais forte porque são domínios que interferem com a ética da dignidade humana, o certo é que há hoje um patamar de actividade disciplinar e burocrática que acompanha a produção da investigação e que combinado com a procura de outras soluções tecnológicas e o investimento numa retórica favorável à inovação, mostra que elas não podem ser vistas como «apenas ciência». Precisam de ética para o serem[25].

A temporalidade actual estende, assim, a interacção da ética com a ciência para montante, *upstream,* e, eventualmente *midstream,* para *durante* o curso da investigação.

Qual o alcance da interacção?

Constatando-se que a consideração da ética se tornou uma regra mais, no jogo de fazer ciência, tal como a necessidade,

---

[24] Cf. THOMPSON, Charis, *Good Science, op. cit.* Boa ciência será agora mais que conhecimento fiável e investigação conduzida com integridade. A legitimidade moral é essencial, o que colocou, por ex., a questão do consentimento informado no centro da investigação em humanos.

[25] Isso gerou uma proliferação do que já nos anos 80, o jornal inglês *The Guardian* identificou de modo mordaz como uma «indústria ética» que colocou a bioética como um intermediário vital entre a política e o público e as biociências e biomedicina. Embora o termo indústria, nos alerte para o capital, o curioso é que o dinheiro só flui em conjunção com condições éticas e regulatórias. Cf. WILSON, Duncan, *op. cit.*

entre outras, de comunicação aberta, por exemplo, sempre o foi, trata-se agora de interpretar o alcance e significação dessa interacção[26]. Deslocando os conceitos de Imre Lakatos, perguntar se ela atinge o *core* de um projecto de investigação ou se é apenas «cintura de protecção». Trata-se de considerar se, a partir dela, foi, finalmente, conseguido o que Bacon propôs, mas pareceu aos «pais fundadores» uma impossibilidade: fazer ciência com a porta aberta para a sociedade, articulando factos naturais e valores não epistémicos, se o *is* e o *ought* podem ser mais que entrelaçados, se, de certo modo, o cientista é agora mais virtuoso.

Tomando como exemplo a investigação em células estaminais que inicialmente só pôde fazer-se com o recurso a embriões animais ou humanos, a instalação na controvérsia era inevitável. Como noutros casos, a ciência procurou ultrapassar o constrangimento ético, tentando diferentes soluções tecnológicas (no recurso, por ex., a modelos computacionais que dispensem modelos animais e humanos) que muitos leram como uma demonstração de que a ética, afinal, não era um limite mas um estímulo para a investigação[27]. Para alguns, a obtenção de células estaminais por criação, por ex., de um artefacto como um embrião alterado, sem possibilidades de desenvolvimento num ser humano, enquanto tentativa de operacionalização da objecção ética, mostrava que a entrada da ética só podia fazer-se

---

[26] Ao contrário de filósofos como Richard Rorty que viram na prática comunicacional aberta das ciências um exemplo de solidariedade moral, a antropologia e sociologia das ciências mostravam como podíamos estar diante apenas de uma necessidade epistémica que não evidenciava uma qualidade moral do investigador. Cf. KNORR-CETINA, Karin, «A comunicação na ciência», *in:* GIL, F. (org.), *A Ciência Tal Qual se Faz, op. cit.*

[27] Sobre um sentido mais humanista e alargado deste ponto de vista, (não centrado na ideia restritiva de limite ético como mero estímulo à procura de tecnologias eticamente aceitáveis) cf. CORTINA, Adela, «Ética e Investigación en las Ciencias de la Vida», *in: Ética e Investigação nas Ciências da Vida*, Actas do 10º Seminário do CNECV, Lisboa, pp. 33-42, 2007.

por uma estratégia de «rodeio» um *invent around* permitindo que a corrente continuasse a fluir rodeando as rochas (e a função da ética podia não ser mais que essa, facilitar a inovação). Outros, indo mais longe, viram aí, de modo precipitado, uma fusão de padrões biológicos e éticos, como se o «acompanhamento» ético das ciências pudesse ser muito mais que apenas simbólico[28].

Articular factos e valores. Mas como?

Para lá de outras questões, esteve sempre aqui presente a da relação dos factos com os valores: se remetem a universos ontológicos independentes, se se podem distinguir sem dicotomizar até porque toda a percepção humana está envolta em valorações, como Platão percebeu. Se o que nos interessa é fazê-los comunicar, mas preservando, ao mesmo tempo, um esforço cultural de séculos na conquista de informação objectiva, não enviesada, e de que as sociedades democráticas também dependem. Ora, mesmo aceitando, para lá da visão de Hooke e do positivismo, que se podem articular racionalmente factos e valores, como a efectivar, sobretudo em campos mais sensíveis como a biomedicina que vive de factos e de valores e sem a atraiçoar?

---

[28] Cf. respectivamente, THOMPSON, Charis, *op. cit.* e NOWOTNY, Helga; TESTA, Giuseppe, *Naked genes*, The MIT Press, 2010. Por sugestão, em 2004, de um eticista do Conselho de Ética de G. Bush, num clima de controvérsia política acesa, cientistas do MIT fabricaram um embrião por «transferência nuclear alterada», *ANT*, como alternativa eticamente aceitável de obtenção de células estaminais embrionárias, por desactivação, no núcleo de uma célula somática, de um gene (essencial para futuro desenvolvimento) antes de o transferir para um óvulo enucleado. Para Giuseppe Testa estava feita a demonstração de que o facto e o valor se podem fundir. O seu uso não seria moralmente reprovável. Não foi essa, porém, a percepção pública, diante de uma criação aberrante para parecer «politicamente correcta» e que era ainda um embrião, mesmo que com outra designação.

Novamente a questão do tempo de entrada da ética se coloca. Para alguns, se não há uns sem os outros, metodologicamente, interessa-nos distinguir o que é facto tecnocientífico e quais são os valores presentes na situação, mas haverá um tempo de entrada dos factos, um tempo de entrada dos valores, num ritmo que se trata de orquestrar para fazer «boa ciência»[29].

Mas logo outro desafio se perfila: como criar, sobretudo nos investigadores, uma disponibilidade para este vaivém, que seria expressão de uma responsabilidade social muito mais exigente?

A temporalidade futura

Seria preciso levar a envolvência *upstream* da ética um passo mais à frente e é difícil concretizá-lo, olhando para o que é hoje a profissão de investigador e uma dominante visão restritiva da ética, apenas como normatividade. Seria preciso pedir à própria imaginação científica que, assim que «sonha» um projecto de investigação, ainda antes de o desenhar, tenha genuinamente (não apenas retoricamente) em conta tudo o que poderá afectar um universo moral extenso, desde o planeta aos homens, passando pelos animais, para lá de uma postura de cedência imprudente ao desafio da curiosidade e à necessidade de ser original. Seria preciso criar condições para estimular não só um «pensamento largo» mas uma sensibilidade «larga», atendendo a riscos metafísicos e éticos, «desacelerando» uma investigação que não traz sequer benefício a todos. Seria preciso algo a que não parecemos dispostos, mas que agora, que a sociedade também está na ciência influenciando a agenda da investigação é uma responsabilidade comum, sobretudo dos que têm mais poder e acesso à informação: estarmos dispos-

---

[29] Sobre esta difícil questão cf. GRACIA, Diego, «Ethical case deliberation and decision making», *Medicine, Health Care and Philosophy*, 6: 227-233, 2003.

tos a interrogar as nossas opções como modernos, sem perder de vista o que já alcançámos. Depois de, como nos propôs a modernidade, termos passado a associar a dignidade humana à superação da nossa fragilidade, e uma vida boa, feliz e justa, a uma vida sem doença e sem fim, estarmos abertos a levar a inquietação ética na investigação, muito para lá do plano dos meios aos próprios fins, imaginando outros, igualmente valiosos mas de maior ambição do que aqueles que, há mais de três séculos, e invocando a nossa finitude, nos fazem correr.

Leituras recomendadas

BACON, F., *New Atlantis*, Oxford U.P., 1966.

KEVLES, D. (ed.), *The Code of the Codes*, Harvard U. P., 1992.

KITCHER, P., *Science, Truth and Democracy*, Oxford U.P., 2001.

LADRIÈRE, J., *L'Ethique dans l'Univers de la Rationalité*, Artel, 1997.

MARTINHO DA SILVA, P., (coord.), *Investigação Biomédica. Reflexões Éticas*, CNECV, Gradiva, 2008.

MONOD, J., *Pour une éthique de la connaissance*, La Découverte, 1988.

NOWOTNY, H.; SCOTT, P.; GIBBONS, M., *Re-thinking Science: Knowledge and the Public in an Age of Uncertainty*, Polity, 2001.

POPPER, K., «The moral responsibility of the scientist», *in:* WEINGARTNER, P. (ed.), *Induction, Physics and Ethics*, Reidel P. C., 1970.

Ética Geral e Éticas Aplicadas

José Henrique Silveira de Brito
Universidade Católica Portuguesa

Introdução

O ser humano, apesar de todos os condicionalismos inerentes ao seu ser e condição, não está determinado e faz escolhas, confronta-se com valores; tem no seu horizonte uma variedade de opções entre as quais escolhe e em função das quais age. Neste sentido pode dizer-se que não é um ser acabado, mas em construção, até certo ponto autor de si mesmo.

Ética e Moral

Entre esses valores ocupam lugar determinante os morais. Com essas escolhas o ser humano, como diz Paul Ricœur, visa *a procura da «vida boa», com e para outrem em instituições justas*[1]. Por

---

[1] RICŒUR, Paul, *Soi-même comme un autre*, Paris, Les Éditions du Seuil, p. 202, 1990.

isso se afirma que o ser humano tem uma dimensão moral que lhe é constitutiva e se distingue de todas as outras.

Essa dimensão moral está patente no facto de todas as comunidades humanas terem um sistema de valores, princípios e normas morais que regem a vida do ser humano enquanto humano. Ricœur, num texto de 2000, em que distingue o uso dos termos ética e moral, decide utilizar moral «para o termo fixo de referência» que designa, por um lado, o conjunto de «princípios [objectivos] do permitido e do proibido», e, por outro lado, «o sentimento da obrigação enquanto face subjectiva da relação de um sujeito a essas normas»[2]. Efectivamente todas as sociedades humanas têm, como elemento estruturante da sua cultura, uma moral que rege as relações humanas enquanto humanas – dimensão objectiva – e os seus membros sentem-se intimamente coagidos a cumprir essas normas – dimensão subjectiva. Relativamente à dimensão objectiva, é evidente que esses códigos morais apresentam variações de sociedade para sociedade e, dentro da mesma sociedade, mas, apesar disso, há normas que se apresentam como universais, pelo menos *prima facie*.

A moral rege a vida quotidiana dos sujeitos morais de uma determinada comunidade e as suas normas respondem às situações habituais, isto é, situações padrão[3]. Na sua caminhada civilizacional a vida levou as comunidades a descobrirem que certos caminhos levavam normalmente à felicidade e outros à infelicidade, estando aqui a origem das normas do agir. Assim, perante cada situação concreta, o sujeito moral procura encontrar a norma a aplicar. Em tempos de evolução histórica lenta e em meios de grande homogeneidade cultural, as normas

---

[2] RICŒUR, Paul, «De la morale à l'éthique et aux éthiques», *in:* RICŒUR, P., *Le juste 2*, Paris, Éd. Esprit, pp. 55-56, 2001.

[3] LADRIÈRE, Jean, *L'éthique dans l'univers de la rationalité*, Saint-Laurent/Namur, Fides/Artel, p. 44 e 79 *et passim*, 1997.

transmitidas eram bastante operacionais; os ideais partilhados e a quase ausência de mudanças permitiam encontrar facilmente as respostas para os problemas morais que iam surgindo.

No texto acima referido, Ricœur utiliza o conceito de ética em duas acepções, *a ética anterior apontando para o enraizamento das normas na vida e no desejo, a ética posterior visando inserir as normas nas situações concretas*[4]. Isto é, o autor denomina «Ética anterior», ou fundamental[5], a reflexão sobre moral que visa o esclarecimento das normas e a sua justificação, e essa justificação só se alcança quando se encontra o seu enraizamento na vida e no desejo, isto é, na medida em que essas normas permitem alcançar a vida boa; a sua justificação está no facto de conduzirem ao fim da vida moral: a vida feliz, a vida realizada.

Funções da Ética Anterior

São de sublinhar quatro funções da «Ética Anterior»[6]. Em primeiro lugar, a da clarificação do que é moral e quais as suas características, distinguindo a moral das outras dimensões humanas. A segunda função, já referida por Ricœur e importantíssima pelas consequências da resposta encontrada, é a da fundamentação da moral; se se considera que existe uma fundamentação, o relativismo moral radical torna-se insustentável; se, pelo contrário, a conclusão apontar para a impossibilidade da fundamentação última da moral, será possível argumentar contra o relativismo moral radical? A terceira função da ética anterior é a de *precisar [...] os* bens *supremos e/ou* regras ou impe-

---

[4] RICŒUR, Paul, «De la morale à l'éthique et aux éthiques», p. 56.
[5] RICŒUR, Paul, «De la morale à l'éthique et aux éthiques», p. 58.
[6] Cf. CORTINA, Adela; MARTÍNEZ, Emilio, *Ética*, Madrid, Ediciones Akal, p. 23.

rativos *que se constituem como referente moral último das nossas acções*[7], o que é fundamental para a vida no espaço público, principalmente nas sociedades pluralistas. A quarta é o incitamento à vivência da vida moral como expressão do humano[8]: efectivamente, quanto mais claro for o que é a moral, a sua razão de ser e os seus valores fundamentais, maior será o incentivo para viver moralmente bem (Aristóteles e Tomás de Aquino).

A Ética Aplicada

Uma vez encontrada a justificação das normas morais, podem surgir dificuldades quanto à sua aplicação em situações concretas, em contextos específicos, o que exige a elaboração da «Ética posterior». Uma vez que a ética é a procura da vida boa com e para outrem em instituições justas, e que essa passa, como diz Ricœur, pelo crivo da moral, a ética posterior visa reflectir sobre o modo como essas normas se devem modelar nos contextos concretos do agir, como seja a vida profissional. A necessidade de fazer descer a reflexão feita pela Filosofia Moral, a Ética Anterior, para um nível mais próximo da vida concreta, levou ao aparecimento das «Éticas aplicadas», de que é exemplo a Bioética.

Embora tenham os seus críticos[9], e se debatam os modelos para a sua elaboração, as éticas aplicadas ocupam hoje lugar de destaque na investigação ética.

---

[7] ETXEBERRIA, Xavier, *Temas Básicos de Ética*, Col.: Ética de las Profesiones, Bilbao, Desclée De Brouwer, p. 24, 2002.

[8] PIEPER, Annemarie, *Ética y Moral. Una introducción a la filosofía práctica*, Barcelona, Editorial Crítica, p. 10, 1990.

[9] WUNENBURGER, Jean-Jacques, *Questions d'éthique*, Paris, PUF, pp. 310-311, 1993; RUSS, J., *La pensée éthique contemporaine*, p. 97 e ETCHEGOYEN, Alain, *La valse des éthiques*, Paris, Pocket, 1991.

Modelos de Ética Aplicada

São fundamentalmente quatro os métodos a que hoje se recorre para a elaboração das éticas aplicadas: a «Casuística I», a «Casuística II», a proposta de Karl-Otto Apel e a «Ética aplicada como hermenêutica crítica», da autoria de Adela Cortina[10].

A «Casuística I»[11], dominada pelo ideal dedutivo, é um modelo com longa tradição. Neste método, comum a vários autores[12], o que se faz, ou pretende fazer, é aplicar *more deductivo* os princípios da «Ética geral» aos casos ou aos contextos concretos em que decorre a acção, utilizando em Ética o modo de raciocinar próprio das ciências empírico-formais: tal como o cientista procura aplicar as leis gerais aos casos concretos, assim o filósofo moral deve, na posse dos princípios éticos, procurar a sua aplicação às situações concretas. Como sintetiza Adela Cortina,

a sua figura é a própria do «silogismo prático», que conta com dois níveis: um momento universal, constituído por princípios universais e axiomáticos, e um momento particular em que entram em jogo as razões concretas, e em que se torna indispensável a prudência como *recta ratio agibilium*[13].

Historicamente foi o primeiro modelo a aparecer e é atractivo por duas razões, pelo menos: (1) corresponde a um certo «jeito de pensar» típico da época da tecno-ciência e (2) permite responder à exigência de coerência pedida a todo o pensamento.

---

[10] Cf. CORTINA, Adela; MARTÍNEZ, Emilio, *Ética*, Madrid: Ediciones Akal, pp. 151-165, 1996.

[11] Sobre a Casuística I e II cf. ARRAS, John D., «Common Law Morality», in: *Hastings Center Report*, pp. 35-37, July/August 1990.

[12] Cf. por exemplo CAFFARA, Carlo, «Introdução Geral», in: POLAINO-LORENTE, Aquilino (Dir. Ed.) *Manual de bioética general*, 3ª ed, Madrid, Ediciones Rialp, p. 23, 1997.

[13] CORTINA, Adela; MARTÍNEZ, Emilio, *Ética*, p. 152-153.

Embora atractiva, a «Casuística I» tem duas dificuldades: (1) não há uma «Ética geral» universalmente aceite e (2) não corresponde ao que hoje se pratica em «Ética aplicada», que encontrou os princípios normativos, a maior parte das vezes, no campo a que é aplicada e não na «Ética geral». Exemplo disto é a «Ética médica», que encontrou os seus princípios na actividade médica.

A «Casuística II»[14] é uma proposta indutiva, defendida pelos que consideram ser impossível encontrar princípios éticos universalmente aceites. Apesar deste pluralismo, os defensores do modelo consideram ser possível chegar a um consenso em relação a certos procedimentos quanto ao modo de actuar em determinada actividade justificados a partir de diferentes tradições da Filosofia Moral; devem seguir-se *critérios sábios e prudentes de actuação prática em que coincidem toda a gente ou ao menos a maioria, ou pelo menos os especialistas*[15]. Não sendo possível a certeza nos juízos, podem-se alcançar juízos prováveis quanto ao modo de actuar aceites pelos especialistas prudentes.

A «Casuística II» propõe chegar a acordo quanto às normas do *modus faciendi* nas diferentes áreas, o que tem sido possível, e converter esses modos em máximas do agir na respectiva área de actividade. Deve-se reconhecer, efectivamente, que em muitos âmbitos, como na Bioética, este modo de proceder tem tido assinalável êxito.

Esta proposta não está isenta de dificuldades. A primeira, e fundamental, é não ser seguro que não haja um princípio universal que presida às diversas «Éticas aplicadas», embora seja procedimental, isto é, formal.

---

[14] BRITO, José Henrique, Silveira de, «Sobre a Casuística II», *in:* NUNES, Rui; MELO, Helena; NUNES, Cristina, *Genoma e dignidade humana*, Coimbra, Gráfica de Coimbra, pp. 39-49, 2002.
[15] CORTINA, Adela; MARTÍNEZ, Emilio, *Ética*, p. 153-154.

O terceiro modelo de «Ética aplicada» é o de Apel[16], que distingue duas partes na Ética: a primeira trata da fundamentação da dimensão normativa da moral e a segunda, da aplicação dessa fundamentação aos diversos âmbitos da vida concreta. Assumindo o imperativo kantiano que ordena usar a humanidade do ser humano sempre como fim e não apenas como meio[17], Apel considera que uma actividade humana não pode pôr em causa ou ser degradante para o que é específico do sujeito: a sua humanidade, a sua moralidade. Nessa actividade, contudo, é evidente a relação intersubjectiva própria do homem como ser dotado de uma razão comunicativa, própria de uma sociedade democrática, pelo que a fórmula do imperativo deve ser enriquecida com outro recorte que, atendendo ao evoluir do pensamento contemporâneo, se pode formular nestes termos:

> todos os seres capazes de comunicação linguística devem ser reconhecidos como pessoas posto que em todas as acções e expressões são interlocutores virtuais, e a justificação ilimitada do pensamento não pode renunciar a nenhum interlocutor e a nenhuma das suas aportações virtuais à discussão[18].

Evitando o individualismo kantiano, esta formulação sublinha a dimensão comunicativa do ser humano, que é própria da prática democrática, em que se procuram consensos mínimos quanto aos grandes princípios, isto é, em que se exige uma «Ética de mínimos».

---

[16] APEL, K.-O., «El *a priori* de la comunidad de comunicación y los fundamentos de la ética. El problema de una fundamentación racional de la ética en la era de la ciencia», *in*: ID, *La transformación de la filosofía*. II, Madrid, Taurus Ediciones, pp. 341-413, 1983.
[17] KANT, I., *Fundamentação da Metafísica dos Costumes*, Lisboa, Edições 70, p. 69, 1997.
[18] APEL, K.-O., *La transformación de la filosofía*. II, Madrid, Taurus Ediciones, p. 380, 1983.

Este princípio da ética apeliana, na sua realização nos diversos contextos, deve ser tido em conta e tem uma formulação mais concreta nos «Direitos Humanos». Apel fala de uma sociedade de comunicação que funciona como um ideal regulador, uma vez que nessa sociedade se concebe a existência de uma racionalidade comunicativa constituída por pessoas falantes e iguais que não existe em estado puro no tempo histórico em que vivemos. É por isso que, na «Segunda parte» da sua Ética, o autor lança mão da distinção weberiana entre «Ética da convicção» e «Ética da responsabilidade»: enquanto a «Parte A» da Ética se deve orientar pela ideia de fundamentação, a «Parte B» deve ser regida pela responsabilidade, uma vez que, na aplicação do princípio da «Ética discursiva», se deve atender às consequências previsíveis dessa aplicação.

As dificuldades desta «Parte B» da Ética resultam de o seu princípio ser formal, merecendo as críticas que sempre foram feitas ao formalismo kantiano, embora Apel afirme a necessidade de nas «Éticas aplicadas» se ter em conta os princípios próprios do âmbito a que elas se aplicam.

O modelo proposto por Adela Cortina, a «Ética aplicada como hermenêutica crítica»[19], possui uma estrutura dotada de «circularidade própria de uma "hermenêutica crítica"», pois que é constituído por dois momentos. O primeiro, chamado deontológico ou «kantiano», é formado por um princípio que é o horizonte de todo o agir: o reconhecimento de cada pessoa como interlocutor válido, princípio coordenador das diversas «Éticas aplicadas». Porque um só modelo de ética é incapaz de orientar as decisões nos diferentes contextos em que age o ser humano, aquele princípio deve ser complementado por todas as outras tradições éticas. A modulação do primeiro princípio

---

[19] CORTINA, Adela; MARTÍNEZ, Emilio, *Ética*, p. 158 ss. Sobre este tema cf. CORTINA, A., *Ética aplicada y democracia radical*, Madrid, Editorial Tecnos, Cap. 10, 1993.

aos diferentes âmbitos é o designado momento «aristotélico».
Afirma-se a existência de um princípio universal, mas tem-se em conta o que distingue os diversos contextos do agir, procurando descobrir as formas peculiares de modelização do princípio, para o que é necessário atender às especificidades das diversas áreas, sendo para isso indispensável a interdisciplinaridade.

Em síntese: para a elaboração de uma «Ética aplicada» em que são indicados os valores e as máximas próprias do âmbito em questão, é imprescindível ter em conta as diversas tradições éticas sob a coordenação do princípio de que todos os afectados são interlocutores válidos. É indispensável atender às especificidades de cada âmbito e ter como objectivo que essas normas e valores devem ser normas sociais, isto é, deve examinar-se a dimensão social da actividade, porque é a actividade humana que tem a dimensão de moralidade.

A autora considera que para desenvolver moralmente uma actividade numa sociedade se deve atender a cinco aspectos: (1) as «metas sociais» que lhe dão sentido, (2) os «mecanismos adequados» para alcançar esses objectivos numa sociedade moderna, (3) o «quadro jurídico-político» da sociedade em questão presente na constituição e na legislação complementar, (4) as «exigências da moral cívica» alcançada e (5) as «exigências de uma moral crítica» apresentadas pelo princípio da «Ética aplicada»[20].

Como é evidente, este modelo está marcado pela Ética apeliana. A diferença encontra-se no modo de aplicação do princípio formal e no sublinhar a necessidade de ter em conta todas as tradições éticas, necessidade resultante, por um lado, de a autora ter consciência da complexidade da realidade moral e de que a reflexão sobre ela só ganha sentido se tiver em conta

---

[20] Para ver um exemplo da aplicação concreta do modelo de Adela Cortina à Ética económica, cf. BRITO, José Henrique Silveira de, «Das Éticas gerais às Éticas aplicadas». *Arquipélago*. (Tendências Gerais da Ética na Segunda metade do século XX). Série de Filosofia. 7, pp. 158-159, 2000.

as diversas tradições; por outro lado, da própria experiência da autora que tem participado em seminários em que colaboram especialistas das diferentes áreas para as quais se pretende elaborar uma Ética[21]. Além disso, esta posição lembra a tentativa de Ricœur de articular na sua Ética as tradições deontológica e teleológica[22]. Aliás, se se entender o princípio formal proposto no sentido da *visée* ética referido por Ricœur e Jean Ladrière, compreende-se que este afirme que as normas das éticas aplicadas fazem a mediação entre a *visée* ética, constitutiva da existência humana, e as situações concretas em que se deve decidir. Nem a invocação dos princípios nem a análise das situações na sua complexidade técnica e ambivalência moral são suficientes. As investigações da ética aplicada visam construir mediações necessárias entre a *visée* ética e o concreto das situações[23].

Dos quatro modelos de «Éticas aplicadas» apresentados, o de Adela Cortina parece ser o mais fecundo, porque não perde de vista a afirmação kantiana de que o ser humano não tem preço, mas dignidade, e tem em conta a dimensão histórica sempre presente na Ética. Deve, contudo, reconhecer-se que é o mais difícil de levar à prática porque, por um lado, embora o princípio formal dê unidade à «Ética aplicada como hermenêutica crítica», o recurso a todas as tradições facilmente termina num eclectismo filosoficamente difícil de defender; por outro, deve reconhecer-se que as éticas aplicadas, embora mediatamente normativas, estão muito mais perto da vida moral concreta e esta aproximação torna evidente o fosso que separa a clareza dos discursos teóricos e a complexidade da vida quotidiana em que tudo tem a ver com tudo e se corre o risco de

---

[21] É de uma destas experiências que resultou o livro CORTINA, A.; CONILL, J.; DOMINGO, A.; GARCÍA MARZÁ, V. D., *Ética de la empresa*, Prol. de José Luis L. Aranguren, Madrid, Editorial Trotta, 1994.
[22] Cf. RICŒUR, Paul, *Soi-même comme un autre*, estudos 7º, 8º e 9º capítulos.
[23] LADRIÈRE, J., *L'éthique dans l'univers de la rationalité*, p. 11.

cair na indecisão ou de não acertar com uma resposta que seja efectivamente a melhor.

O lugar das virtudes

Nas éticas aplicadas há a tendência de falar de valores, princípios e normas e deixar na sombra a chamada Ética das Virtudes. Com o Iluminismo a grande preocupação da Filosofia Moral passou a ser a da fundamentação da moral e não tanto a sua prática, e os séculos XIX e XX juntaram a esta problemática a questão da justiça e a construção das teorias da justiça. Mas o acentuar do pluralismo moral trouxe à superfície a importância crescente das virtudes para a vida individual e social, o que recentrou a questão moral no agente moral que age com as suas virtudes e defeitos. A vida concreta foi exigindo que se ultrapassassem os principialismos, porque, quando só se fala em normas e toda a normatividade jurídica tem em conta apenas o princípio ético do pluralismo, os sintomas de anemia moral, de desmoralização vão-se multiplicando. As normas são necessárias, mas não são o mais importante[24]. Efectivamente não basta saber quais os valores, princípios e normas que devem reger a vida do agente moral, é preciso interiorizá-los e vivê-los; é indispensável a prática das virtudes, que não são meras habilidades, mas *as excelências humanas [...], qualidades de carácter admiráveis e louváveis* que se apontam, por exemplo, quando se quer recomendar uma pessoa e se opõem aos vícios[25].

---

[24] HORTAL, Augusto, «Virtudes del profissional», in: BRITO, José Henrique Silveira de (Coord.), *Ética das profissões*, Braga, Publicações da Faculdade de Filosofia UCP, p. 34, 2007.
[25] DENT, Nicholas, «Vertu. Éthique de la vertu», in: CANTO-SPERBER, Monique (sous la dir.), *Dictionnaire d'éthique et de philosophie morale*, T. 1 et 2. 4ª ed. revue et augmentée, Paris, Quadrige/PUF, p. 2011, 2004.

Ora as éticas aplicadas visam reflectir sobre as práticas humanas e os fins internos a essa prática. No entender de MacIntyre «*Prática*» *é uma forma coerente e complexa de actividade humana cooperativa que está estabelecida socialmente em ordem a conseguir aqueles bens que só se conseguem fazendo bem as práticas* e as virtudes são as qualidades necessárias para alcançar os bens internos às práticas[26]. Não chega, portanto, a afirmação dos valores, princípios e normas; é preciso vivê-los, isto é, ser virtuoso.

Nas éticas aplicadas, para além das chamadas virtudes cardeais, Prudência, Temperança, Fortaleza/Coragem e Justiça, não se podem esquecer três virtudes importantes nas profissões e em todos os campos de acção: a profissionalidade, o sentido social e a humanidade[27].

A profissionalidade. O exercício de uma profissão exige habilidades e, por isso, preparação técnica. Mas para lá da competência, da preparação e da dedicação, a actividade profissional deve incluir o compromisso pessoal com o tipo de bens importantes para a sociedade que a profissão visa. O profissional é-o porque «professa» uma dedicação a um tipo de vida e serviço à vida da comunidade. A virtude da profissionalidade tem como ingrediente fundamental a responsabilidade.

O sentido social. Incluindo a justiça, é algo mais básico e mais amplo do que ela, especialmente se entendemos por justiça a firme e constante vontade de dar a cada um o que é seu. A justiça é a concretização de uma norma de sentido social, enquanto o sentido social vem mais de trás e de mais longe: antes de pensar na justiça há que promover o bem de todos no seu conjunto. O sentido social está mais perto da amizade no sentido de *philia* – filantropia –, do que da solidariedade. O sentido social exige que o profissional dê o seu melhor à sociedade.

---

[26] HORTAL, Augusto, «Virtudes del profesional», p. 36.
[27] HORTAL, Augusto, «Virtudes del profesional», p. 37 e ss.

Humanidade. Numa época dominada pela tecnologia, é fácil verificar que a virtude da humanidade nem sempre acompanha a competência técnica. Ter humanidade é saber viver, respeitar e ajudar os outros a viverem a vida humana com todas as suas vicissitudes e facetas, sabendo dar a cada coisa a sua importância, tomando a seu cargo a situação que as pessoas vivem, as suas necessidades e os sentimentos, não deixando absorver-se ou cegar por uma só preocupação ou função.

Leituras Recomendadas

BRITO, José Henrique Silveira de, «Das Éticas gerais às Éticas aplicadas», *Arquipélago (Tendências Gerais da Ética na Segunda metade do século XX)*, Série de Filosofia, 7: 143-162, 2000.

CORTINA, Adela, *Ética aplicada y democracia radical*, Madrid, Editorial Tecnos, 1993.

CORTINA, Adela; GARCIA-MARZÁ, Domingo (eds.), *Razón pública y éticas aplicadas. Los caminos de la razón práctica en una sociedad pluralista*, Madrid, Editorial Tecnos, 2003.

CORTINA, Adela, MARTÍNEZ, Emilio, «Ética Aplicada», *in:* ID, *Ética*, Madrid, Ediciones Akal, pp. 151-184, 1996.

HORTAL, Augusto, *Ética general de las profesiones*, Col.: Ética de las Profesiones, Bilbao, Editorial Desclée de Brouwer, 2002 [Trad. Brasileira: *Ética Geral das Profissões*, São Paulo, Edições Loyola, 2006].

HORTAL, Augusto, «Virtudes del profissional», *in:* BRITO, José Henrique Silveira de (Coord.), *Ética das Profissões*, Braga, Publicações da Faculdade de Filosofia UCP, pp. 33-51, 2007.

LADRIÈRE, Jean, *L'éthique dans l'univers de la rationalité*, Saint-Laurent/Namur, Fides/Artel, 1997.

ODERBERG, David S., *Ética Aplicada. Uma Abordagem Não Consequencialista*, Estoril, Principia Editora, 2009.

PARIZEAU, Marie-Hélène, «Éthique appliquée. Les rapports entre la philosophie morale et l'Éthique appliquée», *in:* CANTO-SPERBER, Monique (sous la dir.), *Dictionnaire d'éthique et de philosophie morale*, T. 1. 1ª ed. Quadrige, Paris, P.U.F., pp. 694-701, 2004.